Öffentliche Energieversorgungsunternehmen im Wandel

Wettbewerbsstrategien im liberalisierten deutschen Strommarkt

von

Niels Ridder

Tectum Verlag
Marburg 2003

Ridder, Niels:
Öffentliche Energieversorgungsunternehmen im Wandel.
Wettbewerbsstrategien im liberalisierten deutschen Strommarkt.
/ von Niels Ridder
- Marburg : Tectum Verlag, 2003
ISBN 3-8288-8527-6

Tectum Verlag
Marburg 2003

"Jeder sieht, was du scheinst, wenige fühlen, was du bist"

Niccolò Machiavelli

Meinen Eltern und meinem Bruder Klaas

INHALTSVERZEICHNIS

Abbildungsverzeichnis 7

Abkürzungsverzeichnis 9

1. Einführung   11
1.1 Problemstellung und methodisches Vorgehen 11
1.2 Begriffliche Abgrenzungen 13
1.3 Aufbau der Arbeit... 16
2. Die Liberalisierung des deutschen Strommarktes   18
2.1 Die öffentliche Elektrizitätsversorgung vor der
     Liberalisierung... 19
2.2 Die Binnenmarktrichtlinie für Elektrizität............................... 23
2.3 Die Reform des deutschen Energiewirtschaftsrechts 25
     2.3.1 Auflösung der geschlossenen Versorgungsgebiete............ 27
     2.3.2 Liberalisierung des Kraftwerks- und Direktleitungsbau..... 28
     2.3.3 Organisation des Netzzugangs...................................... 29
     2.3.4 Entflechtung vertikal integrierter Unternehmen 32
2.4 Zwischenfazit 34
3. Die Wettbewerbsfähigkeit öffentlicher EVU im
    liberalisierten Strommarkt   37
3.1 Kennzeichen des liberalisierten Strommarktes 37
     3.1.1 Überkapazitäten in der Stromerzeugung.......................... 38
     3.1.2 Hoher Wettbewerbsdruck 39
     3.1.3 Entwicklung der Strompreise.. 42
     3.1.4 Starke Fragmentierung des Marktes 47
3.2 Positionierung öffentlicher EVU im liberalisierten
     Strommarkt... 48
     3.2.1 Positionierung im Geschäftsfeld "Stromerzeugung".......... 49
     3.2.2 Positionierung im Geschäftsfeld "Versorgungsnetze"........ 53
     3.2.3 Positionierung im Geschäftsfeld "Stromvertrieb" 55
3.3 Zwischenfazit 58
4. Handlungsoptionen zur Schaffung der
    Wettbewerbsfähigkeit   62
4.1 Unternehmensinterne Strukturanpassungen 63

4.1.1   "Vom Energieversorgungs- zum Energiedienstleistungsunternehmen" – Wandel von Leitbild und Kultur 63
    4.1.1.1   Unternehmensleitbild 64
    4.1.1.2   Unternehmenskultur 66
4.1.2   Neuausrichtung der strategischen Unternehmensziele 67
    4.1.2.1   Kostenmanagement 69
    4.1.2.2   Kundenorientierung 70
    4.1.2.3   Erschließen neuer Geschäftsfelder 72
    4.1.2.4   Kooperation und Privatisierung 73
4.1.3   Umstrukturierung der Unternehmensorganisation 74
    4.1.3.1   Dezentrale und ergebnisorientierte
Aufbauorganisation 76
    4.1.3.2   Wettbewerbsorientierte Personalentwicklung 82
4.1.4   Stärkung und Ausbau des Kerngeschäfts 85
    4.1.4.1   Unternehmensinternes Kostenmanagement 86
    4.1.4.2   Zielgruppenspezifisches Marketing 91
    4.1.4.3   Wettbewerbsorientierte Vertriebsorganisation 98
4.1.5   Erschließen neuer Geschäftsfelder 102
    4.1.5.1   Kommunalrechtliche Restriktionen 104
    4.1.5.2   Contracting 108
    4.1.5.3   Facility Management 115
    4.1.5.4   Telekommunikation 117
    4.1.5.5   Stromhandel 119
    4.1.5.6   Entwicklung von Multi Utility-Angeboten 125
4.2   Kooperation 131
4.2.1   Kooperation öffentlicher Energieversorgungsunternehmen 133
    4.2.1.1   Kooperationsformen und -voraussetzungen 133
    4.2.1.2   Kooperationsfelder und -zielsetzungen 138
    4.2.1.3   Fusionen öffentlicher Energieversorgungs-
unternehmen 142
4.2.2   Kooperation mit branchenfremden Unternehmen 144
4.3   Privatisierung 146
4.3.1   Privatisierungsmotive 148
    4.3.1.1   Betriebswirtschaftliche Motive 150
    4.3.1.2   Fiskalische Motive 152
    4.3.1.3   Ordnungspolitische Motive 157
4.2.1   Privatisierungskonzeption 160
4.3.2   Investorenwahl 164
5. Fazit und Ausblick   **171**
6. Literatur   **181**

Abbildungsverzeichnis:

Abb. 1: Technisch- wirtschaftliche Besonderheiten des Gutes "Strom" 20

Abb. 2: Marktstruktur der öffentlichen Elektrizitätsversorgung vor der Liberalisierung 21

Abb. 3: Energiepolitische Zieltrias 26

Abb. 4: Netzzugangsmodelle im liberalisierten deutschen Strommarkt. 30

Abb. 5: Kennzeichen des liberalisierten Strommarktes 37

Abb. 6: Preisbildung im liberalisierten Strommarkt 43

Abb. 7: Preisentwicklung im Industriekundensegment 44

Abb. 8: Anteil staatlicher Abgaben am Strompreis (Beispiel: Drei-Personen-Haushalt) 46

Abb. 9: Wettbewerbspotential der Wertschöpfungsstufen öffentlicher EVU 59

Abb. 10: Strategische Handlungsoptionen öffentlicher EVU im Wettbewerb 62

Abb. 11: Dreieck der strategischen Unternehmensneuausrichtung 63

Abb. 12: Strategische Unternehmensziele der öffentlichen EVU 69

Abb. 13: Modell des Anlagen-Contracting 110

Abb. 14: Modell des Einspar-Contracting 112

Abb. 15: Modell des Facility Management 115

Abb. 16: Das Multi-Utility Konzept 126

Abb. 17: Interesse an Multi Utility-Angeboten (Befragung Haushaltskunden) 127

Abb. 18: Kooperationsmöglichkeiten öffentlicher EVU 132

Abb. 19: Formen der Kooperation 134

Abb. 20: Kooperationsfelder öffentlicher Energieversorgungsunternehmen 138

Abb. 21: Beispiele für privatisierte Energieversorgungsunternehmen . 148

Abb. 22: Privatisierungsmotivationen 149

Abb. 23: Interessengruppen bei einer Privatisierung 161

Abb. 24: Zielsetzungen von Investorengruppen bei einer Privatisierung
.... 168

Abkürzungsverzeichnis:

AfK	Archiv für Kommunalwissenschaften
AKP	Fachzeitschrift für Alternative Kommunal Politik
ARE	Arbeitsgemeinschaft regionaler Energieversorgungs-Unternehmen
BDI	Bundesverband der Deutschen Industrie
BGBl	Bundesgesetzblatt
BGH	Bundesgerichtshof
BMWI	Bundesministerium für Wirtschaft und Arbeit
BTOElt	Bundestarifordnung Elektrizität
BVerwGE	Entscheidungen des Bundesverwaltungsgerichts
CRM	Customer Relationship Management
DGM	Deutsche Gesellschaft für Mittelstandsberatung
DGO	Deutsche Gemeindeordnung
DVBl	Deutsches Verwaltungsblatt
EdF	Electricite de France
EEG	Erneuerbare-Energien-Gesetz
EnBW	Energie Baden-Württemberg
EG	Europäische Gemeinschaft
EGV	Vertrag zur Gründung der Europäischen Gemeinschaft
EltRL	Elektrizitätsbinnenmarktrichtlinie
EnWG	Energiewirtschaftsgesetz
ET	Energiewirtschaftliche Tagesfragen
EU	Europäische Union
EVO	Energieversorgung Oberhausen AG
EVU	Energieversorgungsunternehmen
EW	Elektrizitätswirtschaft
EWG	Europäische Wirtschaftsgemeinschaft
FAZ	Frankfurter Allgemeine Zeitung
GW	Gigawatt
GWB	Gesetz gegen Wettbewerbsbeschränkungen
KAV	Konzessionsabgabenverordnung

KfW	Kreditanstalt für Wiederaufbau
KWK	Kraft-Wärme-Kopplung
KWKG	Kraft-Wärme-Kopplungs-Gesetz
MVV	Mannheimer Versorgungs- und Verkehrsgesellschaft
NJW	Neue Juristische Wochenschrift
NWVBl	Nordrhein-Westfälische Verwaltungsblätter
ÖPNV	Öffentlicher Personennahverkehr
OLG	Oberlandesgericht
PwC	PricewaterhouseCoopers
Reg TP	Regulierungsbehörde für Telekommunikation und Post
RGBl	Reichsgesetzblatt
RWI	Rheinisch-Westfälisches Institut für Wirtschaftsforschung
STAWAG	Stadtwerke Aachen AG
SWB AG	Stadtwerke Bremen
SWM	Stadtwerke München
SZ	Süddeutsche Zeitung
VDEW	Verband der Elektrizitätswirtschaft
VDN	Verband der Netzbetreiber
VEA	Bundesverband der Energie-Abnehmer
VIK	Verband der industriellen Energie- und Kraftwirtschaft
VKU	Verband kommunaler Unternehmen
VV	Verbändevereinbarung
WiWo	WirtschaftsWoche
WuW	Wirtschaft und Wettbewerb
WVV	Würzburger Versorgungs- und Verkehrs GmbH
ZfE	Zeitschrift für Energiewirtschaft
ZfK	Zeitung für kommunale Wirtschaft
ZNER	Zeitschrift für neues Energierecht
ZögU	Zeitschrift für öffentliche und gemeinwirtschaftliche Unternehmen
ZVEH	Zentralverband der Deutschen Elektro- und Informationstechnischen Handwerke

1. Einführung

1.1 Problemstellung und methodisches Vorgehen

Die Elektrizitätswirtschaft besitzt eine zentrale Bedeutung für die Funktionsfähigkeit und Produktivität der deutschen Volkswirtschaft.[1] Eine preisgünstige und sichere Bereitstellung von elektrischer Energie ist unabdingbare Voraussetzung einer positiven gesamtwirtschaftlichen Entwicklung.[2] Den Unternehmen der Versorgungswirtschaft kommt daher mit der Bereitstellung des Vorleistungsgutes "Strom" eine infrastrukturelle Basisfunktion zu.

Um eine verlässliche Stromversorgung zu gewährleisten, war die Marktordnung der Elektrizitätswirtschaft in der Vergangenheit durch staatliche Regulierungen und vertraglich voneinander abgegrenzte Versorgungsgebiete gekennzeichnet.

Die Liberalisierung des deutschen Strommarktes im Jahr 1998 hat zu gravierenden Veränderungen der Marktordnung und -struktur geführt. Die Elektrizitätswirtschaft befindet sich seitdem im Umbruch. Das bisherige, durch die jahrzehntelange Existenz von Monopolstrukturen geprägte, Versorgungsdenken wird zunehmend durch eine marktwirtschaftliche Denk- und Handlungsweise der Unternehmen ersetzt.[3]

Mit der Einführung von Wettbewerb und der Auflösung der geschlossenen Versorgungsgebiete ergaben sich vor allem für die kommunalen öffentlichen Energieversorgungsunternehmen (EVU) völlig neue Herausforderungen und Risiken.

Der Verlust des Angebotsmonopols sowie die extrem schnellen Veränderungen des Marktumfeldes führten zu wachsendem Anpassungsdruck auf die Unternehmen. Die dynamische Entwicklung des Wettbewerbs verlangte neben wettbewerbsfähigen, individuell-zugeschnittenen Pro-

---

1   Vgl. Müller, Leonhard: Handbuch der Elektrizitätswirtschaft. Technische, wirtschaftliche und rechtliche Grundlagen. 2. Auflage. Berlin, New York, Paris 2001. S. 2. [Künftig zitiert als: Handbuch der Elektrizitätswirtschaft]

2   Siehe BMWI (Hrsg.): Nachhaltige Energiepolitik für eine zukunftsfähige Energieversorgung. Energiebericht. Berlin 2001. S. 11. [Künftig zitiert als: Energiebericht]; vgl. außerdem: Hölker, Franz-Josef: Die Konzentration der Energiewirtschaft: Kritik der Ordnungspolitik im Energiesektor der Bundesrepublik. Frankfurt a.M., New York 1985. S. 17f. (=Campus: Forschung. Bd. 436.)

3   Vgl. BMWI (Hrsg.): Energiebericht. A.a.O.. S. 8.

dukten eine Erweiterung und Intensivierung der Wertschöpfung. Kundenbindung und -gewinnung rückten zunehmend in den Mittelpunkt der Unternehmensstrategie, um sich auf dem noch in der Konsolidierungsphase stehenden Markt erfolgreich und dauerhaft behaupten zu können.[4]

Eine Neuausrichtung des Marktverhaltens der Unternehmen war unumgänglich, sofern sich die Kommunen nicht angesichts der veränderten Marktsituation, pessimistischer Zukunftsprognosen und einer angespannten Haushaltslage zum Verkauf entschlossen. Es galt, den Wandel vom "kommunalen Stadtwerk" zu einem kundenorientierten, "städtischen Energiedienstleistungsunternehmen" zu vollziehen.[5]

Im Rahmen des Wandlungsprozesses wurde eine Überprüfung der strategischen Unternehmensausrichtung sowie eine Optimierung der Wertschöpfungskette eingeleitet, um Leistungsfähigkeit und Produktionseffizienz der öffentlichen Unternehmen zu steigern.[6] Auf diese Weise sollte die langfristige Wettbewerbs- und Überlebensfähigkeit der EVU im liberalisierten Markt gewährleistet werden. Die Umstrukturierung der meisten Unternehmen ist bislang noch nicht abgeschlossen.

Allgemeingültige Strategien für eine erfolgreiche Unternehmensanpassung an die neuen Marktbedingungen existieren nicht. Der Anpassungsprozess muss vielmehr unternehmensspezifisch zugeschnitten sein und die Positionierung des EVU im Markt berücksichtigten. Die strategischen Optionen bewegen sich dabei innerhalb der Bandbreite von Strukturanpassung, Kooperation und (Teil-)Privatisierung.[7]

Im Zusammenhang mit der Liberalisierung und Deregulierung des Marktes ist in jüngster Zeit wieder die stark ideologisch bzw. parteipolitisch geprägte Debatte über die generelle Zukunft der kommunalen Wirtschaft entbrannt. Auf diesen Diskurs kann im vorliegenden Werk nur am Rande eingegangen werden. Der Fokus der Untersuchung liegt auf Maßnahmen

---

4   Siehe Gahl, Andreas: Marketingstrategien für kleinere und mittlere Stadtwerke. In: Becker, Peter, Christian Held u.a. (Hrsg.): Energiewirtschaft im Aufbruch. Analysen-Szenarien-Strategien. Köln 2001. S. 325. [Künftig zitiert als: Marketingstrategien]

5   Siehe Hönlinger, Herbert: Stromversorger im Wettbewerb: Wandel der Unternehmenskultur und -ziele. In: EW. Heft 7/1998. S. 9.

6   Vgl. Lange, Jürgen: Zukunft kommunaler Unternehmen im Spannungsfeld der Liberalisierung. In: Kommunalwirtschaft. Heft 2/2001. S. 67.

7   Vgl. BMWI (Hrsg.): Energiebericht. A.a.O.. S. 84.

zur Schaffung der Wettbewerbsfähigkeit, nicht auf der Systemkonformität öffentlicher EVU innerhalb der sozialen Marktwirtschaft.

Die in der öffentlichen Diskussion vielfach festzustellende dogmatische Verengung auf eine wahlweise vollständig öffentliche oder private Aufgabenerfüllung wird deshalb zugunsten eines strategischen Ansatzes erweitert, welcher alle Handlungsoptionen zwischen Strukturanpassung und Privatisierung ausschöpft.

Ziel der Untersuchung ist es, Handlungsstrategien zur langfristigen Sicherung der Wettbewerbsfähigkeit öffentlicher EVU im liberalisierten Strommarkt aufzuzeigen und zu bewerten. Dazu wird ein interdisziplinärer Untersuchungsansatz gewählt, welcher neben einer politikwissenschaftlichen vor allem eine betriebswirtschaftliche sowie eine rechtswissenschaftliche Perspektive berücksichtigt.

So sind bei der Neuausrichtung der Unternehmensstrategie politische Vorgaben des kommunalen Trägers zu beachten, die Bewertung der implementierten Maßnahmen erfolgt anhand betriebswirtschaftlicher Kriterien. Die Zulässigkeit der Maßnahmen (z.B. die Erschließung neuer Geschäftsfelder) unterliegt dagegen den Vorgaben des öffentlichen Rechts, was eine Prüfung ihrer Rechtmäßigkeit erforderlich werden lässt.[8]

Der Untersuchung liegt eine empirisch-normative Betrachtungsweise des Themas zugrunde. Aus methodischer Sicht wird vor allem auf die Dokumentenanalyse zurückgegriffen, da aufgrund der Aktualität des Themas eine Vielzahl an aktueller Literatur zu allen Facetten des Themas existiert. Zusätzlich wurden Studien von Unternehmensberatungen und Stellungnahmen kommunaler Unternehmensleiter herangezogen, um eine praxisnahe Darstellung der Thematik zu gewährleisten. Ergänzend wurden Dokumente aus dem Internet für die Untersuchung ausgewertet.

1.2 Begriffliche Abgrenzungen

Der Begriff "Öffentliches Unternehmen" wird in der Literatur hinsichtlich des Abgrenzungskriteriums "öffentlich/nicht öffentlich" unterschiedlich definiert und ist daher zunächst inhaltlich abzugrenzen.

Einige Autoren sehen eine Mehrheitsbeteiligung der öffentlichen Hand, zumindest aber eine Sperrminorität, als erforderlich für das Vorliegen ei-

---

8   Bei einer rechltichen Überprüfung der Maßnahmen sind dabei neben den relevanten grundgesetzlichen Bestimmungen insbesondere die Beschränkungen der öffentlichen Wirtschaftstätigkeit durch das Kommunalrecht heranzuziehen.

nes öffentlichen Unternehmens an.[9] Die Gegenmeinung stellt dagegen auf den Einfluss der öffentlichen Hand auf die Geschäftspolitik ab, welcher auch ohne eine Sperrminorität gegeben sein kann.[10]

In der vorliegenden Arbeit werden beide Ansätze, in Anlehnung an die Legaldefinition des Art. 2 der EG-Transparenzrichtlinie, verknüpft. Danach ist ein öffentliches Unternehmen "jedes Unternehmen, auf das die öffentliche Hand aufgrund Eigentums, finanzieller Beteiligung, Satzung oder sonstiger Bestimmungen, die Tätigkeiten des Unternehmens regeln, unmittelbar oder mittelbar einen beherrschenden Einfluss ausüben kann."[11] Eine ähnliche Auslegung des Begriffes wird auch von der CEEP Kommission "Kommunale Unternehmen" vertreten.[12]

Nach der Instrumentaltheorie werden öffentliche Unternehmen als Instrumente der kommunalen Gebietskörperschaften zur Erreichung gemeinwohlorientierter Ziele eingerichtet.[13] Die Gewinnerzielung tritt bei diesen Unternehmen zugunsten der eigenverantwortlichen Erfüllung einer

---

9   Siehe Schmidt, Andreas: Stadtwerke auf neuen Märkten. Gemeinderechtliche Chancen umweltschonender Energiedienstleistungen. Frankfurt a. M. 2002. S. 34f.. (= Kommunalwirtschaftliche Forschung und Praxis. Bd. 6.) [Künftig zitiert als: Stadtwerke auf neuen Märkten]

10 Vgl. Machura, Stefan: "Was begrenzt, begründet auch": Bedarfswirtschaftlichkeit und Ziele kommunaler Unternehmen. In: Edeling, Thomas, Werner Jann u.a. (Hrsg.): Öffentliche Unternehmen. Entstaatlichung und Privatisierung?. Opladen 2001. S. 96. (=Interdisziplinäre Organisations- und Verwaltungsforschung. Bd. 6.) [Künftig zitiert als: "Was begrenzt, begründet auch"]; daneben definitorisch bei: Brede, Helmut: Grundzüge der Öffentlichen Betriebswirtschaftslehre. München, Wien 2001. S. 25f..

11 Richtlinie 2000/52/EG der Kommission vom 26.07.2000 zur Änderung der Richtlinie 80/723/EWG über die Transparenz der finanziellen Beziehungen zwischen den Mitgliedsstaaten und den öffentlichen Unternehmen. ABl. EG 2000 Nr. L 193. S. 75-78.

12 CEEP Kommission "Kommunale Unternehmen" (Hrsg.): Öffentliche kommunale Dienstleistungen und die Öffnung der Märkte: Die Rolle der öffentlichen kommunalen Unternehmen. Eine erneuerte Plattform der CEEP-Kommission "Kommunale Unternehmen". CEEP.00/EL.02-3 vom 12.09.00. S. 2. Fn.1.

13 Vgl. Cronauge, Ulrich: Kommunale Unternehmen. Eigenbetriebe-Kapitalgesellschaften-Zweckverbände. 3. Auflage. Berlin 1997. S. 34.

14

öffentlichen Aufgabe zurück, welche den Unternehmenszweck bildet.[14] Aus Gründen der effizienteren Aufgabenerfüllung erfolgt eine organisatorische, rechnerische und finanzwirtschaftliche Abgrenzung von der unmittelbaren Trägerverwaltung.[15]

Die öffentliche Energieversorgung gehört nach mehrheitlicher Auffassung zu den aus Art. 28 Abs. 2 GG verfassungsmäßig gewährleisteten Selbstverwaltungsangelegenheiten örtlich relevanten Charakters.[16] Ihre Wahrnehmung obliegt daher im Rahmen der kommunalen Daseinsvorsorge den Gemeinden, wie der Bundestag in einer Entschließung aus dem Jahr 2001 ausdrücklich bekräftigt hat.[17]

Zusammenfassend wird in der vorliegenden Untersuchung unter einem kommunalen öffentlichen Energieversorgungsunternehmen somit ein Unternehmen verstanden, welches Dritte gem. §2 Abs. 1,3 EnWG leitungsgebunden mit Elektrizität versorgt, oder ein Netz für die allgemeine Versorgung betreibt, und an dem eine Kommune unmittelbar oder mittelbar mit mehr als 50% des Stimmkapitals beteiligt ist, oder aufgrund besonderer rechtlicher Regelungen über die Direktionsgewalt verfügt.[18]

Der Begriff des kommunalen öffentlichen EVU umfasst dabei eine sehr heterogene Gruppe von Marktakteuren, welche im Rahmen des kommu-

---

14   Siehe Gesellschaft für öffentliche Wirtschaft (Hrsg.): Privatisierungsdogma widerspricht sozialer Marktwirtschaft. Stellungnahme des Wissenschaftlichen Beirats der Gesellschaft für öffentliche Wirtschaft. Berlin 1994. S. 8f.. (=Beiträge zur öffentlichen Wirtschaft. Nr. 13.) [Künftig zitiert als: Privatisierungsdogma]

15   Vgl. Stölting, Ehrhard: Das Öffentliche an öffentlichen Unternehmen. In: Edeling, Thomas, Werner Jann u.a.(Hrsg.): Öffentliche Unternehmen. Entstaatlichung und Privatisierung?. Opladen 2001. S. 17. (=Interdisziplinäre Organisations- und Verwaltungsforschung. Bd.6.)

16   Vgl. z.B. Moraing, Markus: Wettbewerb und kommunales Selbstverwaltungsrecht in einem liberalisierten Energiemarkt. In: Bohne, Eberhard (Hrsg.): Kommunen im wirtschaftlichen Wettbewerb. Wiesbaden 1999. S. 90f.. [künftig zitiert als: Wettbewerb und kommunales Selbstverwaltungsrecht]

17   Siehe Deutscher Bundestag (Hrsg.): Daseinsvorsorge in der sozialen Marktwirtschaft. Antwort der Bundesregierung auf die Große Anfrage der Abgeordneten Rainer Brüderle, Gudrun Kopp, Paul K. Friedhoff, weiterer Abgeordneter und der Fraktion der F.D.P. BT-Drucksache 14/6249 vom 06.06.2001. S. 10f.. [Künftig zitiert als: BT-Drs. 14/6249]

18   Vgl. Schmidt, Andreas: Stadtwerke auf neuen Märkten. A.a.O.. S. 37.

nalen Querverbundes auch in verschiedenen anderen Bereichen neben der Stromversorgung tätig sind. Hierauf wird im Rahmen dieser Untersuchung jedoch nur am Rande eingegangen.[19]

Eine quantitative Erfassung aller kommunalen Energieversorgungsunternehmen in Deutschland existiert nicht. Nach Angaben des Verbandes kommunaler Unternehmen (VKU) sind derzeit ca. 582 kommunale EVU in der öffentlichen Elektrizitätsversorgung tätig. Die Unternehmen decken ca. 37% des Stromverbrauchs in Deutschland und stellen mit ca. 77 Mrd. DM Umsatz und ca. 136.000 Beschäftigten einen wichtigen Wirtschaftsfaktor dar.[20] Aufgrund der Freiwilligkeit einer Mitgliedsschaft im VKU dürfte die tatsächliche Anzahl der in der Stromversorgung tätigen, öffentlichen Unternehmen jedoch geringfügig höher ausfallen.[21]

1.3 Aufbau der Arbeit

Um die Maßnahmen zur Schaffung der Wettbewerbsfähigkeit öffentlicher Energieversorgungsunternehmen im liberalisierten Strommarkt analysieren zu können, wird als Untersuchungsansatz eine abgestufte Vorgehensweise gewählt.

Nach der thematischen Einführung folgt mit dem 2. Kapitel eine Darstellung der Liberalisierung des deutschen Strommarktes. Dabei wird zunächst die Marktstruktur der Elektrizitätsversorgung erläutert, um die Bedeutung öffentlicher EVU auf lokaler Ebene einschätzen zu können. Anschließend wird nach einer kurzen Beschreibung der europäischen Liberalisierungsvorgaben insbesondere auf die relevanten Bestimmungen des novellierten deutschen Energiewirtschaftsgesetzes eingegangen.

Im 3. Kapitel werden die wichtigsten Auswirkungen des liberalisierten Marktes aufgezeigt, welche in die Analyse der strategischen Positionierung der öffentlichen EVU im Markt überleiten. Die Analyse erfolgt getrennt nach Geschäftsbereichen und skizziert sowohl die derzeitige Posi-

---

19 Es handelt sich dabei vor allem um den öffentlichen Personennahverkehr, die Gas- und Wasserversorgung, sowie Entsorgungstätigkeiten

20 Quelle: VKU(Hrsg.): Mehr Unternehmen. Düsseldorfer Erklärung des Verbandes kommunaler Unternehmen e.V.. VKU-Verbandstagung am 09./10. Oktober 2001 in Düsseldorf. Köln 2001. S.1. [künftig zitiert als: Mehr Unternehmen]; ferner: VKU(Hrsg.): Kommunale Ver- und Entsorgungswirtschaft. Geschäftsbericht 2000_2001. Köln 2001. S. 4, 26. [Künftig zitiert als: Geschäftsbericht 2000_2001]

21 Vgl. Schmidt, Andreas: Stadtwerke auf neuen Märkten. A.a.O.. S. 40.

tionierung als auch das künftige Entwicklungspotential der Wertschöpfungsstufen. Hieraus werden die Grundlagen für eine strategische Neuorientierung der öffentlichen EVU ermittelt.

Das 4. Kapitel widmet sich schließlich den Maßnahmen zur Schaffung der Wettbewerbsfähigkeit öffentlicher Energieversorgungsunternehmen im liberalisierten Strommarkt. Diese lassen sich grob in unternehmensinterne Strukturanpassungsmaßnahmen, Kooperationen und (Teil-)Privatisierungen unterteilen und haben die nachhaltige Sicherung der Wettbewerbsfähigkeit der öffentlichen EVU zum Ziel.

Im 5. Kapitel erfolgt eine Zusammenfassung der Ergebnisse, welche durch eine Prognose der zukünftigen Marktentwicklung ergänzt wird. Abschließend werden im Fazit Ansatzpunkte einer praktisch anwendbaren Strategie zur Verknüpfung der dargestellten Maßnahmen aufgezeigt.

2. Die Liberalisierung des deutschen Strommarktes

Der deutsche Strommarkt umfasst die Betreibergruppen der öffentlichen Elektrizitätsversorgung, Eigenanlagen von Industrie und Bergbau sowie die Stromerzeugung der Deutschen Bahn AG.[22]

Die vorliegende Untersuchung befasst sich ausschließlich mit der öffentlichen Elektrizitätsversorgung. Diese beinhaltet, unabhängig von Rechtsform und Eigentumsverhältnissen, alle Unternehmen, welche Dritte mit elektrischer Energie versorgen.[23] Die ca. 900 Unternehmen der öffentlichen Elektrizitätsversorgung stellten im Jahr 2001 ca. 96% der Produktion von Elektrizität zur Belieferung von Endverbrauchern bereit.[24]

Die Endverbraucher lassen sich in Tarifabnehmer (Haushalte und Kleingewerbe bis 30000 kWh/a Verbrauch) sowie Sonderabnehmer (Industriekunden und gewerbliche Betriebe über 30000kWh/a Verbrauch) unterteilen.[25]

Um die Auswirkungen der Liberalisierung auf die kommunalen EVU beurteilen zu können, werden zunächst die zentralen Aspekte der öffentlichen Elektrizitätsversorgung vor der Liberalisierung skizziert. Anschließend wird nach einer Erläuterung der europäischen Liberalisierungsvorgaben auf die wesentlichen Regelungen des novellierten deutschen Energiewirtschaftsrechts eingegangen.

---

22 Die industrielle Kraftwirtschaft umfasst alle stromerzeugenden Unternehmensanlagen, die Strom primär zum Eigenverbrauch produzieren. Etwaiger Überschussstrom kann jedoch an die EVU verkauft und in das öffentliche Netz eingespeist werden. Die Stromversorgung der Deutschen Bahn erfolgt dagegen aus technisch-organisatorischen Gründen abgetrennt von der normalen Versorgung

23 Siehe Krebs, Andrea: Rechtliche Grundlagen und Grenzen kommunaler Elektrizitätsversorgung. Köln 1996. S. 6f.. (= Schriftenreihe des Freiherr-Vom-Stein-Institutes. Bd. 25.)

24 Einschließlich Deutsche Bahn AG. Quelle: VDEW-Jahresbericht 2001. Abgerufen unter: Http://www.strom.de. Abgerufen am: 06.06.2002.

25 Quelle: VDEW-Jahresbericht 2001. Abgerufen unter: Http://www.strom.de. Abgerufen am: 06.06.2002.

2.1 Die öffentliche Elektrizitätsversorgung vor der Liberalisierung

Die öffentliche Elektrizitätsversorgung bildete vor der Liberalisierung einen ordnungs- und wettbewerbspolitischen Ausnahmebereich.[26] Die Marktordnung war aufgrund einer kartellrechtlichen Bereichsausnahme gem. § 103 Abs.1 des Gesetzes gegen Wettbewerbsbeschränkungen (GWB) durch ein flächendeckendes System vertraglich voneinander abgegrenzter Versorgungsgebiete und umfassende staatliche Regulierungen gekennzeichnet.[27]

Die Abgrenzung der Versorgungsgebiete erfolgte durch Konzessions- und Demarkationsverträge, deren Laufzeit auf zwanzig Jahre begrenzt war.[28] In Konzessionsverträgen räumten die kommunalen Gebietskörperschaften den EVU das ausschließliche Wegenutzungsrecht zur Verlegung von Versorgungsleitungen ein und verzichteten auf die eigenverantwortliche Wahrnehmung der Energieversorgung.[29] Die EVU verpflichteten sich im Gegenzug zur Versorgung der Einwohner und zahlten eine Konzessionsabgabe, als Entgelt für die öffentliche Wegenutzung.[30] Die Konzessionsabgabe stellt mit einem Gesamtvolumen von ca. 6 Mrd. DM eine wichtige kommunale Einnahmequelle dar.[31]

Demarkationsverträge beinhalteten hingegen die gegenseitige Übereinkunft der Versorgungsunternehmen, eine Versorgungstätigkeit im Gebiet

---

26 Vgl. Kreikenbaum, Dieter: Kommunalisierung und Dezentralisierung der leitungsgebundenen Energieversorgung. Eine Analyse aus ordnungspolitischer Sicht. Frankfurt a. M. 1999. S. 27. (= Europäische Hochschulschriften: Reihe 5, Volks- und Betriebswirtschaft. Bd. 2530.) [künftig zitiert als: Kommunalisierung und Dezentralisierung]

27 Vgl. Kuxenko, Michael: Liberalisierung und Deregulierung im Energiewirtschaftsrecht. In: Die öffentliche Verwaltung. Heft 4/2001. S. 141.

28 § 103a GWB.

29 Siehe Kuxenko, Michael: Liberalisierung und Deregulierung im Energiewirtschaftsrecht. A.a.O.. S. 141f..

30 Die Höhe der Konzessionsabgabe richtete sich nach der Konzessionsabgabenverordnung (KAV). Siehe dazu die Verordnung über Konzessionsabgaben für Strom und Gas vom 09.01.1992. BGBl. I.S. 12.

31 Zur Bedeutung der Konzessionsabgabe für die Kommunen siehe Löwer, Wolfgang: Die Stellung der Kommunen im liberalisierten Strommarkt. In: NWVBl.. Heft 7/2000. S. 241.

des Vertragspartners zu unterlassen (horizontale Demarkation), und nicht auf der Wertschöpfungsebene des Vertragspartners tätig zu werden (vertikale Demarkation).[32]

Die EVU waren so innerhalb ihrer Versorgungsgebiete nahezu vollständig vor brancheninternem Wettbewerb geschützt und besaßen ein Versorgungsmonopol. Diese Monopolstellung wurde mit der Existenz eines natürlichen Monopols in allen Wertschöpfungsstufen der öffentlichen Elektrizitätsversorgung begründet, welches aufgrund der technischwirtschaftlichen Besonderheiten des Gutes "Strom" bestehe (siehe Abb. 1).[33]

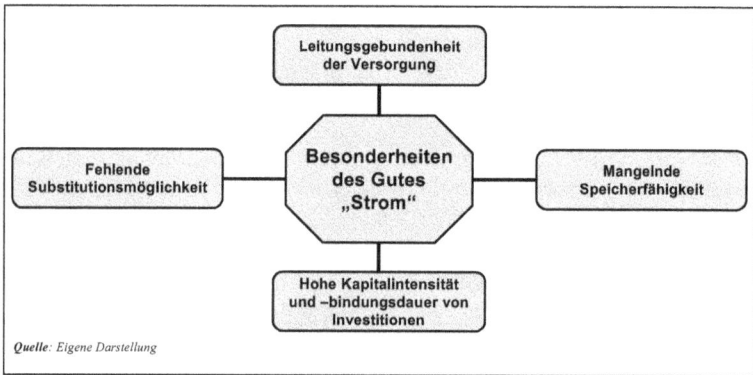

Abb. 1: Technisch- wirtschaftliche Besonderheiten des Gutes "Strom"

Im Fall eines natürlichen Monopols kann ein einzelnes Unternehmen den relevanten Markt aufgrund einer subadditiven Kostenfunktion zu niedri-

---

32   Siehe Vogl, Reiner J., Manfred M. Gößl und Gerhard M. Feldmeier: Die Elektrizitätswirtschaft in der Bundesrepublik Deutschland. Wettbewerbsstruktur im Kontext europäischer Energiepolitik. Egelsbach, Frankfurt, St. Peter Port 1997. S. 84. (= Deutsche Hochschulschriften. 1122.) [Künftig zitiert als: Elektrizitätswirtschaft in der BRD]

33   Vgl. Eickhof, Norbert: Öffentliche Unternehmen aus volkswirtschaftlicher Perspektive. In: Edeling, Thomas, Werner Jann u.a.(Hrsg.): Öffentliche Unternehmen. Entstaatlichung und Privatisierung?. Opladen 2001. S. 70f. (=Interdisziplinäre Organisations- und Verwaltungsforschung. Bd.6.) [Künftig zitiert als: Öffentliche Unternehmen aus volkswirtschaftlicher Perspektive]

geren kostendeckenden Preisen bedienen als mehrere Unternehmen.[34] Die monopolistische Marktordnung sollte so "volkswirtschaftlich schädliche Auswirkungen des Wettbewerbs" verhindern und die energiepolitischen Ziele einer preisgünstigen und sicheren Versorgung gewährleisten[35].

Um einen Missbrauch der Monopolstellung zu verhindern, wurden die EVU einer staatlichen Preisaufsicht über die Tarifabnehmerpreise unterworfen, die Preise für industrielle Sonderabnehmer waren der kartellrechtlichen Missbrauchsaufsicht unterstellt.[36] Ergänzend bestand eine Investitions-, Marktzugangs- und Zulassungskontrolle im Rahmen der allgemeinen Fachaufsicht, sowie eine Aberkennung der Versorgungsrechte im Falle der mangelhaften Aufgabenerfüllung.[37]

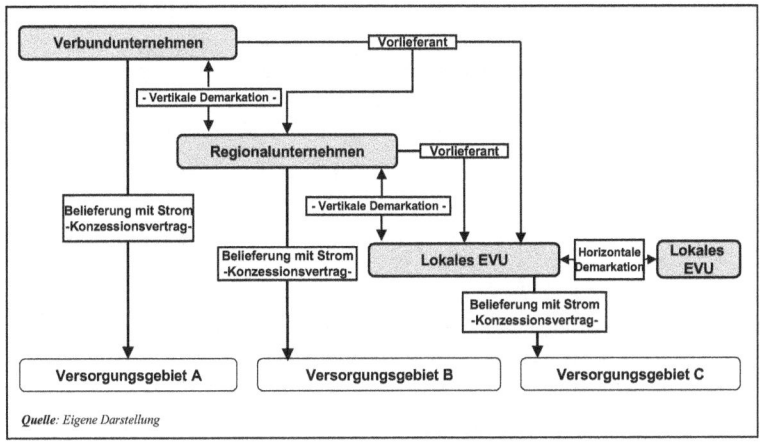

Abb. 2: Marktstruktur der öffentlichen Elektrizitätsversorgung vor der Liberalisierung

---

34 Vgl. Budäus, Dieter: Privatisierung öffentliche wahrgenommener Aufgaben-Grundlagen, Anforderungen und Probleme aus wirtschaftswissenschaftlicher Sicht. In: Gusy, Christoph(Hrsg.): Privatisierung von Staatsaufgaben: Kriterien-Grenzen-Folgen. Baden-Baden 1998. S. 19. (=Interdisziplinäre Studien zu Recht und Staat. Bd.8.)

35 Vgl. Präambel des Energiewirtschaftsgesetezs aus dem Jahre 1935.

36 Zur Preisaufsicht im Tarifabnehmerbereich siehe: Bundestarifordnung Elektrizität 1990 vom 18.12.1990. BGBl. I. S. 2255.

37 §§4-8 EnWG 1935. Die Betriebsuntersagung aufgrund mangelnder Erfüllung der Versorgungsaufgaben wurde auch als "Abmeierung" bezeichnet.

21

Im Verlauf der historischen Entwicklung sowie unter den vorgenannten gesetzlichen Regulierungen bildete sich eine pluralistische und dezentrale Marktstruktur heraus (siehe Abb. 2).[38] Diese Marktstruktur war durch eine vertikale Trennung der Wertschöpfungsstufen Stromerzeugung, Stromtransport sowie Stromvertrieb geprägt.[39]

Auf der Verbundebene agierten überregionale Unternehmen, welche über die größten Erzeugungskapazitäten verfügten und Eigentümer des überregionalen Hochspannungsverbundnetzes waren.[40] Hauptsächlich belieferten sie als Vorlieferanten regionale und lokale EVU. In einigen Gebieten übernahmen sie zudem die Endversorgung industrieller Sonderabnehmer und Tarifabnehmerkunden.[41]

Die Regionalunternehmen waren vorwiegend als Weiterverteiler tätig und gaben von Verbundstufe und industrieller Kraftwirtschaft bezogene, in geringem Maße auch selbst erzeugte, Elektrizität an lokale EVU und Endverbraucher ab.[42] Die Unternehmen versorgten ca. 60% der Fläche und ca. ein Drittel der Bevölkerung Deutschlands, darunter überwiegend ländliche Versorgungsgebiete. Dabei wurde der Strom über eine Regio-

---

38 In Ostdeutschland wurden die Strukturen der Elektrizitätswirtschaft nach der Wiedervereinigung im wesentlichen an die Strukturen der alten Bundesländer angepasst. Im folgenden wird daher auf eine Unterscheidung verzichtet.

39 Vgl. Kumkar, Lars und Axel D. Neu: Nach beschlossener Marktöffnung auch Wettbewerb in der Elektrizitätswirtschaft?. Status quo und Perspektiven in Deutschland und Europa. Kiel 1997. S. 43. [Künftig zitiert als: Nach beschlossener Marktöffnung auch Wettbewerb]

40 Der Begriff des Verbundunternehmens ist historisch bedingt, da diese Unternehmen in der Vergangenheit hauptsächlich für die Verbindung ehemals unverbundener regionaler oder lokaler Netze zuständig waren; vgl. dazu auch: Vogl, Reiner J., Manfred M. Gößl und Gerhard M. Feldmeier: Die Elektrizitätswirtschaft in der BRD. A.a.O.. S. 29.

41 Vgl. Kreikenbaum, Dieter: Kommunalisierung und Dezentralisierung. A.a.O.. S. 41f..

42 Vgl. Schmid, Hansdieter: Wirtschaftliche Betätigung der Kommunen. Rechtfertigung, Begriff, Schwerpunkt und Voraussetzungen. In: Kommunalwirtschaft. Heft 6/2000. S. 314. [Künftig zitiert als: Wirtschaftliche Betätigung der Kommunen]

22

nalisierung der Strompreise im gesamten Versorgungsgebiet preisgleich abgegeben (Prinzip der "Tarifeinheit im Raum").[43]

Die lokalen EVU nahmen die Stromversorgung der Endverbraucher wahr, wobei sich die Versorgungsgebiete vorwiegend auf mittlere und größere Städte und Gemeinden mit einer hohen Stromabnahmedichte erstreckten. Die Unternehmen bezogen aus Kostengründen den überwiegenden Teil ihres Strombedarfs von Verbund- und Regionalstufe, lediglich in Groß-städten wurde oft ein erheblicher Teil eigenständig produziert.[44]

Die öffentliche Elektrizitätsversorgung war vor der Liberalisierung durch energiepolitische Koordinationsprobleme und Zielkonflikte gekenn-zeichnet. Dies führte in Deutschland zu wesentlich höheren Strompreisen als in anderen europäischen Industriestaaten. Mittelfristig schien daher eine Neuregelung des deutschen Energie- und Wettbewerbsrechts gebo-ten, um die internationale Wettbewerbsfähigkeit der deutschen Wirtschaft zu sichern.[45]

2.2 Die Binnenmarktrichtlinie für Elektrizität

Die Liberalisierung des deutschen Strommarktes wurde durch die Bin-nenmarktrichtlinie für Elektrizität (EltRL) eingeleitet, welche auf Initiati-ve der Europäischen Kommission am 19. Februar 1997 in Kraft trat.[46] Nach der Preistransparenzrichtlinie vom 29.06.1990[47] und der Transit-

---

43 Ursprünglich wurden die Regionalunternehmen zur Behebung von Struktur-problemen in der Elektrizitätsversorgung gegründet, um auch in Gebieten mit ungünstiger Abnahmestruktur und geringem Strombedarf eine sichere Stromver-sorgung zu annehmbaren Preisen zu ermöglichen. Vgl. auch Vogl, Reiner J, Manfred M. Gößl und Gerhard M. Feldmeier: Die Elektrizitätswirtschaft in der BRD. A.a.O.. S. 39.

44 Vgl. Oesterhoff, Rolf: Zur Ordnungsdynamik der deutschen Elektrizitätswirt-schaft in europäischer Perspektive. Münster 1997. S.18f.. (=Studien zur Politik-wissenschaft: Abteilung B. Bd.86.)

45 Siehe Jung, Volker: Ordnungsreform ist überfällig. SPD: Neuorientierung statt Strukturbruch. In: Handelsblatt. Nr. 183 vom 23.09.1997. S. b11.

46 Richtlinie 96/92/EG des Europäischen Parlamentes und des Rates vom 19.12.1996 betreffend gemeinsame Vorschriften für den Elektrizitätsbinnen-markt. Abl. EG Nr. L 27 vom 30.01.1997. S.20. [Künftig zitiert als: EltRL]

47 Richtlinie 90/377/EWG des Rates vom 29.06.1990 zur Einführung eines ge-meinschaftlichen Verfahrens zur Gewährleistung der Transparenz der vom in-

23

richtlinie vom 20.10.1990[48] bildete die EltRL den vorläufig letzten Schritt der EU-Kommission zur Liberalisierung des Stromsektors innerhalb der Europäischen Union.[49]

Die Richtlinie basierte auf der ökonomischen Erkenntnis, dass in der Elektrizitätswirtschaft nur im Teilbereich der Versorgungsnetze ein natürliches Monopol vorliegt.[50] Eine wettbewerbliche Organisation der Bereiche Erzeugung und Vertrieb schien nicht daher nur möglich, sondern aus wettbewerbspolitischen Motiven sogar erstrebenswert und geboten.[51]

Ziel der Binnenmarktrichtlinie war somit eine wettbewerbliche Öffnung der nationalen Märkte für Elektrizität in Europa, um eine günstige und effiziente Versorgung zu realisieren.[52] Die bisherigen monopolistischen Marktstrukturen sollten aufgebrochen werden, um durch nationalen und internationalen Wettbewerb der EU-Mitgliedsstaaten eine Angleichung der europäischen Strompreise auf möglichst niedrigem Niveau zu erreichen.

Um dieses Ziel zu verwirklichen, sah die Richtlinie die europaweite Einführung wettbewerblicher Strukturen in der Elektrizitätswirtschaft vor und verpflichtete die Mitgliedsstaaten zu einer "auf die Errichtung eines wettbewerbsorientierten Elektrizitätsmarkts" zielenden Regulierung der EVU.[53] Sie gab damit die entscheidenden Impulse für eine wettbewerbs-

---

dustriellen Endverbraucher zu zahlenden Gas- und Strompreise. ABl. 1990 Nr. L 185/16.

48   Richtlinie 90/547/EWG des Rates vom 29.10.1990 über den Transit von Elektrizitätslieferungen über große Netze. ABl. 1990 L313/30.

49   Für eine genaue Darstellung des dreistufigen Liberalisierungskonzeptes der EU-Kommission siehe Vogl, Reiner J., Manfred M. Gößl und Gerhard M. Feldmeier: Die Elektrizitätswirtschaft in der BRD. A.a.O.. S. 102ff..

50   Siehe Fritz, Wolfgang und Siegfried König: Der liberalisierte Strommarkt - eine Einführung. In: Kahmann, Martin und Siegfried König (Hrsg.): Wettbewerb im liberalisierten Strommarkt. Regeln und Techniken. Berlin, New York, London 2001. S. 7. [= künftig zitiert als: Der liberalisierte Strommarkt-eine Einführung]

51   Vgl. Helle, Christoph: Neuausrichtung des Kerngeschäfts und Erschließung neuer Geschäftsfelder für kommunale EVU vor dem Hintergrund der Liberalisierung des Energiemarktes. In: Bohne, Eberhard (Hrsg.): Kommunen im wirtschaftlichen Wettbewerb. Wiesbaden 1999. S. 105. [künftig zitiert als: Neuausrichtung für kommunale EVU]

52   Siehe EltRL. A.a.O.. 2. Erwägungspunkt.

53   Art. 3 I 1 EltRL

24

orientierte Restrukturierung der nationalen Energiesektoren in den einzelnen Mitgliedsstaaten.[54]

Die Vorgaben der Richtlinie sahen eine stufenweise Öffnung der europäischen Strommärkte für die Kunden vor. Dazu wurden den einzelnen Mitgliedsstaaten nationale Mindestquoten der Marktöffnung zugewiesen, welche im Zeitablauf angehoben werden. Es waren also nicht alle Kunden sofort zum Wettbewerb zugelassen, vielmehr erfolgte eine schrittweise Einbeziehung, gestaffelt nach Energieverbrauchsgrößen der Akteure.[55] Durch die Möglichkeit einer stufenweisen Marktöffnung berücksichtigte die EltRL die länderspezifisch unterschiedlichen Marktstrukturen, um eine schrittweise Anpassung der nationalen Märkte an wettbewerbliche Strukturen zu ermöglichen.[56]

Die Richtlinie setzte den europarechtlichen Rahmen für die Mitgliedsstaaten, welcher im Rahmen des Subsidiaritätsprinzips innerhalb einer Frist von zwei Jahren (bis zum Februar 1999) in nationales Recht umzusetzen war.[57] Dabei wurde den Mitgliedsstaaten bei der Umsetzung ein relativ weiter Gestaltungsspielraum eingeräumt, so dass zentrale Aspekte des Liberalisierungsvorgangs den nationalen Besonderheiten angepasst werden konnten.[58]

2.3 Die Reform des deutschen Energiewirtschaftsrechts

Die europäischen Liberalisierungsvorgaben wurden in Deutschland mit dem "Gesetz zur Neuregelung des Energiewirtschaftsrechts" umgesetzt,

---

54 Siehe Nagel, Bernhard: Die öffentlichen Unternehmen im Wettbewerb-Kommunalrecht und europäisches Gemeinschaftsrecht. In: ZögU. Bd. 23. Heft 4/2000. S. 428.

55 Art 19 EltRL

56 Präambel Abs.5 EltRL. Kumkar sieht dagegen die Vermeidung von "stranded Investments" bei den Versorgungsunternehmen als Hauptgrund für die schrittweise Einführung von Wettbewerb. Genaue Erklärung bei: Kumkar, Lars und Axel D. Neu: Nach beschlossener Marktöffnung auch Wettbewerb. A.a.O.. S. 118.

57 Art. 27 I 1 EltRL i.V.m. Art. 249 EGV.

58 Siehe Heilemann, Ulrich und Bernhard Hillebrand: Liberalisierung der Strom- und Gasmärkte-Erwartungen und erste Ergebnisse. Essen 2001. S. 6. (= RWI-Papiere. Nr. 73.) [Künftig zitiert als: Liberalisierung der Strom- und Gasmärkte]

25

das nach kontroverser Debatte am 28. April 1998 in Kraft trat.[59] Das Gesetz enthält im wesentlichen eine novellierte Fassung des Energiewirtschaftsgesetzes (EnWG) sowie die Aufhebung der kartellrechtlichen Bereichsausnahme für Elektrizität im Gesetz gegen Wettbewerbsbeschränkungen (GWB).[60]

Zweck des Gesetzes ist nach §1 EnWG eine "möglichst sichere, preisgünstige und umweltverträgliche leitungsgebundene Versorgung mit Elektrizität." Die energiepolitischen Ziele des EnWG wurden somit um das Ziel der Umweltverträglichkeit erweitert (siehe Abb. 3).[61] Diese energiepolitische Zieltrias sollte auch weiterhin einen regulierenden Einfluss des Staates gewährleisten, da die Stromversorgung nach Ansicht des Gesetzgebers eine "wichtige Schlüsselbranche" darstellt.[62]

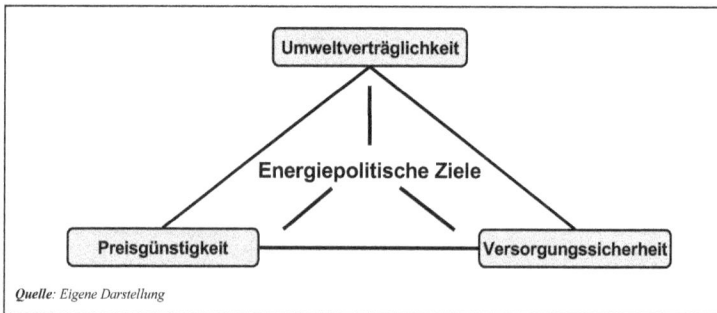

Quelle: Eigene Darstellung

Abb. 3: Energiepolitische Zieltrias

---

59   So lehnte der Bundesrat den Gesetzesentwurf ab, da dieser nicht das kommunale Selbstverwaltungsrecht respektiere. Daneben erhoben verschiedene Landesregierungen, die SPD-Bundestagsfraktion sowie einige Gemeinden Verfassungsklage, welche jedoch abgewiesen wurde. Siehe dazu: Steckert, Uwe: Wohin treiben die Stadtwerke im Wettbewerb?. In: ET. Heft 9/2000. S. 651.

60   Art. 1 und 2 des Gesetzes zur Neuregelung des Energiewirtschaftsrechts vom 28.04.1998. BGBl I Nr.23. S. 730-736.

61   Dies stellte eine Reaktion auf die zunehmende Brisanz der Klimaproblematik dar; für genaue Erläuterungen siehe: Begründung zum Regierungsentwurf eines Gesetzes zur Neuregelung des Energiewirtschaftsrechts (EnWG) vom 23.03.1997. BT-Drucksache 13/7274. S.2, 6. [künftig zitiert als: BT-Drs. 13/7274]

62   Vgl. Deutscher Bundestag (Hrsg.): BT-Drs. 13/7274. A.a.O.. S. 2.

Die Bundesregierung verfolgte mit der Deregulierung des Marktes das Ziel, eine Senkung der im europäischen Vergleich zu hohen Strompreise zu erreichen.[63] Auf diese Weise sollte die internationale Wettbewerbsfähigkeit der deutschen Wirtschaft und des Standortes Deutschland insgesamt nachhaltig gesichert werden.[64]

Die Neuregelung des EnWG sah eine sofortige und vollständige Öffnung des Strommarktes für den Wettbewerb um alle Kundengruppen vor und ging insofern über die sekundärrechtlichen Vorgaben der EU hinaus.[65] Nachfolgend werden die wichtigsten Bestimmungen des neuen Ordnungsrahmens erläutert.

2.3.1 Auflösung der geschlossenen Versorgungsgebiete

Die EltRL verpflichtet die Mitgliedsstaaten, alle erforderlichen Maßnahmen für eine Öffnung der Strommärkte zu ergreifen, um den Nachfragern die freie Wahl eines Anbieters zu ermöglichen. Aus diesem Grund enthält Art. 2 des Gesetzes zur Neuregelung des Energiewirtschaftsrechts mit §103b GWB eine Änderung des GWB, welche die Zulässigkeit gebietsschützender Verträge in der Elektrizitätswirtschaft aufhebt und damit die Auflösung der geschlossenen Versorgungsgebiete einleitet.

Während Demarkationsverträge grundsätzlich nichtig wurden, bleiben gem. Art. 4 §1 des Gesetzes zur Neuregelung des Energiewirtschaftsrechts laufende Konzessionsverträge einschließlich der vereinbarten steuerneutralen Abgaben wirksam. Den Kommunen bleibt damit eine ihrer wichtigsten Einnahmequellen erhalten, allerdings wird die Abgabe für die Wegenutzung künftig auf alle Anbieter im jeweiligen Versorgungsgebiet

---

63 Siehe Deutscher Bundestag (Hrsg.): 11. Hauptgutachten der Monopolkommission 1994/95. BT-Drs. 13/5309. S. 29f.. Vgl. ferner: Heilemann, Ullrich und Bernhard Hillebrand: Liberalisierung der Strom- und Gasmärkte. A.a.O.. S. 5.

64 Für genaue Darstellung siehe Fritz, Wolfgang und Siegfried König: Der liberalisierte Strommarkt-eine Einführung. A.a.O.. S. 8. Vgl. daneben: Deutscher Bundestag (Hrsg.): BT-Drs. 13/7274. A.a.O.. S. 4.

65 Das Konstrukt des "zugelassenen Kunden" der europäischen Binnenmarktrichtlinie, welches nur Kunden mit bestimmten Mindeststromverbrauchen den Marktzugang ermöglicht, entfiel somit. Vgl. dazu Kreikenbaum, Dieter: Kommunalisierung und Dezentralisierung. A.a.O.. S. 30f..

aufgeschlüsselt.[66] Die Beibehaltung der Konzessionsverträge soll einen vertragslosen Zustand vermeiden und das Finanzaufkommen der Kommunen nachhaltig sichern.[67]

Trotz der Aufhebung des alleinigen Versorgungsrechts bleibt im neuen EnWG jedoch die allgemeine Anschluss- und Versorgungspflicht der lokalen Unternehmen bestehen.[68] Der Gesetzgeber begründete dies damit, dass aller Erwartung nach auch in Zukunft ein Großteil der Endabnehmer durch ein einziges Unternehmen versorgt werde.[69]

2.3.2 Liberalisierung des Kraftwerks- und Direktleitungsbau

Im reformierten deutschen Energiewirtschaftsrecht wurde für den Bau neuer Erzeugungs- und Transportanlagen ein Genehmigungsverfahren im Rahmen des allgemeinen Baurechts gewählt.[70] Danach können alle Unternehmen, welche zum Zeitpunkt des geplanten Beginns der Versorgungstätigkeit diese noch nicht durchführen, eine Genehmigung für Kraftwerke bzw. Direktleitungen verlangen.

Die im alten EnWG geregelte Investitionskontrolle wurde abgeschafft, da sie nach Ansicht des Gesetzgebers den Handlungsspielraum der Unternehmen im Wettbewerb unnötig einschränken würde.[71]

Mit den reformierten gesetzlichen Bestimmungen wird somit der Markteintritt neuer Stromproduzenten begünstigt. Aufgrund der Überkapazitäten an Kraftwerksleistung ist daher mittelfristig mit dem Verschwinden unrentabler Erzeugungskapazitäten vom Markt zu rechnen.

---

66   Vgl. Deutscher Bundestag (Hrsg.): BT-Drucksache 13/7274. A.a.O.. S. 4f.. Die Höhe der Abgabe richtet sich nach der Konzessionsabgabenverordnung vom 31.07.1999. Die Abgabe ist vom lokalen Netzbetreiber zu entrichten und kann den Durchleitungsentgelten hinzugerechnet werden. Sie wird auf alle im Versorgungsgebiet tätigen Anbieter aufgeschlüsselt.

67   Die Zahlung der Konzessionsabgabe erfolgt nach neuem Energierecht lediglich für das Wegenutzungsrecht zur Leitungsverlegung und nicht wie früher zusätzlich als Entgelt für die ausschließliche Stromversorgung, gem. §14 Abs.1 EnWG.

68   §10 Abs.1 EnWG

69   Vgl. Deutscher Bundestag (Hrsg.): BT-Drs. 13/7274. A.a.O.. S. 9.

70   §3 EnWG

71   Vgl. Deutscher Bundestag (Hrsg.): BT-Drs. 13/7274. A.a.O.. S. 5f..

2.3.3 Organisation des Netzzugangs

Der Wettbewerb von Energieversorgungsunternehmen um Kunden in einem bestimmten Versorgungsgebiet ist entweder durch den Bau eigener Leitungen oder durch die Nutzung bereits bestehender Leitungsnetze des ortsansässigen Netzbetreibers möglich.

Die Bundesregierung sieht zwar im Direktleitungsbau ein "unverzichtbares Instrument für die wettbewerbliche Öffnung" des Marktes.[72] Der Aufbau paralleler Leitungsnetze dürfte sich jedoch wegen hoher laufender Fixkosten nur in Ausnahmefällen (z.B. industrielle Sonderabnehmer) als ökonomisch sinnvoll erweisen.[73] Zudem stehen häufig umwelt- und landesplanerische Aspekte dem Bau eines weiteren Leitungsnetzes entgegen.[74]

Die bestehende Netzinfrastruktur ist daher weiterhin als natürliches Monopol zu charakterisieren.[75] Der Grad der Marktöffnung und die Wettbewerbsintensität hängen somit wesentlich von wirksamen Netzzugangsregelungen ab, welche den freien Zugang aller Marktteilnehmer zu bestehenden Versorgungsnetzen gewährleisten.[76]

Der deutsche Gesetzgeber hat keine allgemeinverbindliche Auswahl eines Netzzugangsmodells getroffen; vielmehr stehen den Netzbetreibern zwei Systeme zur Auswahl, welche in Abb. 4 dargestellt werden.

---

72 Vgl. Deutscher Bundestag (Hrsg.): BT-Drs 13/7274. A.a.O..S.3.

73 Siehe Kühne, Gunther und Boris Scholtka: Das neue Energiewirtschaftsrecht. In: NJW. Heft 27/1998. S. 1904.

74 Siehe Ungemach, Manfred, Martin Wißmann, Peter Cameron und Peter Styles: Mehr Mut zur Reform. Anmerkungen zum Stand der Diskussion über die Liberalisierung des deutschen Elektrizitäts und Gasmarktes. In: ET. Heft 6/1997. S. 364. [Künftig zitiert als: Mehr Mut zur Reform]

75 Vgl. Kumkar, Lars: Wettbewerbsorientierte Reformen der Stromwirtschaft. Eine institutionenökonomische Analyse. Tübingen 2000. S. 34. (=Kieler Studien. 305.) [Künftig zitiert als: Wettbewerbsorientierte Reformen der Stromwirtschaft]

76 Vgl. Haupt, Ulrike und Wolfgang Pfaffenberger: Wettbewerb auf dem deutschen Strommarkt-Drei Jahre nach der Liberalisierung. Beitrag für die 2. Internationale Energiewirtschaftstagung an der TU-Wien. Bremen 2001. S. 3. [Künftig zitiert als: Wettbewerb auf dem deutschen Strommarkt]

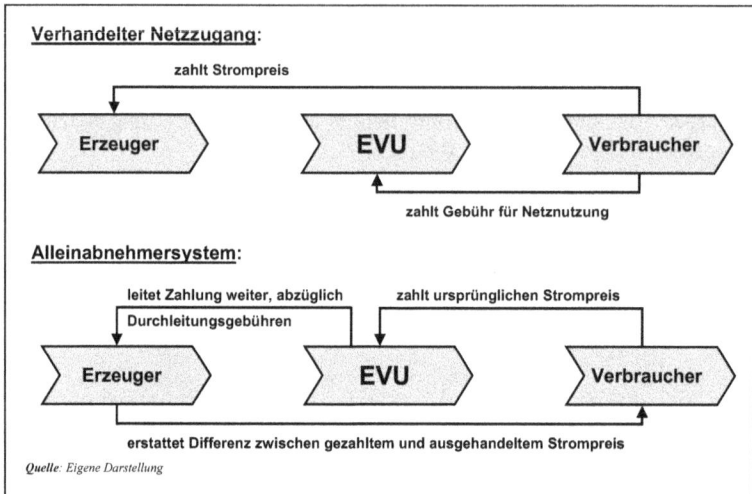

Verhandelter Netzzugang:

zahlt Strompreis

> Erzeuger > > EVU > > Verbraucher >

zahlt Gebühr für Netznutzung

Alleinabnehmersystem:

leitet Zahlung weiter, abzüglich   zahlt ursprünglichen Strompreis
Durchleitungsgebühren

> Erzeuger > > EVU > > Verbraucher >

erstattet Differenz zwischen gezahltem und ausgehandeltem Strompreis

Quelle: Eigene Darstellung

Abb. 4: Netzzugangsmodelle im liberalisierten deutschen Strommarkt

Den Regelfall bildet der "verhandelte Netzzugang" (NTPA = Negotiated Third Party Access) auf Vertragsbasis gem. §6 EnWG.[77] Die Versorgung erfolgt hierbei mittels Durchleitung von Strom über das örtliche Verteilungsnetz.[78] Für die Netzbenutzung erhält der örtliche Netzbetreiber ein Durchleitungsentgelt.

Aufgrund einer politischen Intervention der kommunaler EVU kann der Netzzugang auf lokaler Ebene alternativ über das Alleinabnehmermodell (Single Buyer) gem. §7 EnWG erfolgen. Die Regelung bildet eine bis zum Jahr 2005 befristete Ausnahmeregelung.[79] Die kommunalen Unternehmen versprachen sich von dieser Regelung einen Wettbewerbsschutz, da ihnen auf diese Weise der alleinige Kundenkontakt vorbehalten blieb.[80] Sie waren nicht verpflichtet, eine unmittelbare Versorgung von

---

77 § 5 EnWG

78 Unter Durchleitung wird dabei die zeitgleiche Einspeisung an einem und Entnahme an einem anderen räumlich entfernten Netzpunkt verstanden.

79 Vgl. Säcker, Franz Jürgen und Jan Busche: Umsetzung der Elektrizitätsbinnenmarkt-Richtlinie. In: ET. Heft 1-2/1998. S. 21.

80 §7 I 1 EnWG

30

Endabnehmern durch Dritte im Wege einer Durchleitung von Strom zuzulassen.[81]

Neben dem grundsätzlichen Anspruch auf freien Netzzugang ist vor allem die Frage nach den Nutzungsbedingungen und -entgelten von Bedeutung. Eine angemessene Höhe des Durchleitungsentgeltes bildet eine entscheidende Voraussetzung für einen funktionierenden Wettbewerb, da diese Kosten einen erheblichen Teil der Gesamtkosten der Energieversorgung ausmachen.[82]

Das EnWG verpflichtet den Netzbetreiber lediglich, anderen Unternehmen einen diskriminierungsfreien Netzzugang zu gewähren.[83] Die konkrete Ausgestaltung von Höhe und Struktur der Netznutzungsentgelte ist mit dem Netzbetreiber auf Basis einer Verbändevereinbarung (VV) auszuhandeln.[84]

Nach der am 13.12.2001 in Kraft getretenen "Verbändevereinbarung II plus" sollen die Netznutzungsentgelte auf Basis der kalkulatorischen Kosten ermittelt werden.[85] Dabei werden die Konditionen strukturell vergleichbarer Netzbetreiber herangezogen (Vergleichsmarktprinzip).[86] Die

---

81 Vgl. Kühne, Gunther und Boris Scholtka: Das neue Energiewirtschaftsrecht. A.a.O.. S. 1906.

82 Vgl. Ungemach, Manfred, Martin Wißmann u.a.: Mehr Mut zur Reform. A.a.O.. S.364. Siehe ferner: Godesar, Rolf: Deutsche Energiestrukturen der Zukunft- Sichtweise eines Newcomers. In: ET. Heft 9/2001. S. 552.

83 §6 Abs.1 EnWG. So existiert mit §19 Abs. 4 Nr.4 GWB ein eigener Missbrauchstatbestand für den Netzzugang, welcher auf der aus dem amerikanischen Antitrustrecht stammenden "Essential-Facilities"-Doktrin beruht. Danach darf der Eigentümer einer wesentlichen Einrichtung, die für den Marktzugang entscheidend ist, einem Wettbewerber den Zugang nicht missbräuchlich verwehren.

84 Siehe Hoeffler, Felix: Regulatorische Rahmenbedingungen für den deutschen Strommarkt. In: ET. Heft 5/2001. S. 240.

85 BDI, VIK, VDEW, VDN, ARE und VKU (Hrsg.): Verbändevereinbarung über Kriterien zur Bestimmung von Netznutzungsentgelten für elektrische Energie und über Prinzipien der Netznutzung vom 13.Dezember 2001. Unterpunkt 2.1.1..

86 zur Verbändevereinbarung siehe: Becker, Peter: Rechtlicher Regelungsbedarf beim Netzzugang. In: Becker, Peter, Christian Held u.a. (Hrsg.): Energiewirtschaft im Aufbruch. Analysen-Szenarien-Strategien. Köln 2001. S. 90f..

Verbändevereinbarung hat durch die Novellierung des EnWG im Mai 2002 eine quasi-rechtliche Bindungswirkung erlangt.[87]

Der freie Netzzugang wurde vom Gesetzgeber aus energie- und umweltpolitischen Gründen mit einigen Einschränkungen versehen. Eine Verweigerung der Durchleitung ist zulässig, sofern mangelnde Netzkapazität vorliegt oder hierdurch gem. §6 Abs. 3 EnWG Strom aus KWK-Anlagen oder regenerativen Energien verdrängt wird.[88]

Daneben kann in den neuen Bundesländern eine Durchleitung verweigert werden, wenn sie gem. Art 4 §3 Abs. 1 des Gesetztes zur Neuregelung des Energiewirtschaftsrechts der "Notwendigkeit einer ausreichend hohen Verstromung von Braunkohle entgegensteht" (Braunkohleschutzklausel).

Eine weitere Einschränkung des freien Netzzugangs ergibt sich aus der Reziprozitätsklausel gem. Art.4 § 2 des Gesetzes zur Neuregelung des Energiewirtschaftsrechts. Danach ist der Netzzugang für Elektrizität aus dem Ausland nur dann zu gewähren, wenn der umworbene Kunde auch im Herkunftsland des Durchleitungsbegehrenden ein zum Wettbewerb zugelassener Kunde ist und durch Dritte beliefert werden kann. Die Reziprozitätsklausel ist bis zum Jahr 2006 befristet und soll Wettbewerbsverzerrungen im grenzüberschreitenden Stromhandel verhindern.[89]

2.3.4 Entflechtung vertikal integrierter Unternehmen

In Deutschland ist die Netzinfrastruktur Teil vertikal-integrierter Versorgungsunternehmen.[90] Um eine Instrumentalisierung der Netze für unternehmerische Zwecke zu verhindern, sind daher Erzeugungs-, Übertragungs-, und Verteilungsaktivitäten sowie nicht-elektrizitätswirtschaft-

---

87 Siehe Winkler, Rüdiger: Verbändevereinbarung II plus-der bessere Weg. Prinzipien des Netzzugangs. In: EW. Heft 4/2002. S. 35. [Künftig zitiert als: Verbändevereinbarung II plus-der bessere Weg]

88 Siehe Börner, Achim-Rüdiger: Der Energiemarkt und die geschlossenen Versorgungsgebiete der Strom- und Gaswirtschaft im Übergang zum Wettbewerb. Baden-Baden 1996. S 45. (= Zeitschrift für öffentliche und gemeinwirtschaftliche Unternehmen: Beiheft 20.)

89 Nähere Erläuterungen bei Kühne, Gunther und Boris Scholtka: Das neue Energiewirtschaftsrecht. A.a.O.. S. 1905.

90 Siehe Legaldefinition "vertikal integrierte Unternehmen" in Art. 2, Ziffer 18 EltRL.

liche Tätigkeiten in der internen Buchführung als rechnerisch getrennte Betriebsabteilungen zu führen.[91]

Die buchhalterische Entflechtung (Unbundling) der Unternehmen soll eine höhere Kostentransparenz des Netzbetriebs schaffen, innerbetriebliche Quersubventionen verhindern und die kartellrechtliche Überprüfung von Durchleitungsverweigerungen erleichtern.[92]

Darüber hinaus wurde im Rahmen der "Verbändevereinbarung II plus" ein Informationsunbundling eingeführt, wonach der Netzbereich zusätzlich durch administrative Informationsbarrieren ("Chinese Walls") von Abteilungen mit Erzeugungs- oder Verteilungstätigkeiten zu trennen ist.[93] Eine gesellschaftsrechtliche Entflechtung der Unternehmen ist dagegen nicht vorgeschrieben. Dennoch ist unternehmerisch eine klare, eigentumsrechtliche Trennung der wettbewerblichen Geschäftsfelder vom monopolistischen Versorgungsnetz geboten, um eine größere Transparenz der verschiedenen Unternehmensbereiche zu erlangen.[94]

Erfahrungen aus der britischen Gaswirtschaft haben gezeigt, dass die Entflechtung der Unternehmensbereiche sowie eine genaue Kontrolle der Kostenzuordnung von maßgeblicher Bedeutung für eine erfolgreiche Marktöffnung sind.[95] Andere europäische Staaten haben daher, über eine gesellschaftsrechtliche Entflechtung hinaus, unabhängige Netzgesellschaften eingerichtet (z.B. Großbritannien und Schweden). Die Trennung des Elektrizitätsgeschäfts von der Transportdienstleistung ist somit insgesamt ein wichtiges Grundelement der Energiemarktliberalisierung.[96]

---

91 §4 Abs. 4. EnWG. Siehe auch Kumkar, Lars: Wettbewerbsorientierte Reformen der Stromwirtschaft. A.a.O.. S. 414.

92 Vgl. Kühne, Gunther und Boris Scholtka: Das neue Energiewirtschaftsrecht. A.a.O.. S. 1903.

93 Siehe Winkler, Rüdiger: Verbändevereinbarung II plus-der bessere Weg. A.a.O.. S. 30.

94 Vgl. Latkovic, Krunoslav: Elektrizitätsversorgungsunternehmen im Wandel-Ansatzpunkte und Probleme einer Umstrukturierung und Neuausrichtung des Stromgeschäfts. Essen 2000. S. 259. (=Schriften zur Energiewirtschaftlichen Forschung und Praxis. 8.) [Künftig zitiert als: EVU im Wandel]

95 Vgl. ausführlich Ungemach, Manfred, Martin Wißmann, Peter Cameron und Peter Styles: Mehr Mut zur Reform. A.a.O.. S. 367.

96 Vgl. Kreusel, Jochen, Henning Trupke und Gerhard Weismüller: Netznutzungsmanagement – Erfahrung nach einem Jahr Verbändevereinbarung II. In: EW. Heft 4/2002. S. 56. [künftig zitiert als: Netznutzungsmanagement]

2.4 Zwischenfazit

Die Liberalisierung der europäischen Strommärkte hat die bisher mono-
polistisch geprägte Versorgungsstruktur der deutschen Elektrizitätsversorgung grundlegend verändert. Nach über 100 Jahren wurde das
Prinzip der geschlossenen Versorgungsgebiete aufgegeben und wettbewerbsorientierte Strukturen in der Elektrizitätswirtschaft eingeführt.[97]

Der seitdem auf dem deutschen Strommarkt entstandene Wettbewerb hat
eine erheblich größere Dynamik entwickelt, als ursprünglich angenommen.[98] Fünf Jahre nach Inkrafttreten des novellierten Energiewirtschaftsrechts hat sich der Strommarkt, begünstigt durch die stark di-
versifizierte Anbieterstruktur, zum wettbewerbsintensivsten Markt Europas entwickelt.[99]

Inzwischen wird das Gut "Strom" wie andere Wirtschaftsgüter von den
Unternehmen gehandelt. Es sind europaweit Strombörsen entstanden, an
denen Strom per Termingeschäft gehandelt wird.[100] Neben der Optimierung der eigenen Beschaffungsmengen hat sich den öffentlichen EVU
hierdurch der Stromhandel als neues Geschäftsfeld eröffnet.[101]

Hauptkritikpunkt bei der Liberalisierung des deutschen Strommarktes ist
bislang der freie Netzzugang. Deutschland ist der einzige Staat innerhalb
der EU, welcher das System des verhandelten Netzzugangs eingeführt
hat.[102] Das deutsche Liberalisierungskonzept vertraut damit stark auf die

---

97 Siehe Klinger, Heinz: Stromversorger im Wettbewerb. In: EW. Heft 15/1997. S.
    784.

98 Vgl. Heilemann, Ullrich und Bernhard Hillebrand: Liberalisierung der Strom-
    und Gasmärkte. A.a.O.. S. 3.

99 Vgl. Meller, Eberhard: Was hat die Liberalisierung bisher gebracht? Wettbe-
    werbsintensität deutlich gesteigert. In: EW. Heft 20-21/2001. S. 28. [Künftig zi-
    tiert als: Was hat die Liberalisierung bisher gebracht?] Vgl. ebenfalls: Schulz,
    Eckhard: Bewegung in der Energiewirtschaft-Ein Markt im Umbruch. In:
    Kommunalwirtschaft. Heft 2/2001. S. 61.

100 Vgl. Fritz, Wolfgang und Siegfried König: Der liberalisierte Strommarkt-eine
    Einführung. A.a.O.. S. 16.

101 Siehe ebd. A.a.O.. S. 15.

102 Vgl. Winkler, Rüdiger: Verbändevereinbarung II plus-der bessere Weg.A.a.O..
    S.28.

selbstregulierenden Kräfte des Marktes.[103] Dies hat sich in den letzten Jahren, trotz anderslautender Bekundungen der Energiewirtschaft, als Trugschluss erwiesen.

Die Höhe der Durchleitungsentgelte zählt auf lokaler Ebene zu den höchsten in Europa, und macht teilweise bis zu 70% des Strompreises aus.[104] Der Verband der Netzbetreiber (VDN) begründete dies zwar mit strukturellen Unterschieden der einzelnen Netzbetreiber, welche sich in unterschiedlichen Preisen niederschlagen würden.[105] Dennoch scheint der Verdacht begründet, dass die Netznutzungsentgelte von den EVU für eine Stabilisierung der Stromerlöse genutzt werden.[106]

In diesem Zusammenhang ist insbesondere die Ausgestaltung des verhandelten Netzzugangs durch eine Verbändevereinbarung umstritten. Dies hat zur Forderung nach einer staatlichen Regulierungsbehörde zur Regelung des Netzzugangs geführt, ähnlich der Regulierungsbehörde für Telekommunikation und Post (Rep TP).[107]

Bislang hat die Bundesregierung jedoch keine ernsthaften Bestrebungen erkennen lassen, einen Regulator zur Gewährleistung des Wettbewerbs auf dem deutschen Strommarkt zu etablieren.[108] Immerhin sind Netz-

---

103 Siehe Nill-Theobald, Christiane: Liberalisierung und kein bisschen weise?. In: EW. Heft 8/2002. S. 96.

104 Siehe Bauchmüller, Michael: Netz mit doppeltem Boden. Mit den Strompreisen wächst der Ärger über die Marktordnung. In: SZ vom 29.11.2002. S. 19.

105 Siehe Kroneberg, Jürgen: Wettbewerbsfaktor Stromnetze. Betreiber deutscher Stromnetze fordern Harmonisierung im gesamten EU-Markt. Pressekonferenz VDN beim VDEW, Berlin, 19. November 2001. Abgerufen unter: Http://www.vdew.de. Abgerufen am: 20.04.2002.

106 Siehe bei Haupt, Ulrike und Wolfgang Pfaffenberger: Wettbewerb auf dem deutschen Strommarkt. A.a.O.. S. 7f..

107 Siehe Heilemann, Ullrich und Bernhard Hillebrand: Liberalisierung der Strom- und Gasmärkte. A.a.O.. S. 27.

108 In diesem Zusammenhang ist fraglich, ob eine derartige Regulierungsfunktion im Kompetenzbereich des Bundeskartellamtes oder der bereits bestehenden Regulierungsbehörde für Post und Telekommunikation anzusiedeln wäre. Siehe auch bei: o. V.: Strom und Gas sind zu teuer. Deutsche Verbraucher zahlen Zeche für mangelhaften Wettbewerb. In: FAZ vom 24.12.02. S. 15.

betreiber auf Anfrage eines Kunden inzwischen dazu verpflichtet, ihre Berechnungsgrundlage gegenüber einer Schiedsstelle nachzuweisen.[109]

Der deutsche Strommarkt befindet sich in der Konsolidierungsphase; der Prozess der Liberalisierung ist noch nicht vollständig abgeschlossen. Dennoch sind bereits deutliche Strukturveränderungen zu beobachten, die zu nachhaltigen Veränderungen der wirtschaftlichen Rahmenbedingungen öffentlicher EVU geführt haben.[110]

---

109 Vgl. o. V.: Zu hohe Preise für Stromtransport. In: SZ vom 11.12.02. S. 23.

110 Vgl. Schulz, Eckhard: Bewegung in der Energiewirtschaft-Ein Markt im Umbruch. A.a.O.. S. 61.

3. Die Wettbewerbsfähigkeit öffentlicher EVU im liberalisierten Strommarkt

Um eine fundierte Aussage über die Wettbewerbsfähigkeit öffentlicher EVU im liberalisierten Strommarkt treffen zu können, ist zunächst eine Betrachtung des Marktumfeldes erforderlich. Dazu sind die wesentlichen Kennzeichen des liberalisierten Strommarktes zu analysieren.

Im Zusammenhang mit der veränderten Marktordnung beeinflussen diese die Positionierung der einzelnen Geschäftsbereiche der EVU im liberalisierten Markt und determinieren so deren Wettbewerbsfähigkeit.

3.1 Kennzeichen des liberalisierten Strommarktes

Der Strommarkt ist seit der Liberalisierung durch einige wettbewerbsrelevante Parameter gekennzeichnet, welche die Rahmenbedingungen für die unternehmerische Tätigkeit der EVU setzen (siehe Abb. 5).

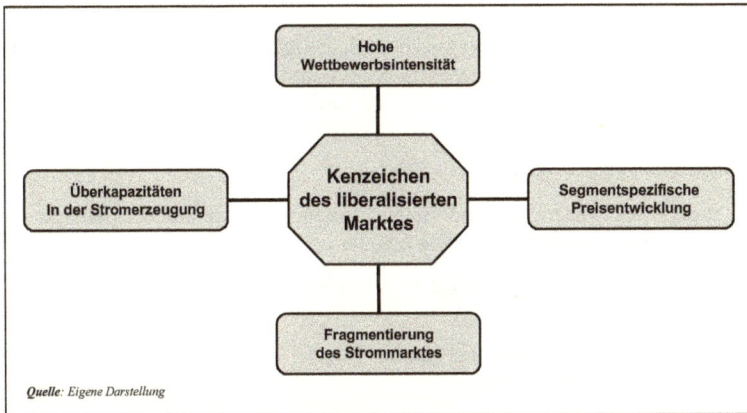

Quelle: Eigene Darstellung

Abb. 5: Kennzeichen des liberalisierten Strommarktes

Sie werden in den folgenden Teilkapiteln mit ihren Auswirkungen auf die Geschäftstätigkeit näher erläutert. Die Parameter sind miteinander verknüpft und stehen in gegenseitiger Wechselwirkung zueinander.

3.1.1 Überkapazitäten in der Stromerzeugung

Seit der Liberalisierung bestehen in Deutschland und Europa enorme Überkapazitäten in der Stromerzeugung. Da der Begriff der Überkapazität nicht exakt definiert ist, existieren unterschiedlich Angaben über die genaue Höhe der Kraftwerksüberkapazitäten.[111] Sie werden in Deutschland auf ca. 10 Gigawatt (GW), innerhalb der EU auf ca. 40 bis 40 GW geschätzt.[112]

In Deutschland resultieren die Überkapazitäten hauptsächlich aus der energiepolitischen Vorgabe der Versorgungssicherheit in Verbindung mit der früheren monopolistischen Marktstruktur. In den einzelnen Versorgungsgebieten wurden daher in der Vergangenheit erhebliche Reservekapazitäten im Bereich der öffentlichen Stromversorgung aufgebaut.[113]

Die Liberalisierung hat die bestehenden Überkapazitäten im Erzeugungsbereich dem freien Wettbewerb ausgesetzt. Das dermaßen entstandene Überangebot an Elektrizität hat ein Preisdumping ausgelöst und dadurch zunächst einen starken Verfall der Erzeugerpreise bewirkt.[114] Dadurch erhöhte sich der Anpassungsdruck auf die Erzeuger, da nur noch wenige Kraftwerke kostendeckend arbeiten.[115]

In Deutschland ist beim Stromverbrauch lediglich ein moderater Anstieg zu verzeichnen.[116] Eine dauerhafte Stabilisierung der Erzeugerpreise ist daher erst dann zu erwarten, wenn die bestehenden Überkapazitäten ab-

---

111 Vgl. Markewitz, Peter und Stefan Vögele: Kraftwerksüberkapazitäten in Deutschland. In: ET. Heft 1-2/2002. S. 36.

112 Vgl. Heilemann, Ullrich und Bernhard Hillebrand: Liberalisierung der Strom- und Gasmärkte. A.a.O.. S. 23.

113 Vgl. Markewitz, Peter und Stefan Vögele: Kraftwerksüberkapazitäten in Deutschland. A.a.O.. S. 39.

114 Vgl. Haupt, Ulrike und Wolfgang Pfaffenberger: Preisentwicklung am Strommarkt -Auswirkungen auf Stadtwerke als Energieerzeuger und -lieferanten. Abgerufen unter: Http://www.uni-bremen.de. S. 3. [Künftig zitiert als: Preisentwicklung am Strommarkt]

115 Vgl. Bruckner, Helmut: Die Energiewirtschaft im Umbruch. Freier Markt und staatliche Förderprogramme. In: Kommunalwirtschaft. Heft 2/2001. S. 55. [künftig zitiert als: Die Energiewirtschaft im Umbruch]

116 Vgl. Pfaffenberger, Wolfgang: Energiepolitische Rahmenbedingungen und Investitionen im Kraftwerksbereich bis 2020. In: ET. Heft 9/2002. S. 602.

38

gebaut werden.[117] Eine deutliche Verringerung der nationalen Erzeugungskapazitäten wird in Deutschland erst mittelfristig durch den beschlossenen Ausstieg aus der Kernenergie eintreten. Allerdings wird der geplante Kapazitätsabbau teilweise bereits wieder durch Neubauten kompensiert.

Das Rheinisch-Westfälische Institut für Wirtschaftsforschung (RWI) rechnet bis zum Jahr 2010 mit einer Verringerung der Kapazitäten in Höhe von 7,5 GW bzw. 7% der Kraftwerksleistung in Deutschland.[118] Daher ist vor dem Jahr 2010 mit keinem Ersatzbedarf an neuen Grundlastkraftwerken zu rechnen.[119]

Unsicherheitsfaktor bei der Stabilisierung der Erzeugerpreise sind die Überkapazitäten skandinavischer und osteuropäischer Regionen. Sofern die bislang fehlende Leitungsinfrastruktur aufgebaut würde, könnten diese Anbieter auf den deutschen Markt drängen und mit günstigen Angebotskonditionen den Wettbewerbsdruck zusätzlich erhöhen.[120]

3.1.2 Hoher Wettbewerbsdruck

Der deutsche Strommarkt ist mit ca. 40 Millionen Stromkunden im Bereich der Haushaltskunden sowie ca. vier Millionen Kunden in Industrie, Handel und Gewerbe der größte Strommarkt Europas.[121] Er besitzt damit eine hohe Anziehungskraft auf potentielle Wettbewerber. Mit der Marktöffnung sind daher eine Vielzahl neuer Anbieter aus dem In- und Ausland

---

117 Siehe Markewitz, Peter und Stefan Vögele: Kraftwerksüberkapazitäten in Deutschland. A.a.O.. S. 36.

118 Vgl. Heilemann, Ullrich und Bernhard Hillebrand: Liberalisierung der Strom- und Gasmärkte A.a.O.. S. 23.

119 Siehe Schneider, Erwin und Heinz Jürgen Schürmann: Deutschlands Energiekonzerne bauen vor allem ihre Erdgasaktivitäten aus. In: Die Zeit. Nr.12 vom 14. März 2002. S. 26.

120 Siehe bei Schürmann, Heinz Jürgen: Turbulente Zeiten für die Energiewirtschaft. Unternehmen müssen sich im Wettbewerb neu positionieren. In: Handelsblatt. Nr. 205 vom 24.10.2000 S. 72. [Künftig zitiert als: Turbulente Zeiten für die Energiewirtschaft]

121 Siehe Marquis, Günter: VDEW fordert nachhaltige Energiepolitik. Standort Deutschland im EU-Strommarkt. VDEW-Pressekonferenz, Berlin, 28. November 2000. Abgerufen unter: Http://www.vdew.de. Abgerufen am: 20.04.2002. [Künftig zitiert als: VDEW fordert nachhaltige Energiepolitik]

in den Markt eingetreten, welche in allen Wertschöpfungsstufen agieren.[122]

Dies hat in den ersten Jahren der Liberalisierung zu einer deutlichen Erhöhung der Wettbewerbsintensität und einem allgemeinen Preis- und Verdrängungswettbewerb geführt, analog zum Telekommunikationssektor.[123] Die Folge war eine Marktbereinigung durch Fusionen und Zukäufe sowie Konzentrationsprozesse auf allen Ebenen des Marktes.[124]

Neue Unternehmensverflechtungen und Kooperationsformen sind entstanden. Zusätzlich zu der traditionell starken Verflechtung zwischen Verbund- und Regionalstufe haben sich verstärkt vertikale Kapitalverflechtungen zwischen Verbund- und Kommunalstufe gebildet.[125] Weiterhin ist ein Trend zu horizontalen Kooperationen zwischen kommunalen Versorgungsunternehmen erkennbar.[126] Als Folge dieser Konzentrationsprozesse sind räumlich neu gestaltete, größer zugeschnittene Absatzgebiete entstanden.

Die traditionelle vertikale Integration der Wertschöpfungsstufen unterliegt ebenfalls der Auflösung. Verbundunternehmen und Regionalversorger haben in steigendem Maße damit begonnen, die Versorgung von Endverbrauchern zu betreiben und gefährden damit die Marktanteile

---

122   Siehe Klinger, Heinz: Aufbruch in den Wettbewerb. VDEW zum neuen Energiewirtschaftsgesetz. VDEW-Pressekonferenz, Bonn, 19. Mai 1998. Abgerufen unter: Http://www.vdew.de. Abgerufen am: 20.04.2002. [Künftig zitiert als: Aufbruch in den Wettbewerb]

123   Vgl. Schürmann, Heinz Jürgen: Turbulente Zeiten für die Energiewirtschaft. A.a.O.. S. 72.

124   Vgl. dazu CEEP Kommission "Kommunale Unternehmen" (Hrsg.): Öffentliche kommunale Dienstleistungen und die Öffnung der Märkte. A.a.O.. S. 5.

125   Vgl. Wagner, Oliver und Kora Kristof: Strategieoptionen kommunaler Energieversorger im Wettbewerb. Energienahe, ökoeffiziente Dienstleistungen und kommunale Kooperationen.. Wuppertal 2001. S. 20f.. (=Wuppertal Papers. Nr 115.) [Künftig zitiert als: Strategieoptionen kommunaler Energieversorger im Wettbewerb]

126   Vgl. Grützmacher, Stefan: Handling von Bündelkunden durch ein kommunales Vertriebsnetzwerk am Beispiel EnetKo. In: ZögU. Bd. 24. Heft 12/2001. S. 84. [Künftig zitiert als: Handling von Bündelkunden]

kommunaler EVU.[127] Auch branchenfremde Unternehmen versuchen zunehmend, sich mit eigenen Angeboten auf dem Strommarkt zu etablieren.[128]

Der Wettbewerbsdruck hat sich daneben durch die asymmetrische Liberalisierung der europäischen Strommärkte erhöht.[129] Deutsche Versorgungsunternehmen sind durch die vollständige Liberalisierung des Marktes dem Wettbewerb in allen Kundensegmenten ausgesetzt. Sie unterliegen damit weitaus härterer Konkurrenz als vergleichbare Unternehmen anderer EU-Staaten, welche ihren Markt entsprechend den europäischen Liberalisierungsvorgaben stufenweise öffnen.[130]

Zusätzlich drängen ausländische Versorger auf den deutschen Markt.[131] Sie nutzen dabei ihre Monopolrenten aus dem heimischen, noch geschützten Markt für Kapitalbeteiligungen an deutschen Versorgungsunternehmen (z.B. EdF mit 25,1% Beteiligung bei den EnBW).[132] Auf diese Weise unterlaufen ausländische Versorger die Reziprozitätsklausel, da grenzüberschreitende Stromlieferungen in diesem Fall als innerbetriebliche Transaktion deklariert werden können.

In den letzten Jahren hat der anfänglich herrschende Wettbewerbsdruck spürbar nachgelassen. Der durch Fusionen, Übernahmen und Kapitalbeteiligungen ausgelöste Konzentrationsprozess in allen Marktsegmenten impliziert eine Verringerung der Wettbewerbsintensität. Inzwischen wird daher zunehmend, trotz des Markteintritt neuer in- und ausländischer Akteure, ein Erstarren des Wettbewerbs befürchtet. So warnte der Präsi-

---

127 Siehe Schäfer, Ralf: Deutsches und europäisches Energiewirtschaftsrecht. In: ET. Heft 8/1999. S. 559.

128 Hierbei handelt es sich beispielsweise um den Verkauf von Versorgungsverträgen in Warenhäusern und an Tankstellen. Auch Unternehmen aus der Finanz- und Versicherungswirtschaft dehnen ihre Aktivitäten zunehmend auf die Stromversorgung aus. Vgl. auch: Fritz, Wolfgang und Siegfried König: Der liberalisierte Strommarkt-eine Einführung. A.a.O.. S. 15.

129 Vgl. Meller, Eberhard: Was hat die Liberalisierung bisher gebracht?. A.a.O.. S: 28.

130 Vgl. Marquis, Günter: VDEW-Jahresbericht 1999. In: Kommunalwirtschaft. Heft 6/2000. S. 282.

131 Siehe Klinger, Heinz: Aufbruch in den Wettbewerb. A.a.O..

132 Vgl. Heilemann, Ullrich und Bernhard Hillebrand: Liberalisierung der Strom- und Gasmärkte. A.a.O.. S. 21.

dent des Bundeskartellamtes, Ulf Böge, kürzlich, die Konzentration im Strommarkt habe inzwischen gefährliche Ausmaße erreicht und behindere die zukünftige Entwicklung des Wettbewerbs.[133] Als Indikator hierfür wird vor allem das steigende Strompreisniveau angeführt.

3.1.3 Entwicklung der Strompreise

Der Endverbraucherpreis für das Gut Strom wird durch mehrere Komponenten determiniert. Neben den eigentlichen Kosten der Stromerzeugung und -verteilung beeinflussen hierbei auch staatliche Abgaben sowie Steuern die Preisbildung.[134]

Im liberalisierten Markt besitzt der Strompreis nach wie vor eine zentrale Bedeutung für die Wahl eines Versorgers. Dabei gewinnt der Strompreis nach Angaben der Hannoveraner Stadtwerke mit zunehmender Kundengröße als Entscheidungskriterium an Bedeutung.[135]

Seit der Liberalisierung des Strommarktes waren die kommunalen EVU gezwungen, ihre Preisbildung an aktuellen Marktpreisen zu orientieren, um die Kunden zu halten (siehe Abb. 6). Die Preisbildung erfolgte nicht länger anhand der Bereitstellungskosten für Strom, vielmehr entschied nun der Marktpreis über die zulässige Höhe der Bereitstellungskosten.[136] Die öffentlichen EVU waren somit gezwungen, ihre Bereitstellungskosten unter die Marktpreise zu senken, um im liberalisierten Markt konkurrenzfähig zu bleiben.[137]

---

133 Zitiert in: Dohmen, Frank: Zurück zum Monopol. Wettbewerb auf dem Strommarkt? Das war einmal. Die Preise steigen, die Konkurrenten der Ex-Monopolisten resignieren - und die Bundesregierung schaut tatenlos zu. In: Der Spiegel. Heft 7/2003. S. 73. [Künftig zitiert als: Zurück zum Monopol]

134 Vgl. Haupt, Ulrike und Wolfgang Pfaffenberger: Preisentwicklung am Strommarkt. A.a.O.. S. 1f..

135 Siehe Deppe, Erich: Angebot von Dienstleistungspaketen. Wettbewerbsfähigkeit durch strategische Allianzen. In: Handelsblatt. Nr. 183 vom 23.09.1997. S. b12. [Künftig zitiert als: Stadtwerke Hannover. Angebot von Dienstleistungspaketen]

136 Vgl. Schulz, Eckhard: Bewegung in der Energiewirtschaft - Ein Markt im Umbruch.. A.a.O.. S. 61.

137 Vgl. Meller, Eberhard: Was hat die Liberalisierung bisher gebracht?. A.a.O.. S. 26.

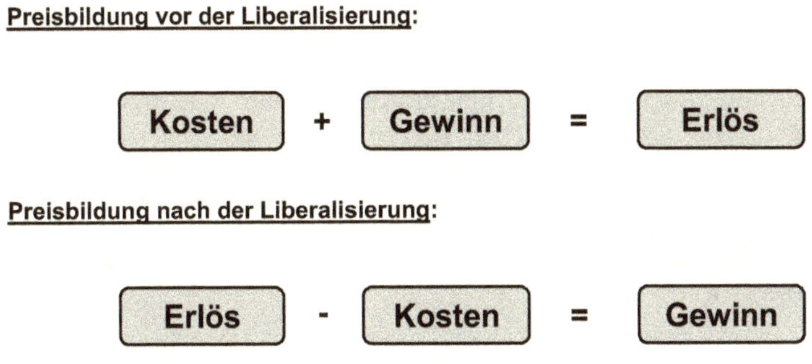

Abb. 6: Preisbildung im liberalisierten Strommarkt

Die Liberalisierung des Marktes hat zu deutlichen Preissenkungen auf der Großhandelsebene geführt. Die kommunalen EVU konnten so aufgrund des Preisdumpings im Erzeugungsbereich sinkende Beschaffungskosten realisieren.[138] Besonders in den Jahren 1999 und 2000 konnten einige öffentliche EVU Einsparungen beim Stromeinkauf von bis zu 40% in Einzelfällen sogar 60% gegenüber alten Verträgen vor der Liberalisierung erzielen.[139]

Die niedrigeren Beschaffungskosten wurden jedoch nur teilweise an die Endverbraucher weitergegeben. Wie im Vorfeld der Liberalisierung vom Verband der Elektrizitätswirtschaft prognostiziert, kam es zu einer Spaltung des Marktes in Segmente mit unterschiedlichen Preisentwicklungen.[140]

---

138 Vgl. Schneider, Erwin und Heinz Jürgen Schürmann: Kleine Versorger arbeiten an vielen Strategien zum Überleben. In: Handelsblatt vom 1.2.2001. S. b05.

139 Siehe Günther, Stefan und Claudia Eßer-Scherbeck: Portfoliomanagement für Stadtwerke. In: ET. Heft 5/2001. S. 252.

140 vgl. Heilemann, Ullrich und Bernhard Hillebrand: Liberalisierung der Strom- und Gasmärkte. A.a.O.. S. 5. Vgl. daneben: Däuper: Olaf: Neue Anforderungen an die Fusionskontrolle in der Energiewirtschaft. Auswirkungen der aktuellen Entscheidungspraxis des Bundeskartellamts auf die Marktstruktur in der Energiewirtschaft. In: WuW. Heft 5/2002. S. 461.

Im Kundensegment der industriellen Sonderabnehmer ist der Strompreis nach der Marktöffnung zunächst deutlich gefallen (siehe Abb. 7).[141] Die geringeren Bezugskosten wurden überwiegend weitergegeben, da eine relativ hohe Bereitschaft der Industriekunden zum Anbieterwechsel bestand.[142] Die Großverbraucher hatten zudem aufgrund ihrer hohen Verbrauchsmengen einen hohen Anteil am Gesamterlös der öffentlichen EVU, und konnten daher durch Neuverhandlungen verbesserte Bezugskonditionen durchsetzen.[143]

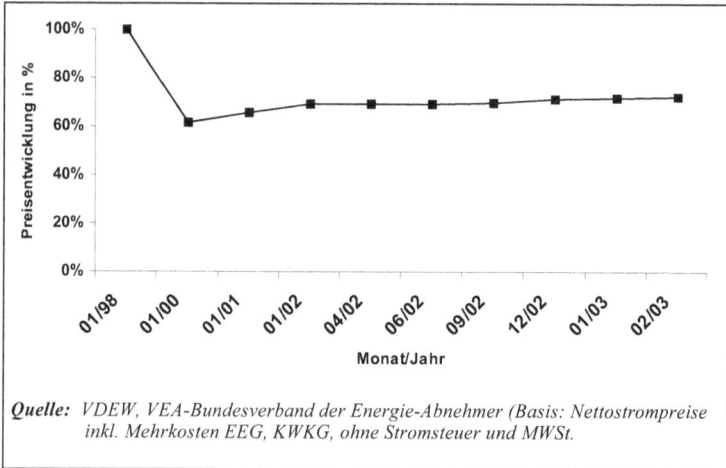

Quelle: VDEW, VEA-Bundesverband der Energie-Abnehmer (Basis: Nettostrompreise inkl. Mehrkosten EEG, KWKG, ohne Stromsteuer und MWSt.

Abb. 7: Preisentwicklung im Industriekundensegment

Seit Mitte des Jahres 2000 ist in diesem Kundensegment aufgrund gestiegener Stromerzeugungskosten und erhöhter Sonderlasten ein allmählicher

---

141 Siehe Deutsche Bundesbank (Hrsg.): Monatsbericht Dezember 2000. Frankfurt a.M. 2000. S. 40.

142 Vgl. Heilemann, Ullrich und Bernhard Hillebrand: Liberalisierung der Strom- und Gasmärkte. A.a.O.. S. 17.

143 Zum Anteil der Großverbraucher am Gesamterlös siehe beispielhaft: Schmidt, Andreas: Stadtwerke auf neuen Märkten. A.a.O.. S. 63. Vgl. ferner: Lamb, Jochen und Harald Kahlenberg: Kommunalrechtliche Restriktionen beim Stromhandel. In: ET. Heft 1-2/2000. S. 70.

Preisanstieg zu verzeichnen.[144] Dennoch war das Strompreisniveau für industrielle Sonderabnehmer Anfang 2002 durchschnittlich immer noch um ca. 10% niedriger als vor Beginn der Liberalisierung im Jahr 1998. Allerdings lassen sich für dieses Marktsegment nur schwer generalisierende Aussagen treffen, da die Bezugskonditionen kundenabhängig variieren.[145] Nach Angaben des VDEW zählen die deutschen Stromversorger momentan bei den Industriepreisen zu den drei günstigsten Anbietern Europas.[146]

Im Tarifabnehmerbereich wurden die gesunkenen Bezugspreise nur teilweise bzw. zeitverzögert weitergegeben. Hauptursache hierfür war das im Vergleich zu Industriekunden geringe Wechselverhalten der Kunden (3,7% im Jahre 2001) aufgrund einer geringen Preissensibilität.[147] Die EVU waren angesichts der geringen Nachfragemacht nicht zu einer Reduzierung der Preise in vergleichbarer Höhe gezwungen.[148]

Darüber hinaus wurden Preissenkungen im Tarifabnehmerbereich durch bundesweit unterschiedliche Netznutzungsentgelte der Netzbetreiber behindert, welche eine einheitliche Preiskalkulation nach wie vor erschweren.[149] Durchleitungsverweigerungen, hohe Wechselgebühren und die Erhebung prohibitiver Netznutzungsentgelte (welche bis zu 70% des Strompreises ausmachen) bildeten weitere Hindernisse, welche die Ent-

---

144 Vgl. VDEW (Hrsg.): Strompreise für die Industrie. 15.04.2002. Abgerufen unter: Http://www.strom.de. Abgerufen am: 06.06.2002. S.1f.

145 Siehe Haupt, Ulrike und Wolfgang Pfaffenberger: Wettbewerb auf dem deutschen Strommarkt. A.a.O.. S. 15.

146 Vgl. VDEW(Hrsg.): Strompreise für die Industrie. A.a.O.. S. 2f..

147 Stern (Hrsg.): Trendprofile 09/2001. Der Strom-Markt. Marken, Wechselbereitschaft, alternative Energiequellen. Status und Entwicklung. Hamburg 2001. S. 13. [Künftig zitiert als: Trendprofile 09/2001]

148 Vgl. Prognos (Hrsg.): Trendletter Versorgung & Entsorgung 03/01. Vom Netzmonopol zum Überlebenskampf. Abgerufen unter: Http://www.prognos.de. Abgerufen am: 30.04.2002. [Künftig zitiert als: Trendletter Versorgung]

149 Siehe umfangreiche Erläuterungen der Problematik bei Godesar, Rolf: Deutsche Energiestrukturen der Zukunft-Sichtweise eiens Newcomers. A.a.O.. S. 552.

stehung eines funktionierenden Wettbewerbs und die damit verbundene Senkung der Endabnehmerpreise für Tarifkunden einschränkten.[150] Daneben verhinderte die Erhöhung von Steuern und Abgaben auf Strom größere Preissenkungen im Privatkundenbereich.[151] Der hohe Anteil staatlicher Abgaben am Endabnehmerpreis bedingt, dass selbst eine deutliche Senkung des Strompreises vor Steuern nur marginale Auswirkungen auf die Gesamtpreisentwicklung entfaltet (siehe Abb. 8).[152]

Strompreis	Preis in €
Mehrwertsteuer (16%)	6,91
Konzessionsabgabe	5,22
KWK-Kopplungsgesetz	0,91
EEG-Gesetz	1,28
Ökosteuer	5,97
Strompreis vor Steuern	29,75
Gesamt:	50,04

Quelle: VDEW (Basis: Durchschnittliche monatliche Stromrechnung eines Drei-Personen-Haushaltes [Mittlerer Stromverbrauch von 3.500 kWh / Jahr])

Abb. 8: Anteil staatlicher Abgaben am Strompreis (Beispiel: Drei-Personen-Haushalt)

So sank der Strompreis vor Steuern in der Folgezeit der Liberalisierung zwar zunächst um ca. 18%, die Preissenkung wurde jedoch durch erhöhte

---

150 Vgl. Maatz, Svenja: Netznutzung und Netznutzungsentgelte für Strom nach dem EnWG sowie GWB/EGV. In: Becker, Peter, Christian Held u.a.(Hrsg.): Energiewirtschaft im Aufbruch. Analysen-Szenarien-Strategien. Köln 2001. S. 71. Vgl. ferner: Bauchmüller, Michael: Netz mit doppeltem Boden. Mit den Strompreisen wächst der Ärger über die Marktordnung. In: SZ vom 29.11.2002. S. 19.

151 Siehe dazu auch Steckert, Uwe: Wohin treiben die Stadtwerke im Wettbewerb. A.a.O.. S. 650.

152 Vgl. Haupt, Ulrike und Wolfgang Pfaffenberger: Wettbewerb auf dem deutschen Strommarkt. A.a.O.. S. 12.

staatliche Abgaben überkompensiert.[153] Im Unterschied zum Strompreis für industrielle Sonderabnehmer liegt der Strompreis für Tarifabnehmer daher wieder deutlich über dem Preisniveau vor Beginn der Liberalisierung des Strommarktes.[154]

Die Privatkunden konnten daher bislang nur geringe Vorteile aus der Liberalisierung des Strommarktes ziehen. Nach Aussage der Prognos AG haben von den geschätzten 20 Mrd. DM Preisnachlässen in der Folge der Liberalisierung nur etwa 4 Mrd. DM die Endkunden im Low-Profit Bereich erreicht.[155]

Mittelfristig ist aufgrund der Reduzierung von Überkapazitäten mit konstanten oder steigenden Stromerzeugungspreisen zu rechnen.[156] Zusammen mit steigenden staatlichen Sonderlasten (EEG, KWKG und Stromsteuer) sind daher höhere Endabnehmerpreise, zumindest im Tarifabnehmerbereich, zu erwarten.[157] Die Erwartung steigender Endabnehmerpreise wird dabei durch die momentane Marktentwicklung unterstrichen, zumal die Versorgungsunternehmen, trotz nach wie vor bestehender Überkapazitäten, eine Erhöhung des Strompreises vor Steuern durchgesetzt haben.[158]

3.1.4 Starke Fragmentierung des Marktes

Der deutsche Strommarkt ist im Vergleich zu anderen europäischen Märkten durch eine pluralistische und dezentrale Marktstruktur gekennzeichnet. Auch nach der Liberalisierung sind eine Vielzahl von Marktakteuren unterschiedlicher Größe und Struktur, vom Verbundunter-

---

153 Vgl. BMWI(Hrsg.): Müller, Werner: Rede vom 07.02.2002. Abgerufen unter: Http://www.bmwi.de. S. 3. Abgerufen am: 04.03.2002. Siehe ferner: Godesar, Rolf: Deutsche Energiestrukturen der Zukunft-Sichtweise eines Newcomers. A.a.O.. S. 551.

154 Vgl. Haupt, Ulrike und Wolfgang Pfaffenberger: Wettbewerb auf dem deutschen Strommarkt. A.a.O.. S. 18.

155 Siehe Prognos AG(Hrsg.): Trendletter Versorgung. A.a.O.. S. 1.

156 Siehe Roth, Karl: Auf dem Weg zu einer neuen Struktur in der Versorgungswirtschaft. In: ET. Heft 5/2001. S. 245.

157 Siehe Sturbeck, Werner: Energiemarkt im Wandel. Die Strompreise steigen weiter. In: FAZ vom 22.08.2002. S. 13.

158 Siehe Dohmen, Frank: Zurück zum Monopol. A.a.O.. S. 74.

nehmen über regionale Versorger bis hin zu kommunalen Unternehmen, im Markt tätig.[159]

Die historisch gewachsene Marktstruktur unterliegt allerdings seit der Liberalisierung einem zunehmenden Auflösungsprozess. Die vertikale Funktionstrennung der Wertschöpfungsstufen innerhalb der öffentlichen Elektrizitätsversorgung diffundiert, seit sich Regional- und Verbundunternehmen in steigendem Maße auch in der Versorgung von Endverbrauchern betätigen.[160]

Der zunehmenden vertikalen und horizontalen Integration kommunaler Energieversorgungsunternehmen steht eine stärkere funktionale Desintegration der Marktstruktur durch die Verselbstständigung der Geschäftsfelder Stromerzeugung, Netzbetrieb und Stromvermarktung entgegen. So prognostizierte eine Studie der Unternehmensberatung Pricewaterhouse-Coopers (PwC), dass in einigen Jahren nur noch wenige Energieversorgungsunternehmen in allen Geschäftsfeldern von der Erzeugung, über Transport und Verteilung, bis hin zum Vertrieb tätig sein würden. Vielmehr sei ein Trend zur Aufspaltung der Wertschöpfungskette zu erwarten. Dies begünstige die Entstehung neuer Märkte, auf denen sich spezialisierte Unternehmen etablieren würden.[161]

Diese These wird durch die aktuelle Marktentwicklung bestätigt. Eine Vielzahl neuer Marktakteuren hat sich ausschließlich auf bestimmte Teilmärkte spezialisiert (z.b. Stromhändler, Broker), was zu einer weiteren Fragmentierung des Strommarktes beigetragen hat.

3.2 Positionierung öffentlicher EVU im liberalisierten Strommarkt

Angesichts der Veränderungen des Marktumfeldes ist nachfolgend zu untersuchen, wie die öffentlichen EVU im Wettbewerb des liberalisierten Strommarktes positioniert sind.

---

159 Vgl. Brinker, Werner: Liberalisierung-Folgen für die regionale Energiewirtschaft. In: ET. Heft 5/2000. S. 310.

160 Siehe Schäfer, Ralf: Deutsches und europäisches Energiewirtschaftsrecht. A.a.O.. S. 559.

161 Siehe o.V.: PriceWaterhouseCoopers - Vorab-Umfrage zu neuer Energiemarkt-Studie. Abgerufen unter: Http://www.strom-tabelle.de. Abgerufen am: 09.01.2001. S. 1f..

Die Unternehmen stellen aufgrund ihrer höchst unterschiedlichen Größe und Struktur eine sehr heterogene Gruppe von Akteuren dar, über deren Wettbewerbsfähigkeit keine allgemeingültige Aussage möglich ist.[162] Vielmehr müssen die einzelnen Wertschöpfungsstufen sowie ihre Positionierung im Markt separat analysiert werden, da sie dem Wettbewerb mit unterschiedlicher Intensität ausgesetzt sind.[163]

Im Rahmen einer Marktanalyse werden dazu die Wachstumschancen mit den Rentabilitätsaussichten des betreffenden Marktsegmentes in Beziehung gesetzt, um so eine differenzierte Einschätzung der Marktentwicklung zu erhalten.[164] Die Ergebnisse dieser Analyse ermöglichen anschließend eine realistische Beurteilung des Entwicklungspotentials der einzelnen Wertschöpfungsstufen. Sie bilden damit die Grundlage für die zukünftige strategische Ausrichtung der Unternehmen im liberalisierten Markt.

3.2.1 Positionierung im Geschäftsfeld "Stromerzeugung"

Die Stromerzeugung umfasst die Umwandlung anderer Energieformen in Elektrizität. Die Erzeugungsanlagen werden dabei nach Art der eingesetzten Primärenergieträger und Erzeugungstechnologien unterschieden.[165]

Mit Ausnahme einiger großer kommunaler EVU, welche eigene Kraftwerke bzw. Kraftwerksbeteiligungen besitzen, erzeugen die meisten kommunalen EVU Strom in Anlagen der Kraft-Wärme-Koppelung (KWK).[166] In dieser Erzeugungstechnologie werden simultan Strom und Nutzwärme in den Kraftwerken produziert.

---

162 So verfolgen manche Unternehmen eine Strategie der Expansion über das eigene Netzgebiet hinaus, während sich andere Unternehmen auf das Kerngeschäft konzentrieren. Siehe genau bei Grossjohann, Gerhard: Die Stadtwerke in der Poleposition?. In: Handelsblatt. Nr. 194 vom 09.10.01. S. b02.

163 Vgl. Lührmann, Harald und Ulrich Siegel: Stadtwerke – die Zukunft liegt im Verteilungsgeschäft. In: ET. Heft 7/2001. S. 443.

164 Ausführliche Erläuterung der Portfolio-Analyse bei: Haux, Jörg F.: Handbuch Beteiligungsmanagement. München 2001. S. 198ff.

165 Genauere Erläuterungen bei Kumkar, Lars: Wettbewerbsorientierte Reformen der Stromwirtschaft. A.a.O.. S. 3ff..

166 Siehe Riechmann, Volkhard: Möglichkeiten erwerbswirtschaftlicher Betätigung der Stadtwerke unter Wettbewerbsbedingungen. In: Baur, Jürgen (Hrsg.): Praktische Auswirkungen der Liberalisierung der Energiemärkte-Konsequenzen für

Der Bau derartiger Anlagen wurde in der Vergangenheit aus umweltpolitischen Gründen favorisiert, ihre Wirtschaftlichkeit bildete ein nachrangiges Entscheidungskriterium.[167] Strom aus regenerativer Energie wird von öffentlichen EVU bisher nur in geringem Umfang erzeugt, die meisten Anlagen dieser Art werden von Branchenfremden betrieben.

Das Geschäftsfeld Stromerzeugung spielt daher bei den meisten öffentlichen EVU eine eher untergeordnete Rolle. Im Jahre 2001 erzeugten zwar 370 kommunale EVU Strom in KWK-Anlagen, der überwiegende Teil der Eigenerzeugung konzentrierte sich jedoch auf wenige größere Unternehmen.[168] Die Mehrzahl der öffentlichen EVU verfügt über keine oder lediglich marginale Erzeugungskapazitäten, da der Fremdbezug von Strom in der Vergangenheit Kostenvorteile aufwies.[169] Die kommunalen Unternehmen erzeugten deshalb im Jahr 2000 nur ungefähr ein Drittel ihres Strombedarfes selbst (ca. 60 TWh).[170]

Im liberalisierten Strommarkt ist die Wirtschaftlichkeit vieler KWK-Anlagen nach Angaben des Verbandes kommunaler Unternehmen (VKU) gefährdet.[171] Infolge bestehender Überkapazitäten sind die Stromerzeugungspreise gesunken, gleichzeitig haben höhere Beschaffungspreise für Gas und Öl seit 1999 zu steigenden Erzeugungskosten ge-

die Aufsicht über die Energieversorgung und für die Energiepolitik. Köln 1999. S. 81. (=Kölner Miszellen zum Energierecht. Heft 8.) [Künftig zitiert als: Möglichkeiten erwerbswirtschaftlicher Betätigung der Stadtwerke unter Wettbewerbsbedingungen]

167 Vgl. Kirchhoff, Jürgen, Harald Rapp und Adolf Topp: Heizkraftwirtschaft und Fernwärmeversorgung in Deutschland. Kraft-Wärme-Kopplung ökologisch sinnvoll. In: EW. Heft 20-21/2001. S. 60.

168 Vgl. Schulz, Walter: Wer gefährdet wen im Energiemarkt: Der Wettbewerb die Kommunen oder kommunale Sonderregelungen den Wettbewerb?. In: In: Bohne, Eberhard (Hrsg.): Kommunen im wirtschaftlichen Wettbewerb. Wiesbaden 1999. S. 116f.. [Künftig zitiert als: Wer gefährdet wen im Energiemarkt]

169 Da die Erzeugungskapazität zentral-betriebener Kraftwerke im Verhältnis zu den individuellen Verbrauchsmengen der EVU sehr groß ist, existieren Größenvorteile.

170 VKU(Hrsg.): Geschäftsbericht 2000_2001. A.a.O.. S. 30.

171 Siehe Ebd.. S. 26.

führt.[172] Ein rentabler Betrieb der KWK-Anlagen ist daher häufig erst dann möglich, wenn die bestehenden Erzeugungsüberkapazitäten abgebaut sind, so dass der erzeugte Strom profitabel am Markt abgesetzt werden kann.[173]

Vor der Liberalisierung des Marktes lagen die Bezugspreise für Elektrizität von vorgelagerten Anbietern zwischen 12 bis 15 Pf/kWh. Die Großhandelspreise fielen mit der Liberalisierung bundesweit auf ca. 4 bis 8 Pf/kWh, während die Erzeugungskosten kommunaler KWK-Anlagen bei durchschnittlich 8 bis 12 Pf/kWh lagen.[174]

Nach einer Untersuchung der Unternehmensberatung Accenture mussten daher vor allem kleine und mittelgroße kommunale EVU mit großen Eigenerzeugungskapazitäten deutliche Gewinneinbußen hinnehmen. Ihre Erzeugungskosten lagen deutlich über den am Markt erzielbaren Einkaufskonditionen, so dass der von ihnen erzeugte Strom nicht profitabel am Markt abgesetzt werden konnte.[175]

Mittelfristig wird daher Strom auch weiterhin vorrangig in großen, zentralen Kraftwerken erzeugt werden. Erst langfristig ist aufgrund technischer Innovationen (Brennstoffzellen, regenerative Energien) und umweltpolitischem Umdenken (Klimaschutz) ein Trend zur dezentralen Energieerzeugung zu erwarten, in der KWK-Anlagen eine verstärkte Rolle spielen könnten.[176] Da die KWK eine volkswirtschaftlich günstige Möglichkeit zur CO_2-Minderung darstellt, soll nach Plänen der Bundesregierung der Anteil an Strom aus der KWK auf 24% der Gesamt-

172 Siehe Hartung, Roland: Reformauswirkungen auf die kommunale Fernwärme. In: ET. Heft 4/1997. S. 197.

173 Vgl. Marquis, Günther: VDEW fordert nachhaltige Energiepolitik. A.a.O..

174 Vgl. Schürmann, Heinz Jürgen: Stadtwerke fordern staatliche Quoten für die Kraft-Wärme-Kopplung. In: Handelsblatt. Nr. 63 vom 29.03.00. S. 7.

175 Siehe Lührmann, Harald und Ulrich Sigel: Stadtwerke-die Zukunft liegt im Verteilungsgeschäft. A.a.O.. S. 442.

176 Vgl. Attig, Dieter: Stadtwerke im liberalisierten Energiemarkt: Das Beispiel Aachen. In: Becker, Peter, Christian Held u.a. (Hrsg.): Energiewirtschaft im Aufbruch. Analysen – Szenarien - Strategien. Köln 2001. S. 301. [künftig zitiert als: Stadtwerke im liberalisierten Energiemarkt]

erzeugungskapazität erhöht werden.[177]

Die Bedeutung der Stromerzeugung kommunaler EVU könnte zudem wachsen, wenn bestehende KWK-Anlagen modernisiert oder durch Anlagen der nächsten Generation mit höherem Nutzungsgrad ersetzt werden. Anreize hierfür geben die Fördermaßnahmen aus dem Kraft-Wärme-Kopplungsgesetz.[178] Unter Einrechnung der gesetzlich garantierten Abnahmepflicht und Einspeisungsvergütung erreichen derartige Anlagen großenteils bereits konkurrenzfähige Preise.[179]

Die aus gleichermaßen gesetzlich geförderte Energieerzeugung aus regenerativen Energien ist derzeit nur durch staatliche Subventionierung rentabel.[180] Analog zur KWK besteht auch hier eine garantierte Abnahmepflicht und Einspeisungsvergütung des Netzbetreibers.[181]

Daneben wird durch die Auflösung der Gebietsgrenzen die Bildung von Kooperationen in der Stromerzeugung erleichtert. Hierdurch werden insbesondere die Chancen einer verbrauchsnahen Erzeugung in Ballungsgebieten verbessert.[182]

Insgesamt wird die Stromerzeugung aufgrund mangelnder Skaleneffekte (economies of scale) auch zukünftig nur eine geringe Rolle als Geschäftsfeld der kommunalen EVU spielen.[183] Durch die bestehenden Überkapazitäten und ausländische Stromanbieter wird sich der Wettbewerbsdruck vor allem auf Stromerzeugungsanlagen mit geringer Effizienz deutlich

---

177   Vgl. Schäfer, Ralf: Deutsches und europäisches Energiewirtschaftsrecht. A.a.O.. S 555. Siehe außerdem: Bruckner, Helmut: Die Energiewirtschaft im Umbruch. A.a.O.. S. 58.

178   Siehe Nill-Theobald, Christiane: Liberalisierung und kein bisschen weise?. A.a.O.. S. 96.

179   Vgl. Attig, Dieter: Stadtwerke im liberalisierten Energiemarkt. A.a.O.. S. 302.

180   Siehe ausführlich bei Haupt, Ulrike und Wolfgang Pfaffenberger: Wettbewerb auf dem deutschen Strommarkt. A.a.O.. S. 5.

181   Art.3 §2-4 des Gesetzes zur Neuregelung des Energiewirtschaftsrechts. Grundsätzlich ist die Abnahmepflicht regenerativer Energien geregelt im: Gesetz über die Einspeisung von Strom aus erneuerbaren Energien in das öffentliche Netz (Stromeinspeisungsgesetz) vom 7.12.1990. BGBl. I S.2633

182   Siehe Schulz, Walter: Wer gefährdet wen im Energiemarkt. A.a.O.. S. 117.

183   Vgl. Grossjohann, Gerhard: Die Stadtwerke in der Poleposition?. A.a.O.. S. b02.

52

erhöhen.[184] Um diesem zu begegnen, sind Effizienzsteigerungen notwendig, auch Stillegungen dauernd unwirtschaftlicher Erzeugungsanlagen können erforderlich werden.[185] Im Rahmen einer "make or buy" Entscheidung ist daher ständig zu überprüfen, ob und in welchem Unfang eine Eigenerzeugung wirtschaftlich sinnvoll ist.[186]

Langfristig ist das Geschäftsfeld Stromerzeugung daher nur für öffentliche EVU interessant, deren Größe den Betrieb eines effizienten Kraftwerksportfolios und dessen zielgerichteten Ausbau zulässt.[187]

3.2.2 Positionierung im Geschäftsfeld "Versorgungsnetze"

Stromverteilungsnetze verbinden physikalisch Stromeinspeiser und Stromabnehmer und dienen dem Transport und der Verteilung des erzeugten Stroms an die Verbraucher.[188] Das Geschäftsfeld "Netzbetrieb" bildet damit die Basis der operativen Geschäftätigkeit öffentlicher EVU.

Der Netzbetrieb wird auch zukünftig aufgrund hoher Kapitalkosten für Bau und Betrieb als natürliches Monopol bestehen bleiben.[189] 90% der Stromtransportkosten sind Kapitalkosten.[190] Die Versorgung der Endverbraucher durch ein integriertes Netz weist somit gegenüber Direktleitungen Größendegressions- und Kostenvorteile auf.[191] Der ausgereifte

---

184 Siehe Heilemann, Ullrich und Bernhard Hillebrand: Liberalisierung der Strom- und Gasmärkte. A.a.O.. S. 23.

185 Siehe Hoeffler, Felix: Regulatorische Rahmenbedingungen für den deutschen Strommarkt. A.a.O.. S. 243.

186 VKU(Hrsg.): Strategische Bedeutung des Stromhandels für die Stadtwerke. Köln 1999. S. 1. [Künftig zitiert als: Strategische Bedeutung des Stromhandels]

187 Vgl. Lührmann, Harald und Ulrich Siegel: Stadtwerke-die Zukunft liegt im Verteilungsgeschäft. A.a.O.. S. 443.

188 Von den Verteilungsnetzen abzugrenzen sind die Übertragungsnetze, welche Strom von den Erzeugungsanlagen zu den Übergabepunkten an die Verteilungsnetze übertragen. Es handelt sich dabei, im Gegensatz zu den Verteilungsnetzen, um Hoch- und Höchstspannungsnetze.

189 Vgl. Klinger, Heinz: Stromversorger im Wettbewerb. A.a.O.. S. 784.

190 Vgl. Brinker, Werner: Liberalisierung-Folgen für die regionale Energiewirtschaft. A.a.O.. S. 311.

191 Vgl. Kumkar, Lars: Wettbewerbsorientierte Reformen der Stromwirtschaft. A.a.O.. S. 4.

technische Stand der Netzinfrastruktur lässt auch in Zukunft keine wesentlichen Änderung bei den fixen oder den variablen Kosten erwarten.[192]

Neben der Infrastrukturbereitstellung haben die Versorgungsnetzbetreiber in Deutschland zusätzliche Aufgaben übernommen. Sie wickeln den Netzzugang ab und stellen die Verbrauchsdaten für alle Marktteilnehmer bereit.[193] Das Eigentum an den lokalen Versorgungsnetzen eröffnet den öffentlichen EVU damit den Zugang zum Endkundenmarkt.

Der im liberalisierten Markt mögliche Kundenverlust durch Anbieterwechsel kann somit zwar die Geschäftsfelder Stromerzeugung und Stromvertrieb beeinträchtigen, setzt aber keinerlei Netzkapazitäten frei. Die Netznutzung wird vielmehr an den Wettbewerber verkauft, statt an die Vertriebsabteilung des eigenen Unternehmens.

Das mitunter recht hohe Niveau der Netzentgelte lässt vermuten, dass ein Teil der Netzentgelte der Stabilisierung der Stromerlöse dient. Dies veranschaulicht ein Vergleich der deutschen und britischen Strompreise, wobei in Deutschland der Anteil der Netzentgelte am gesamten Strompreis signifikant höher ausfällt.[194]

Die öffentlichen EVU sind daher in ihrer Funktion als Netzbetreiber keiner grundsätzlichen wettbewerblichen Bedrohung ausgesetzt. Lediglich bei industriellen Sonderabnehmern könnten sich durch einen Direktleitungsbau im Einzelfall Vorteile ergeben.[195]

Die dominierende Stellung der öffentlichen EVU im Netzbetrieb kann einzig durch technische Innovationen, wie Brennstoffzellen und Kleinstkraftwerke beeinträchtigt werden, welche eine ortsnahe Stromerzeugung beim Endkunden ermöglichen.[196] Daneben besteht durch den steigenden Druck auf die Höhe der Netznutzungsentgelte und das Risiko einer staat-

---

192 Vgl. Ebd.. S. 32.

193 Siehe Kreusel, Jochen, Henning Trupke und Gerhard Weismüller: Netznutzungsmanagement. A.a.O.. S. 56.

194 Siehe Haupt, Ulrike und Wolfgang Pfaffenberger: Wettbewerb auf dem deutschen Strommarkt. A.a.O.. S. 8.

195 Vgl. Ebd.. S. 1.

196 Vgl. Lührman, Harald und Ulrich Siegel: Stadtwerke-die Zukunft liegt im Verteilungsgeschäft. A.a.O.. S. 444.

lichen Regulierung die Notwendigkeit, den Netzbetrieb zu optimieren.[197] Möglichkeiten für Kosteneinsparungen liegen dabei vor allem in der Instandhaltung der Netzinfrastruktur sowie im Netzmanagement.[198]

Werden die bestehenden Kostensenkungspotentiale im Netzbetrieb ausgeschöpft, verfügen die Unternehmen insgesamt über eine ausgezeichnete Ausgangslage in diesem Geschäftsfeld. Es ist daher anzunehmen, dass der Netzbetrieb auch in Zukunft ein Kerngeschäftsfeld vieler öffentlicher EVU darstellen wird.[199]

3.2.3 Positionierung im Geschäftsfeld "Stromvertrieb"

Zentrales Geschäftsfeld der öffentlichen EVU ist der Stromvertrieb, welcher den Absatz von Elektrizität innerhalb und außerhalb des angestammten Versorgungsgebietes umfasst. Dabei haben sich die Geschäftsbeziehungen der kommunalen EVU zu den Industrie- und Bündelkunden sowie den Tarifabnehmern höchst unterschiedlich entwickelt.

Bei den Industrie- und Bündelkunden stehen die EVU in Konkurrenz mit Stromhändlern und großen Energieversorgern. Diese sind in der Lage, Großkunden Bezugskonditionen einzuräumen, die öffentliche EVU nicht bieten können. Vielfach haben die Unternehmen es zudem versäumt, nach Öffnung des Strommarktes konkurrenzfähige Strompreise anzubieten.[200]

Daneben ist es für öffentliche EVU aufgrund ihrer örtlichen Lage nur schwer möglich, bundesweit agierenden Industriekunden eine umfassende Kundenbetreuung zu bieten. Die hierdurch entstehenden Kosten lassen eine Versorgung derartiger Kunden aus Sicht des einzelnen EVU häufig unwirtschaftlich erscheinen, da sie in keinem angemessenen Verhältnis zu den erzielbaren Erträgen stehen.[201]

Im Tarifabnehmerbereich ist eine entgegengesetzte Entwicklung zu beobachten. Als lokale Netzbetreiber haben die öffentlichen EVU aufgrund

---

197 Für genaue Erläuterungen siehe: Attig, Dieter: Stadtwerke im liberalisierten Energiemarkt. A.a.O.. S. 300.

198 Vgl. Bücken, Lutz: Kooperation im liberalisierten Strommarkt. In: Handelsblatt. Nr.12 vom 17.01.01. S. b03.

199 VKU(Hrsg.): Strategische Bedeutung des Stromhandels. A.a.O.. S. 1.

200 Siehe Lührmann, Harald und Ulrich Siegel: Stadtwerke-die Zukunft liegt im Verteilungsgeschäft. A.a.O.. S. 444.

201 Vgl. Grützmacher, Stefan: Handling von Bündelkunden. A.a.O.. S. 77.

ihrer örtlichen Lage im Laufe der Jahre eine hohe Kundenbindung aufgebaut und dadurch Vorteile im Stromvermarktungsbereich für sich erschlossen.[202] Daher konnten die Unternehmen trotz teilweise diffuser Wettbewerbsstrategien ihre Marktanteile gegenüber aggressivem Preisdumping von Stromdiscountern verteidigen.[203]

Häufig setzten die Unternehmen auf die geringe Wechselbereitschaft der Privatkunden und versuchten, die Entstehung von Wettbewerb durch entsprechende Blockadestrategien zu verhindern.[204] Kurzfristig konnten durch diese Strategie im Tarifabnehmersegment teilweise hohe Gewinne erzielt werden.

Dies traf insbesondere auf öffentliche EVU ohne bzw. mit nur geringen Eigenerzeugungskapazitäten zu, da ihre Beschaffungskosten für Strom viel schneller sanken, als die Endverbraucherpreise, die sie ihren Kunden berechneten.[205] Die Unternehmen konnten so den "time-lag" zwischen Beschaffungs- und Endverbraucherpreisen im Privatkundengeschäft nutzen und hohe Gewinne erzielen. Dies führte in den ersten Jahren nach der Liberalisierung zu ausgezeichneten Betriebsergebnissen ("Windfall Profits") vieler kommunaler Energieversorgungsunternehmen.[206]

Inzwischen sind von vielen öffentlichen EVU niedrigere Erträge zu verzeichnen. Dies resultiert aus gesunkenen Tarifabnehmer- und Sonderabnehmerpreisen vor Steuern, sowie dem Verlust an Industrie- und Bündelkunden.[207] Während etwa ein Drittel der industriellen Sonderabnehmer den Stromanbieter gewechselt hat, sind im Tarifabnehmerbereich die Umsatzverluste durch Anbieterwechsel deutlich geringer ausgefallen, als

202 Grossjohann, Gerhard: Stadtwerke in der Poleposition?. A.a.O.. S. b02.

203 Vgl. Gahl, Andreas: Marketingstrategien. A.a.O.. S. 333.

204 Vgl. Deutsche Bundesbank(Hrsg.): Monatsbericht Dezember 2000. A.a.O.. S. 38f..

205 Vgl. Godesar, Rolf: Deutsche Energiestrukturen der Zukunft-Sichtweise eines Newcomers. A.a.O.. S. 555.

206 Vgl. Becker, Rolf H.: Strategische Handlungsalternativen für deutsche Stadtwerke. Langfristige Weichenstellungen sind notwendig. In: Handelsblatt. Nr. 13 vom 19.01.2000. S. b05. Vgl. ferner Steckert, Uwe: Wohin treiben die Stadtwerke im Wettbewerb?. A.a.O.. S. 648.

207 Der Rückzug auf reinen Netzbetrieb würde nach Schätzungen Steckerts zu einen Umsatzrückgang der Unternehmen von ca. 70% führen. Vgl. hierzu: Steckert, Uwe: Wohin treiben die Stadtwerke im Wettbewerb?. A.a.O.. S. 648.

ursprünglich prognostiziert.[208] Dies hat insgesamt zu einer Situation von Umsatz- nicht aber unbedingt Gewinneinbußen bei vielen Unternehmen geführt.[209]

Künftig ist allerdings mit weiteren Margenverlusten zu rechnen, da die Strompreise aufgrund steigender Beschaffungskosten, staatlicher Sonderlasten sowie wachsendem Druck auf die Höhe der Netzentgelte steigen werden.[210] Zur Sicherung ihrer Positionierung im Stromvertrieb müssen die öffentlichen EVU daher die Strombeschaffung optimieren, um konkurrenzfähige Endverbraucherpreise anbieten zu können.[211] Ferner gilt es, das Unternehmensimage und die Kundenbindung weiter zu verbessern.[212] In diesem Zusammenhang wird in Zukunft vor allem die Bündelung von Dienstleistungen im Rahmen des Multi-Utility-Konzeptes an Bedeutung gewinnen.[213]

Der Stromvertrieb ist seit der Abschaffung des Gebietsmonopols das wettbewerbsintensivste Geschäftsfeld der kommunalen EVU. Kundennähe, schnelle Reaktion auf Kundenwünsche sowie individuelle Betreuung strategisch wichtiger Kunden und effiziente Abwicklung des Massengeschäfts sind daher weitere wesentliche Erfolgsfaktoren, um im Wettbewerb des liberalisierten Strommarktes bestehen zu können.[214]

Insgesamt sind die öffentlichen EVU im Marktsegment der Industrie- und Bündelkunden schlechter positioniert und mussten bislang spürbare Mar-

---

208 Vgl. Lührmann, Harald und Ulrich Siegel: Stadtwerke-die Zukunft liegt im Verteilungsgeschäft. A.a.O.. S. 441. Daneben: Brinker, Werner: Wettbewerbserfolge im deutschen Strommarkt sichern. 10. Handelsblatt-Jahrestagung "Energiewirtschaft 2003". Berlin, 14. Januar 2003. Abgerufen unter: Http://www.strom.de. Abgerufen am: 29.03.2003. [Künftig zitiert als: Wettbewerbserfolge im deutschen Strommarkt sichern]

209 Vgl. Prognos AG: Trendletter Versorgung. A.a.O.. S. 2.

210 VKU(Hrsg.): Geschäftsbericht 2000_2001. A.a.O.. S. 59.

211 Siehe Freudigmann, Wolfgang, Hartmut Jungnickel, Wolfgang Ludendorff und Norbert Schauer: Beschaffungscontrolling. Ein Muß für den effizienten Einkauf. In: EW. Heft 6/2000. S. 8. [Künftig zitiert als: Beschaffungscontrolling]

212 Vgl. Lührmann, Harald und Ulrich Siegel: Stadtwerke-die Zukunft liegt im Verteilungsgeschäft. A.a.O.. S. 444.

213 Siehe Klinger, Heinz: Stromversorger im Wettbewerb. A.a.O.. S. 784.

214 Siehe Latkovic, Krunoslav: EVU im Wandel. A.a.O.. S. 269.

genverluste hinnehmen.[215] Im Tarifabnehmersegment verfügen die Unternehmen dagegen über signifikante Wettbewerbsvorteile durch Kundennähe, ein umfassendes Dienstleistungsangebot und Synergieeffekte im Querverbund.[216] Sie besitzen damit eine ausgezeichnete Ausgangsposition im Wettbewerb um die Privatkunden.[217]

Der Vertrieb von Strom wird auch in Zukunft ein attraktives Geschäftsfeld für die öffentlichen EVU bleiben. Die örtliche Nähe der Unternehmen sowie die über Jahrzehnte gewachsenen Kundenbeziehungen stellen deutliche Wettbewerbsvorteile gegenüber den überregional tätigen Verbundunternehmen und Stromlieferanten dar. Entscheidend bleibt jedoch eine klare Wettbewerbsstrategie sowie deren konsequente Umsetzung durch die Unternehmen.

3.3 Zwischenfazit

Mit der Liberalisierung des deutschen Strommarktes haben sich die wirtschaftlichen Rahmenbedingungen grundlegend verändert. Das seitdem entstandene Marktumfeld beeinflusst die Wettbewerbsfähigkeit der öffentlichen EVU in unterschiedlichster Weise.[218]

Eine pauschale Aussage über die Wettbewerbsfähigkeit der öffentlichen EVU ist aufgrund differierender Unternehmensgrößen und -strukturen unmöglich. Die einzelnen Wertschöpfungsstufen werden in unterschiedlicher Weise durch den Wettbewerb beeinflusst und müssen einzeln be-

---

215 Als Bündelkunde bzw. Kettenkunde wird ein Stromabnehmer bezeichnet, welcher über mehrere Filialen an verschiedenen Standorten verfügt. Die Strombeschaffung wird dabei zumeist durch eine zentrale Stelle durchgeführt. Siehe auch: Lührmann, Harald und Ulrich Siegel: Stadtwerke-die Zukunft liegt im Verteilungsgeschäft. A.a.O.. S. 444.

216 Siehe Aselmann, Wilhelm und Thomas Aselmann: Der neue Energiemarkt: Chancen und Herausforderungen für kommunale Energieversorgungsunternehmen. In: Becker, Peter, Christian Held u.a. (Hrsg.): Energiewirtschaft im Aufbruch. Analysen-Szenarien-Strategien. Köln 2001. S. 322. [Künftig zitiert als: Der neue Energiemarkt: Chancen und Herausforderungen]

217 Vgl. Grossjohann, Gerhard: Stadtwerke in der Poleposition?. A.a.O.. S. b02.

218 Brinker, Werner: Liberalisierung-Folgen für die regionale Energiewirtschaft. A.a.O.. S. 310.

trachtet werden.[219] Dabei wird ersichtlich, dass unterschiedliche Wachs-
tums- und Rentabilitätsaussichten bestehen (siehe Abb. 9).

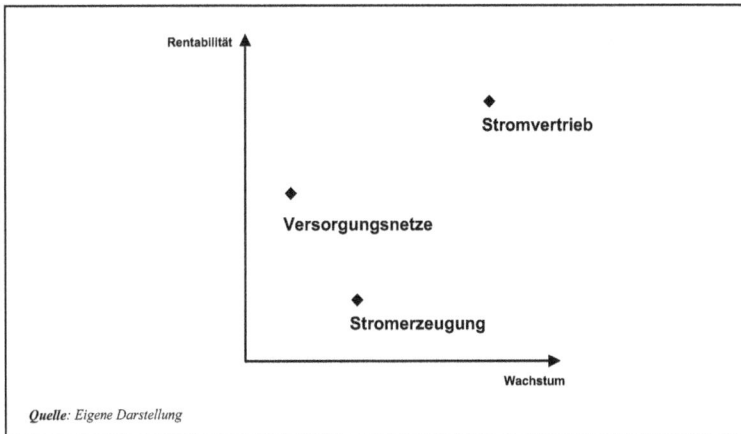

Abb. 9: Wettbewerbspotential der Wertschöpfungsstufen öffentlicher EVU

Je nach Struktur und Ausrichtung der Gesamtunternehmen führte dies in
der Vergangenheit zu deutlich voneinander abweichenden Betriebsergebnissen der Unternehmen.

So mussten öffentliche EVU mit starkem Wertschöpfungsanteil in der
Erzeugung trotz staatlicher Förderung deutliche Gewinneinbußen hinnehmen.[220] Der Netzbetrieb ermöglichte dagegen als natürliches Monopol
weiterhin konstante Gewinne im Rahmen der Durchleitungsentgelte.
Auch im Stromvertrieb realisierten die öffentlichen EVU trotz entgegen-
stehender Bekundungen in den letzten Jahren deutliche Gewinne.[221]

Das vielfach prophezeite Stadtwerkesterben ist bislang ausgeblieben und
auch in naher Zukunft nicht zu erwarten. Vielmehr hat in der kommu-

---

219 Siehe Lührmann, Harald und Ulrich Siegel: Stadtwerke-die Zukunft liegt im
     Verteilungsgeschäft. A.a.O.. S. 441.

220 Siehe Lührmann, Harald und Ulrich Siegel: Stadtwerke-die Zukunft liegt im
     Verteilungsgeschäft. A.a.O.. S. 442.

221 Vgl. Haupt, Ulrike und Wolfgang Pfaffenberger: Preisentwicklung am Strom-
     markt. A.a.O.. S. 1.

nalen Versorgungswirtschaft ein Paradigmenwechsel von der Funktion als Instrument der Daseinsvorsorge hin zur auf Gewinnerzielung gerichteten wirtschaftlichen Betätigung der Unternehmen eingesetzt.[222]

Der entstandene Wettbewerbsdruck impliziert Risiken für die angestammten Geschäftsbereiche der öffentlichen EVU, eröffnet diesen jedoch gleichzeitig Chancen für eine Erschließung neuer Geschäftsfelder und Märkte.[223] Die Unternehmen besitzen dabei neben der örtlich bedingten Kundennähe vor allem durch ihre langjährigen Geschäftsbeziehungen Vorteile im Wettbewerb um die Tarifabnehmer.[224] Gleichzeitig bietet der Querverbund ausgezeichnete Ausgangsvoraussetzungen für den Aufbau einer Multi Utility Strategie und das Angebot von Produkt- und Dienstleistungsbündeln.[225]

Gerade vor dem Hintergrund der Liberalisierung weiterer Bereiche des kommunalen Querverbunds, z.B. des ÖPNV, bedarf es jedoch einer grundlegenden Neuausrichtung der Unternehmen, um ihre dauerhafte Wettbewerbsfähigkeit im liberalisierten Strommarkt sicherzustellen.

Im liberalisierten Markt werden nur die Unternehmen überleben, die eine konkurrenzfähige Kostenstruktur aufweisen und neben wettbewerbsfähigen Strompreisen zusätzlich attraktive Dienstleistungen anbieten können. Verfügen die öffentlichen EVU über eine entsprechende Markt-

---

222 Vgl. Jochum, Gerhard: Kooperative Energiewirtschaft in liberalisierten Energiemärkten. Zukunftsorientierte Unternehmensentwicklung. In: EW.Heft 20-21/2001. S. 210.

223 Siehe Hake, Jürgen-F., Stefan Vögele und Stefan Rath-Nagel: Wettbewerbs- und Unternehmensstrukturen in europäischen Elektrizitätsmärkten. In: ET. Heft 9/2002. S. 610.

224 Vgl. Schmidt, Andreas: Stadtwerke auf neuen Märkten. A.a.O.. S. 137f..

225 Siehe Moraing, Markus: Neue Kooperationsstrategien der Stadtwerke.-Modelle, Erwartungen und Erfahrungen-. In: Burgi, Martin (Hrsg.): Energiepartnerschaften zwischen privaten Versorgungsunternehmen, Stadtwerken und Kommunen. Dokumentation einer Fachtagung des Instituts für Berg- und Energierecht am 21. Februar 2002. Stuttgart, München, Hannover, Berlin, Weimar, Dresden 2002. S. 121f. (= Bochumer Beiträge zum Berg- und Energierecht. Bd. 38.) [Künftig zitiert als: Neue Kooperationsstrategien der Stadtwerke]

positionierung und Flexibilität, werden sie in der Lage sein, neben den Risiken auch die Chancen des liberalisierten Marktes zu realisieren.[226]

---

226 Siehe Bretschneider, Ralph: Der liberalisierte Energieversorgungsmarkt: Wege zur betriebswirtschaftlichen Neuorientierung. In: Menold Herrlinger Rechtsanwälte und Ernst & Young (Hrsg.): Stadtwerke im liberalisierten Energieversorgungsmarkt. Betriebswirtschaftliche, rechtliche und steuerliche Rahmenbedingungen. Baden-Baden 2000. S. 14. [Künftig zitiert als: Stadtwerke im liberalisierten Energieversorgungsmarkt]

4. Handlungsoptionen zur Schaffung der Wettbewerbsfähigkeit

Um die Wettbewerbsfähigkeit öffentlicher EVU im liberalisierten Strommarkt dauerhaft zu sichern, ist eine substantielle Neuausrichtung der Unternehmen erforderlich. Viele Unternehmen haben deshalb bereits vor der Liberalisierung reagiert und frühzeitig mit der Anpassung an die neuen Marktverhältnisse begonnen.

Grundsätzlich existieren dabei drei Ansatzpunkte zur Schaffung und Erhaltung der Wettbewerbsfähigkeit. Den Schwerpunkt bilden interne Restrukturierungsprogramme, welche vielfach durch Kooperationen mit anderen Unternehmen sowie Teilprivatisierungen ergänzt werden (siehe Abb. 10).

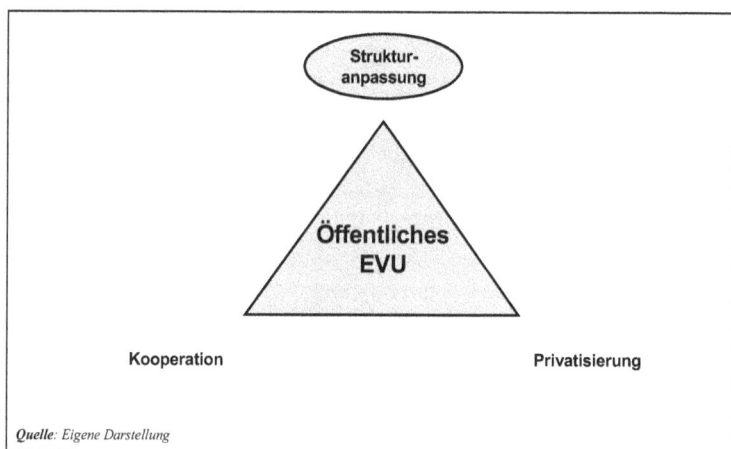

Quelle: Eigene Darstellung

Abb. 10: Strategische Handlungsoptionen öffentlicher EVU im Wettbewerb

Dabei gilt es zu beachten, dass der Einfluss des kommunalen Trägers bei internen Strukturanpassungen weitestgehend gewahrt bleibt, während er sich bei Kooperationen und Privatisierungen zusehends vermindert.

4.1 Unternehmensinterne Strukturanpassungen

Unternehmensinterne Strukturanpassungen umfassen alle Maßnahmen, welche innerhalb des betroffenen Unternehmens umgesetzt werden können. Im wesentlichen handelt es sich dabei um eine grundlegende Reorganisation der Unternehmensstrukturen und -prozesse.

Die Strukturanpassung vollzieht sich auf verschiedenen Ebenen, welche in interdependenter Beziehung zueinander stehen (siehe Abb. 11). In Anlehnung an das integrierte Managementkonzept können diese Prozessebenen in normative, strategische und operative Ebenen unterteilt werden.[227] Werden diese Ebenen mit dem "magischen Dreieck der Organisation" aus der Organisationsentwicklung verknüpft, lassen sich hieraus Veränderungen der Kultur, der Strategie sowie der Struktur ableiten.

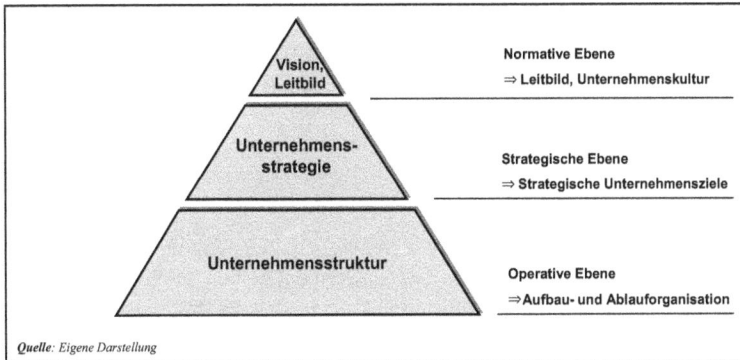

Quelle: Eigene Darstellung

Abb. 11: Dreieck der strategischen Unternehmensneuausrichtung

4.1.1 "Vom Energieversorgungs- zum Energiedienstleistungsunternehmen" – Wandel von Leitbild und Kultur

Die Umstrukturierung des Unternehmens beginnt mit der Formulierung eines wettbewerbsorientierten Unternehmensleitbildes (Vision), welches zusammen mit der Unternehmenskultur den eigentlichen Umstrukturierungsprozess auf normativer Ebene begleitet.

---

227 Vgl. Heinz, Rainer: Kommunales Management. Überlegungen zum KGSt-Ansatz. Stuttgart 2000. S. 6. [Künftig zitiert als: Kommunales Management]

4.1.1.1 Unternehmensleitbild

Das Leitbild ("Unternehmensvision") enthält den generellen Unternehmenszweck und formuliert die grundlegenden Werte, welche die Identität und das Selbstverständnis des Unternehmens im Umfeld von Gesellschaft und Wirtschaft ausmachen.[228] Es stellt das Ergebnis eines strategischen Planungs- und Entscheidungsprozesses dar, in den Ressourcen, Erfolgsfaktoren und Potenziale sowie Marktrisiken des Unternehmens einfließen.[229] Das Leitbild enthält somit die langfristige Zielausrichtung über einen Zeitraum von 5-10 Jahren und dient als Vorgabe zur Ableitung der strategischen Unternehmensziele. Neben ökonomischen Zielen sind dabei auch kommunalpolitische Ziele zu berücksichtigen, um Zielkonflikte im Vorfeld der Neuausrichtung zu vermeiden.[230]

Die Unternehmensvision wird durch Leitsätze konkretisiert. Diese sind zumeist nicht quantifizierbar, bilden jedoch verbindliche Maßstäbe für das Verhalten der Mitarbeiter ("shared values").[231]

Das Leitbild öffentlicher EVU enthält als Unternehmenszweck die Wahrnehmung der öffentlichen Aufgabe der Stromversorgung.[232] Die langfris-

---

228 Vgl. Eichhorn, Peter: Öffentlicher Auftrag und Zielsystem für ein kommunales Unternehmen am Beispiel von Stadtentsorgungsbetrieben. In: Edeling, Thomas, Werner Jann u.a. (Hrsg.): Öffentliche Unternehmen. Entstaatlichung und Privatisierung?. Opladen 2001. S. 117. [Künftig zitiert als: Öffentlicher Auftrag und Zielsystem]

229 Vgl. Latkovic, Krunoslav: EVU im Wandel. A.a.O.. S. 331.

230 Siehe Bretschneider, Ralph: Stadtwerke im liberalisierten Energieversorgungsmarkt. A.a.O.. S. 15.

231 Vgl. Herbst, Dieter: Profilierung im deregulierten Strommarkt. Der Markt braucht eine starke Unternehmenspersönlichkeit. In: EW. Heft 23/2000. S. 59. [Künftig zitiert als: Profilierung im deregulierten Strommarkt]

232 Vgl. Machura, Stefan: Besonderheiten des Managements öffentlicher Unternehmen. In: ZögU. Heft 2/1993. S. 169. Weiterhin: Vgl. Lieske, Sören, Karsten Rogas und Roger Sitter: Leitbild Privatwirtschaft?. Selbstverständnis des Stadtwerksmanagements in Zeiten von Deregulierung und Marktliberalisierung. In: Edeling, Thomas, Werner Jann und Dieter Wagner (Hrsg.): Reorganisationsstrategien in Wirtschaft und Verwaltung. Opladen 2001. S. 194. (= Schriftenreihe Interdisziplinäre Organisations- und Verwaltungsforschung. Nr. 5.)

tige Zielausrichtung dürfte in den meisten Fällen die Führerschaft im lokalen Markt und die Steigerung des Unternehmenswertes beinhalten.[233]

Bisher handelten viele EVU nach einem tradierten Leitbild, welches durch ein quasi-hoheitliches Selbstverständnis und die Betrachtung der Abnehmer als zu versorgendem Kollektiv geprägt war.[234] Der wettbewerbsorientierte Markt erfordert ein Umdenken. Daher hat bereits vor der Liberalisierung ein Wandel des Selbstverständnisses eingesetzt, wobei insbesondere der Dienstleistungsgedanke als wesentlich für den geschäftlichen Erfolg hervorgehoben wurde. So hatten nach einer Umfrage des VDEW bereits im Jahr 1991 92% der Unternehmen den "Dienstleistungsgedanken" in ihrer Unternehmensphilosophie verankert.[235] Dies hat zum Schlagwort des Wandels "vom Energieversorgungs- zum Energiedienstleistungsunternehmen" geführt.

Die Ausrichtung der öffentlichen EVU auf den Dienstleistungsgedanken wird als Möglichkeit einer Wettbewerbsdifferenzierung durch Kundenorientierung betrachtet, um so dem ruinösen Preiswettbewerb im nahezu gesättigten Energiemarkt zu entgehen.[236]

Bei der Einführung eines neuen Leitbildes ist eine offene Informations- und Kommunikationspolitik der Unternehmensführung unbedingt anzuraten, um Friktionen innerhalb des Unternehmens zu vermeiden.[237] Diese Gefahr besteht vor allem in der Anfangsphase nach Einführung einer neuen Unternehmensphilosophie.

---

233   Vgl. Eichhorn, Peter: Öffentlicher Auftrag und Zielsystem. A.a.O.. S. 124.

234   Siehe Oesterwind, Dieter: Die Stadtwerke müssen neu erfunden werden. Neues Selbstverständnis durch neue Marktbedingungen. In: EW. Heft 20-21/2001. S. 32. [Künftig zitiert als: Die Stadtwerke müssen neu erfunden werden]

235   Vgl. Latkovic, Krunoslaw: EVU im Wandel. A.a.O.. S. 328f.. Vgl. daneben: Brinker, Werner: Regionale Unternehmen im Wandel. In: EW. Heft 20-21/2001. S. 50.

236   Siehe Schulz, Eckhard: Bewegung in der Energiewirtschaft-Ein Markt im Umbruch. A.a.O.. S. 62.

237   Vgl. Löbbe, Sabine: Prozessorientierte Unternehmensentwicklung – eine Chance für die Energiewirtschaft. Konzeptionelle Umsetzung am Beispiel der VSE AG. In: ET. Heft 5/1995. S. 302ff.. [Künftig zitiert als: Prozessorientierte Unternehmensentwicklung]

4.1.1.2 Unternehmenskultur

Da das Unternehmensleitbild keinen Weg zur Erreichung der Vorgaben aufzeigt, ergänzt die Unternehmenskultur die Führung über quantitative Ziele durch eine normative Grundorientierung für das Verhalten der Mitarbeiter.[238] Die Bedeutung der Unternehmenskultur für den Erfolg eines Unternehmens ist dabei erst in jüngster Zeit bekannt geworden.[239] So bildet das immaterielle Vermögen eines Unternehmens nach Kaplan und North die wichtigste Quelle zur Erschließung von Wettbewerbsvorteilen.[240]

Die Organisationskultur lässt sich definieren als "die Gesamtheit von Wertvorstellungen, Denk- und Verhaltensmustern und Normen, welche das Verhalten von Führungskräften und Mitarbeitern der gesamten Organisation und somit das Erscheinungsbild eines Unternehmens prägen und sie im Sinne der Führungsphilosophie beeinflussen".[241] Die Unternehmenskultur beinhaltet somit über das Leitbild hinaus den ungeschriebenen Stil des Unternehmens nach innen und außen.[242]

Mit der Anpassung des Leitbildes muss daher zwangsläufig eine neue Unternehmenskultur entwickelt werden, die den Mitarbeitern den Dienstleistungsgedanken vermittelt.[243] Ein Umdenken des Personals hin zu markt- und wettbewerbsstrategischem Denken muss stattfinden. Der Wandel zum Energiedienstleistungsunternehmen kann nicht durch bloße Deklaration gelingen, vielmehr muss eine Dienstleistungsmentalität innerhalb des Unternehmens etabliert werden.[244]

Die Neuausrichtung von Unternehmensleitbild und -kultur ist ein längerfristiger Prozess, welcher insbesondere an die Führungskräfte hohe An-

---

238 Siehe Heinz, Rainer: Kommunales Management. A.a.O.. S. 33.

239 Vgl. Haux, Jörg F.: Handbuch Beteiligungsmanagement. A.a.O.. S. 211.

240 Vgl. Kaplan, Robert S. und David P. North: Die strategiefokussierte Organisation. Führen mit der Balanced Scorecard. Stuttgart 2001. S. 4. [Künftig zitiert als: Die strategiefokussierte Organisation]

241 Latkovic, Krunoslaw: EVU im Wandel. A.a.O.. S. 328ff..

242 Vgl. Haux, Jörg F.: Handbuch Beteiligungsmanagement. A.a.O.. S. 213.

243 Vgl. Lamprecht, Franz: Mit Offensivstrategien zum Wettbewerbserfolg. In: Energiewirtschaftliche Tagesfragen. Heft 4/1998. S. 231.

244 Vgl. Dommann, Dieter: Alle reden von Dienstleistung, aber keiner will dienen. In: EW. Heft 17/1997. S. 867.

forderungen stellt. Nur eine motivierende Führungskultur die auf Vertrauen, Offenheit und Glaubwürdigkeit beruht, kann eine dienstleistungsorientierte Unternehmenskultur entstehen lassen.[245] Nach Aussage des Vorstandsvorsitzenden der Mannheimer MVV Energie AG, Roland Hartung, hängt hiervon maßgeblich das Bestehen der Unternehmen am Markt ab.[246]

In diesem Zusammenhang müssen Ängste und Vorbehalte von Mitarbeitern abgebaut werden, welche den Veränderungsprozess als schädlich ablehnen. So stehen nach einer Untersuchung in deutschen Unternehmen ca. 80% des mittleren Managements Veränderungen skeptisch gegenüber.[247] Diese Aufgabe erfüllt eine einheitliche Corporate Identity, welche das interne Zusammengehörigkeitsgefühl stärken sowie Motivation und Dienstleistungsorientierung der Mitarbeiter fördern soll.[248]

Die Unternehmenskultur schafft damit einen verbindlichen Handlungsrahmen für das Verhalten der Mitarbeiter, die interne und externe Unternehmenskommunikation sowie das Erscheinungsbild des Unternehmens in der Öffentlichkeit. Daneben wird sie im Rahmen der Herausbildung einer Corporate Identity für die Öffentlichkeitsarbeit und zu Marketingzwecken eingesetzt.[249]

4.1.2 Neuausrichtung der strategischen Unternehmensziele

Die strategischen Unternehmensziele der öffentlichen EVU bilden die Grundlage für eine erfolgreiche Neuausrichtung und Koordination des operativen Geschäftes. Sie sind mittel- bis langfristig ausgerichtet und leiten sich im wesentlichen aus den Vorgaben des Unternehmensleitbildes bzw. der Unternehmensvision ab.[250]

---

245 Siehe Ebd.. S. 872.

246 Siehe Hartung, Roland: Perspektiven der Stadtwerke in Deutschland. In: ET. Heft 5/1999. S. 300.

247 Vgl. Hönlinger, Herbert: Stromversorger im Wettbewerb: Wandel der Unternehmenskultur und -ziele. A.a.O.. S. 10.

248 Vgl. Kühnl, Carmen E.: Patentrezept für Corporate Identity?. In: ET. Heft 6/1995. S. 362.

249 Vgl. Löbbe, Sabine: Prozessorientierte Unternehmensentwicklung. A.a.O.. S. 300.

250 Vgl. Heinz, Rainer: Kommunales Management. A.a.O.. S. 64f..

Da die Unternehmen sehr unterschiedlich im Markt positioniert sind, ist anhand einer Situationsanalyse eine individuelle Strategie für das jeweilige Unternehmen zu entwickeln.[251] Dies ermöglicht eine optimale Nutzung der unternehmensspezifischen Stärken und Erfolgspotentiale (nach Michael E. Porter aufgeteilt in Kostenvorsprung und Differen-zierung), um erfolgreich im liberalisierten Strommarkt bestehen zu können.[252] In diesem Zusammenhang kann ferner die Entwicklung von Teilstrategien für einzelne Geschäftsbereiche sinnvoll sein, um eine bessere Anpassung an den jeweiligen Teilmarkt zu gewährleisten. Daneben können die Erfahrungen ähnlicher Industrien (z.B. Telekommunikation) genutzt werden, welche den Wandel von der monopolistischen zur wettbewerblichen Marktordnung bereits vollzogen haben.

Viele öffentliche EVU haben bereits Anfang der neunziger Jahre eine strategische Neuausrichtung eingeleitet, in der eine verstärkte Kundenorientierung aller Geschäftsfelder dominierender Faktor war.[253] So definierte beispielsweise die swb AG eine verstärkte Kundenbindung, Kostenmanagement und kooperative Energiewirtschaft als Eckpfeiler ihrer strategischen Neuorientierung.[254]

---

251 Vgl. Lamprecht, Franz: Mit Offensivstrategien zum Wettbewerbserfolg. A.a.O.. S. 230.

252 Vgl. Heinz, Rainer: Kommunales Management. A.a.O.. S. 64f..

253 Vgl. Helle, Christoph: Neuausrichtung für kommunale EVU. A.a.O.. S. 107.

254 Siehe Grönebaum, Stefan: Wie überstehen Stadtwerke den neuen Markt. Abgerufen unter: Http://www.demo-online.de. Abgerufen am: 13.02.2002. S. 2.

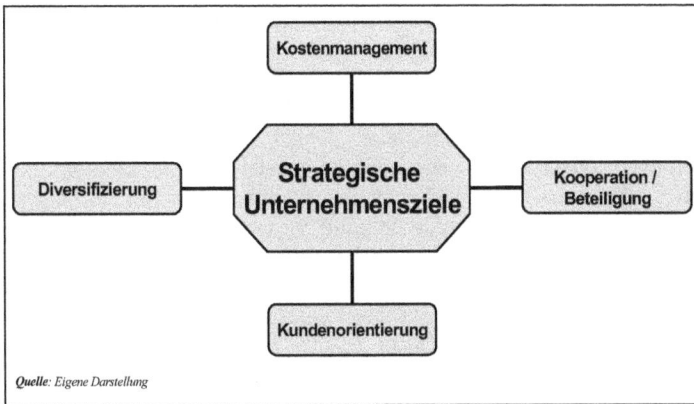

```
┌─────────────────────────────────────────────────────────┐
│                  ┌──────────────────┐                     │
│                  │ Kostenmanagement │                     │
│                  └──────────────────┘                     │
│                                                            │
│  ┌────────────────┐   ╱────────────────╲  ┌─────────────┐ │
│  │ Diversifizierung│──│  Strategische   │──│ Kooperation /│ │
│  └────────────────┘   │Unternehmensziele│  │ Beteiligung │ │
│                       ╲────────────────╱   └─────────────┘ │
│                                                            │
│                 ┌────────────────────┐                     │
│                 │ Kundenorientierung │                     │
│                 └────────────────────┘                     │
│                                                            │
│  Quelle: Eigene Darstellung                                │
└─────────────────────────────────────────────────────────┘
```

Abb. 12: Strategische Unternehmensziele der öffentlichen EVU

Grundsätzlich lassen sich ein konsequentes Kostenmanagement, Kunden-orientierung, sowie das Erschließen neuer Geschäftsfelder und die Bil-dung von Kooperationen bzw. Beteiligungen privater Investoren als stra-tegische Unternehmensziele öffentlicher EVU erkennen (siehe Abb. 12.).

4.1.2.1 Kostenmanagement

Im liberalisierten Markt ist durch den Verfall der Erzeuger- und Endkun-denpreise ein hoher Kostendruck für die öffentlichen EVU entstanden.[255] Die Unternehmen haben zunächst mit internen Rationalisierungs- und Kostensenkungsprogrammen reagiert, welche den steigenden Margen-druck allerdings nicht in allen Bereichen kompensieren konnten.[256] We-sentlicher Bestandteil einer qualitativen Wachstumsstrategie ist daher die Einführung eines leistungsfähigen Kostenmanagements zur kontinuierli-chen Optimierung der innerbetrieblichen Strukturen und Prozesse.[257]

---

255 Vgl. Metz, Dieter, B. Mofaje, S. Caropeboka und Eike Udluft: Netzbetrieb und Training im liberalisierten Strommarkt. In: EW. Heft 8/2000. S. 43.

256 Vgl. Meller, Eberhard: Was hat die Liberalisierung bisher gebracht?. A.a.O.. S. 26.

257 Vgl. Schulz, Eckhard: Bewegung in der Energiewirtschaft-Ein Markt im Um-bruch. A.a.O.. S. 61.

Im Rahmen des Kostenmanagements sind alle Bereiche des Unternehmens einer strengen Planung und Kontrolle bezüglich ihrer Kostenstruktur zu unterwerfen. Die Festlegung konkreter Zielvorgaben für alle Geschäftsbereiche gewährleistet dabei eine effektive und effiziente Umsetzung von Unternehmensaktivitäten. Dabei kann es zu Aufgabenreduzierungen, Outsourcing von Aktivitäten, oder sogar Stilllegung und Verkauf schlecht ausgelasteter Erzeugungskapazitäten kommen. Insgesamt soll auf diese Weise eine dauerhafte Verbesserung der Kapazitätsauslastung erreicht werden.

Die Betrachtung der eigenen Wertschöpfungskette bietet den Unternehmen damit die Möglichkeit, Kosteneinsparungen und Rationalisierungspotentiale quer durch alle Unternehmensbereiche zu erschließen und jeden Teilbereich optimal auf den Wettbewerb auszurichten. Zusätzlich wird versucht, durch Kooperationen in Teilbereichen (z.B. Beschaffungsgemeinschaften) Größenvorteile zu erschließen.[258]

4.1.2.2 Kundenorientierung

Der im Leitbild beinahe aller Versorgungsunternehmen festgeschriebene Wandel vom Versorgungs- zum Dienstleistungsunternehmen erfordert eine konsequente Ausrichtung aller Geschäftsprozesse auf die Kundenorientierung.[259] Das Prinzip der Kundenorientierung ist im liberalisierten Energiemarkt als strategische Investition zu verstehen, welche dem Unternehmen eine Wettbewerbsdifferenzierung und den Aufbau von Marktzugangsbarrieren ermöglicht.[260]

Um im liberalisierten Strommarkt dauerhaft bestehen zu können, ist es daher unabdingbar, die Präferenzen des Kunden zu kennen und das eigene unternehmerische Handeln danach auszurichten.[261] Im Rahmen eines konstant anhaltenden Lernprozesses gilt es, Markt- und Kundenbedürf-

---

258 Vgl. Gottschalk, Wolf: "Quo vadis Stadtwerke". In: Der Städtetag. Heft 7/1998. S. 527f..

259 Klinger, Heinz: Stromversorger im Wettbewerb. A.a.O.. S. 784.

260 Siehe Seiferth, Hind: Das Konzept der Kundenorientierung. Anwendbarkeit und Nutzen für die Energiewirtschaft. In: ET. Heft 10/2002. S. 676.

261 Vgl. Hartung, Roland: Perspektiven der Stadtwerke in Deutschland. A.a.o.. S. 300.

nisse zu antizipieren, zu verstehen und durch konkurrenzfähige, individualisierte Produkte und Dienstleistungen zu erfüllen.[262]

Der Energieträger Strom stellt ein homogenes Gut dar. Eine Wettbewerbsdifferenzierung durch Produktdifferenzierung ist daher nur in begrenztem Umfang möglich.[263] Da zwischen den Anbietern darüber hinaus nur unwesentliche Preisunterschiede bestehen, sind zunehmend energienahe Dienstleistungen zu einem wesentlichem Differenzierungskriterium im Wettbewerb geworden.[264] Der zunehmende Trend zur Bündelung verschiedener Dienstleistungen erfordert deshalb, neben der Entwicklung innovativer Produkte, die Zusammenstellung attraktiver Angebote, welche dem Kunden einen Zusatznutzen ("added value") gegenüber konkurrierenden Angeboten bieten.[265]

Die öffentlichen EVU haben in diesem Zusammenhang versucht, ihren Beschäftigten durch intensive Schulungen kundenorientiertes Verhalten zu vermitteln und so die Entstehung einer Dienstleistungsmentalität zu fördern. Ein professionelles Auftreten der Vertriebs- und Servicemitarbeiter ermöglicht dabei im Zusammenhang mit individualisierten Angeboten eine dauerhafte Erhöhung der Kundenbindung. Gleichzeitig wird die Gewinnung von Neukunden inner- und außerhalb des angestammten Versorgungsgebietes deutlich erleichtert.[266]

---

262 Vgl. Drake, Frank-Detlef, Tobias Ohler und Thomas Röthel: Vom Preiskrieg zum Servicewettbewerb. In: ET. Heft 5/2000. S. 287.

263 Vgl. Balzereit, Bernd und Rudolf Schulten: EVU im Wandel. Die Realisierung neuer Wege als Führungsaufgabe. In: ET. Heft 6/1995. S. 353.

264 Vgl. Greisinger, Timothy W. und Wolfgang Möhl: Präsenz im Internet – mehr als nur eine Imagefrage?. Die strategische Bedeutung des e-business für die Versorgungs- und Energiewirtschaft. In: EW. Heft 8/2000. S. 34. [Künftig zitiert als: Präsens im Internet-mehr als nur eine Imagefrage?]

265 Siehe Grenz, Ekkehard und Hans-Ferdinand Müller: Die Liberalisierung des Energiemarktes erfordert innovative Produktentwicklung. In: EW. Heft 12/2000. S. 30.

266 Vgl. Spickenheuer, Werner: Stadtwerke Münster. Bessere Motivation der Mitarbeiter. Fitneßkur für den Wettbewerb. In: Handelsblatt. Nr. 183 vom 23.09.1997. Seite b13. [Künftig zitiert als: Bessere Motivation der Mitarbeiter]

4.1.2.3 Erschließen neuer Geschäftsfelder

Die Entscheidung über eine Ausweitung des Wertschöpfungsprozesses stellt eine der wichtigsten strategischen Weichenstellungen der öffentlichen EVU dar. Die Unternehmen erhoffen sich von der Erschließung neuer Geschäftsfelder eine Stärkung der Positionierung in bestehenden Märkten sowie die Erschließung neuer Marktpotentiale.[267]

Sofern eine Erweiterung der Wertschöpfungskette angestrebt wird, sind die entsprechenden Geschäftsfelder zunächst daraufhin zu analysieren, ob sie eine sinnvolle und rentable Ergänzung des Unternehmensportfolios darstellen. Diese Entscheidung ist unter Einsatz geeigneter Instrumente der strategischen Unternehmensführung zu treffen, vor allem unter Einbezug der Portfolio-Analyse.[268]

Die strategischen Überlegungen der öffentlichen EVU werden dabei im wesentlichen von den "betrieblichen, finanzwirtschaftlichen und umfeldbedingten" Möglichkeiten des Unternehmens beeinflusst.[269] Im Ergebnis können die Unternehmen entweder eine defensive Strategie verfolgen oder auf eine expansive Wachstumsstrategie durch die Erschließung neuer Geschäftsfelder setzen.[270]

Vor allem kleinere kommunale EVU verfolgen häufig eine eher defensiv ausgerichtete Unternehmensstrategie. Dabei konzentrieren sich die Unternehmen auf ihr lokales Kerngeschäft, um durch eine bewusste Eingrenzung der unternehmerischen Aktivitäten die Kapazitätsauslastung zu verbessern.[271] Größere EVU, welche über die entsprechenden betrieblichen und finanziellen Ressourcen verfügen, setzen dagegen zunehmend auf eine expansive Wachstumsstrategie. Neben einer räumlichen Ausweitung des Kerngeschäfts erschließen diese Unternehmen zusätzlich kerngeschäftsnahe sowie vollkommen neue Geschäftsfelder. Ziel ist neben einer höheren Kapazitätsauslastung vor allem die Generierung von

---

267 Siehe Brinker: Liberalisierung-Folgen für die regionale Energiewirtschaft. A.a.O.. S. 311.

268 Siehe Heinz, Rainer: Kommunales Management. A.a.O.. S. 72f..

269 Bretschneider, Ralph: Stadtwerke im liberalisierten Energieversorgungsmarkt. A.a.O.. S. 23.

270 Vgl. Lührmann, Harald und Ulrich Siegel: Stadtwerke – die Zukunft liegt im Verteilungsgeschäft. A.a.O.. S. 442.

271 Vgl. Bretschneider, Ralph: Stadtwerke im liberalisierten Energieversorgungsmarkt. A.a.O.. S. 23.

zusätzlichem Umsatz durch eine Ausweitung der unternehmerischen Aktivitäten.[272]

Die defensive Strategie, sich auf risikoarme Kerngeschäftsfelder zu beschränken (z.b. den Netzbetrieb), hat sich mit zunehmender Wettbewerbsintensität als wenig erfolgreich erwiesen.[273] Nach Angaben des Vorstandsvorsitzenden der Stadtwerke Duisburg AG würde z.b. die Beschränkung der Geschäftsaktivitäten auf einen reinen Netzbetrieb zu einer Verminderung der Verkaufserlöse um ca. 70% führen.[274] Die Mehrzahl der öffentlichen EVU verfolgt daher seit der Umorientierung zum integrierten Energiedienstleistungsunternehmen eine offensive Strategie, welche auf quantitatives und qualitatives Wachstum setzt.[275]

Die Erschließung neuer Geschäftsfelder setzt die Dienstleistungsorientierung des Unternehmensleitbildes um. Sie beinhaltet als wichtigste neue Geschäftsfelder verschiedene energienahe Dienstleistungen (Contracting, Facility Management), Engagements auf Nicht-Energiemärkten (z.B. Telekommunikation) sowie den Energiehandel zur Beschaffungsoptimierung und Erhöhung der Wertschöpfung.[276]

4.1.2.4 Kooperation und Privatisierung

Die strategischen Überlegungen können ergeben, dass eine zu geringe Unternehmensgröße, fehlende Finanzkraft sowie fehlendes Know-how die Erschließung vorhandener Wettbewerbsvorteile blockieren. In solchen Fällen ist zu überlegen, ob diese Restriktionen nicht durch Kooperation oder Privatisierung zu überwinden sind. Den öffentlichen EVU bieten

---

272 Vgl. Meller, Eberhard: Was hat die Liberalisierung bisher gebracht?. A.a.O.. S. 26. Daneben: Hartung, Roland: Perspektiven der Stadtwerke in Deutschland. A.a.O.. S. 300.

273 Vgl. Dommann, Dieter: Alle reden von Dienstleistung, aber keiner will dienen. A.a.O.. S. 867f..

274 Vgl. Steckert, Uwe: Wohin treiben die Stadtwerke im Wettbewerb?. A.a.O.. S. 648.

275 Siehe Lamprecht, Franz: Mit Offensivstrategien zum Wettbewerbserfolg. A.a.O.. S. 231.

276 Vgl. Meyer-Renschhausen, Martin und Manfred Sieling: Liberalisierung des Strommarktes – Wirkungen und Anpassungsstrategien der kommunalen Energieversorgungsunternehmen. In: ZögU. Bd.22. Baden-Baden 1999. S. 130. [Künftig zitiert als: Anpassungsstrategien der kommunalen EVU]

sich dabei vielfältige Kooperationsmöglichkeiten, welche von einer losen Zusammenarbeit über Beteiligungen bis hin zu Fusionen reichen.[277] Hauptargument für Kooperationen und Privatisierungen sind unteroptimale Betriebsgrößen.[278] Für eine dauerhafte Wettbewerbsfähigkeit der öffentlichen EVU wird eine kritische Unternehmensgröße als zwingend angesehen, um durch die Realisierung von Größenvorteilen ("economies of scale") eine wettbewerbsfähige Kostenstruktur zu etablieren.

Gerade kleine und mittlere Unternehmen unterschreiten oftmals diese "kritische Größe".[279] Dies zwingt die Unternehmen, sowohl im Kerngeschäft als auch bei einer Diversifizierung in neue Geschäftsfelder, zum Zusammenschluss mit Partnern, um Rationalisierungspotentiale zu erschließen und sich dauerhaft am Markt behaupten zu können.[280] Kooperation und Privatisierung sollen die Erschließung von Kostendegressionsvorteilen (Synergieeffekten) ermöglichen und Know-how der Partner für die eigene Unternehmung nutzbar machen, um so fehlende eigene Kompetenzen auszugleichen.[281]

Grundsätzlich ist bei Kooperationen zu beachten, dass mit jeder Form der Kooperation eine Einschränkung der kommunalen Einflussmöglichkeiten auf die Geschäftspolitik verbunden ist.[282] Die Wahl geeigneter Partners ist daher von entscheidender Bedeutung für den Erfolg einer Kooperation oder Privatisierung.

4.1.3 Umstrukturierung der Unternehmensorganisation

Der Wandel der Versorgungsunternehmen zum Energiedienstleister und insbesondere das strategische Ziel der Kundenorientierung erfordern eine

---

277 Vgl. Gottschalk, Wolf: Quo vadis Stadtwerke. A.a.O.. S. 528.

278 Vgl. Balzereit, Bernd und Rudolf Schulten: EVU im Wandel. Die Realisierung neuer Wege als Führungsaufgabe. A.a.O.. S. 352.

279 Siehe Lührmann, Harald und Ulrich Siegel: Stadtwerke-die Zukunft liegt im Verteilungsgeschäft. A.a.O.. S. 441.

280 Siehe Steckert, Uwe: Wohin treiben die Stadtwerke im Wettbewerb?. A.a.O.. S. 652.

281 Vgl. Schulz, Eckhard: Bewegung in der Energiewirtschaft-Ein Markt im Umbruch. A.a.O.. S. 61.

282 Vgl. Riechmann, Volkhard: Möglichkeiten erwerbswirtschaftlicher Betätigung der Stadtwerke unter Wettbewerbsbedingungen. A.a.O.. S. 94.

Anpassung der Unternehmensorganisation. Um dauerhaft im zunehmend komplexer werdenden Energiemarkt bestehen zu können, sind leistungsfähige Unternehmensstrukturen und -prozesse erforderlich.[283] Konsequenterweise haben daher viele öffentliche EVU damit begonnen ihre Unternehmensorganisation umzustrukturieren.[284]

Bereits vor der Liberalisierung wurden viele als Eigenbetrieb geführte öffentliche EVU in eine private Rechtsform (GmbH, AG) überführt.[285] Diese häufig auch als formelle Privatisierung bezeichnete Maßnahme wurde mit einer höheren wirtschaftlichen Beweglichkeit und flexibleren Lohnstrukturen begründet.[286]

Die veränderten Marktbedingungen des liberalisierten Marktes legen es den noch als Eigenbetrieb geführten EVU nahe, ebenfalls einen Rechtsformwechsel zu erwägen, um die bestehenden Marktpotentiale (z.B. weitergehende Kooperation, Privatisierung) voll ausschöpfen zu können.[287] Welche Rechtsform dabei für ein öffentliches EVU gewählt wird, ist unter Berücksichtigung unternehmensspezifischer Besonderheiten, dem Interesse an privaten Beteiligungen und der Größe der Stadt im Einzelfall zu entscheiden.[288]

Neben dem Rechtsformwechsel haben viele öffentliche EVU zusätzlich eine dezentrale und ergebnisorientierte Aufbauorganisation eingeführt, um Effektivität und Effizienz der unternehmensinternen Geschäfts-

---

283 Vgl. Hartung, Roland: Perspektiven der Stadtwerke in Deutschland. A.a.O.. S. 300.

284 Vgl. Aselmann, Wilhelm und Thomas Aselmann: Der neue Energiemarkt: Chancen und Herausforderungen. A.a.O.. S. 314.

285 Für genaue Erläuterungen hinsichtlich der Rechtsformwahl siehe Fabry, Beatrice, Kaufmann, Roland und Kristina Urban: Rechtsformwahl für Stadtwerke. In: Menold Herrlinger Rechtsanwälte und Ernst & Young(Hrsg.): Stadtwerke im liberalisierten Energieversorgungsmarkt. Betriebswirtschaftliche, rechtliche und steuerliche Rahmenbedingungen. Baden-Baden 2000. S. 29ff..

286 Vgl. Püttner, Günther: Die Wahl der Rechtsform-Vom Eigenbetrieb zur Eigengesellschaft. In: Wallerath, Maximilian(Hrsg.): Kommunen im Wettbewerb. Wirtschaftliche Betätigung der Gemeinden. Baden-Baden 2001. S. 58f.. [Künftig zitiert als: Die Wahl der Rechtsform].

287 Siehe Bretschneider, Ralph: Stadtwerke im liberalisierten Energieversorgungsmarkt. A.a.O.. S. 25f..

288 Vgl. Püttner, Günther: Die Wahl der Rechtsform. A.a.O.. S. 56.

prozesse zu erhöhen. Die strukturelle Neuorientierung wird dabei vielfach durch eine wettbewerbsorientierte Personalentwicklung ergänzt.

4.1.3.1 Dezentrale und ergebnisorientierte Aufbauorganisation

Die Aufbauorganisation einer Unternehmung legt die sinnvolle Einteilung des Unternehmens in Arbeitsstellen, Instanzen und Abteilungen fest und regelt deren Beziehungen untereinander. Sie soll die Vorgaben von Leitbild und Unternehmenskultur unterstützen und eine Umsetzung der strategischen Ziele auf der operativen Ebene ermöglichen. Bei der Wahl der Organisationsform sind unternehmensspezifische Besonderheiten und die ordnungsrechtlichen Vorgaben des EnWG zur buchhalterischen Entflechtung (Unbundling) der Unternehmensbereiche zu berücksichtigen.[289]

Vor der Liberalisierung besaßen die öffentlichen EVU mehrheitlich eine funktionale Unternehmensstruktur, wobei die einzelnen Wertschöpfungsstufen in technische und kaufmännische Funktionseinheiten unterteilt waren. Folge war eine hierarchische Organisationsstruktur mit stark zentralisierten Entscheidungen. Mit der strukturbedingten Spezialisierung der Mitarbeiter war ferner ein erhöhter Koordinationsaufwand verbunden.[290] Diese Strukturorganisation ist aufgrund ihrer mangelnden Flexibilität nur eingeschränkt für die neuen Marktverhältnisse geeignet, ihre Beibehaltung daher nur in Einzelfällen anzuraten.[291]

Die Einführung von Wettbewerb hat eine Fragmentierung des Strommarktes ausgelöst, so dass für die kommunalen EVU kein einheitlicher Markt mehr existiert. Vielmehr haben sich einzelne Teilmärkte herausgebildet, welche durch unterschiedliche Marktanforderungen und Wettbewerbsbedingungen gekennzeichnet sind.[292] Es erscheint daher sinnvoll, eine prozessorientierte, insbesondere im Vertrieb dezentral ausgerichtete Strukturorganisation zu implementieren, welche sich an der Wert-

---

289 §9 EnWG

290 Siehe Löbbe, Sabine und Gerhard Jochum: Prozessorientierte Unternehmensentwicklung. A.a.O.. S. 301.

291 Vgl. Bretschneider, Ralph. Stadtwerke im liberalisierten Energieversorgungsmarkt. A.a.O.. S. 19f..

292 Vgl. Ahlfeld, Hartmut und Thorsten Schumacher: Fit für den Wettbewerb-EVU als Holding. In: ET. Heft 5/2001. S. 234.

schöpfungskette des Unternehmens orientiert.[293] Dies führt zu einer stärkeren unternehmerischen Verselbstständigung und Marktnähe der einzelnen Wertschöpfungsstufen.[294]

Die Strukturorganisation muss ferner die neuen strategischen Vorgaben der Kunden- und Dienstleistungsorientierung unterstützen und die Delegation von Verantwortung (flache Hierarchien) fördern, um Kundennähe und Flexibilität innerhalb des Unternehmens zu gewährleisten.

Die Mehrzahl der öffentlichen EVU hat daher eine Spartenorganisation eingeführt. Bei der Spartenorganisation orientiert sich die Unternehmensstruktur an den Geschäftsbereichen. Im Geschäftsbereich der Stromversorgung werden wiederum separate Hauptabteilungen entlang der Wertschöpfungskette gebildet, welche sich beispielsweise in Erzeugung, Handel, Vertrieb und Netzbetrieb untergliedern können.[295]

Die Spartenorganisation ermöglicht neben der Erschließung von Synergieeffekten eine bessere Abgrenzung der Verantwortungsbereiche, da die Sparten wie eigene Unternehmen geführt werden. Daneben fördert eine spartenorientierte Struktur die vertikale Kommunikation innerhalb des Unternehmens und verbessert so den internen Informationsfluss.[296]

In den letzten Jahren ist durch den Zwang zur Kostensenkung eine noch weitergehende organisatorischen Verselbstständigung der Geschäftssparten durch die Einführung von Center-Strukturen zu beobachten.[297] So erhoffen sich die Stadtwerke München durch die Einführung von ergebnisverantwortlichen Centern die Förderung unternehmerischen Handelns innerhalb der einzelnen Geschäftsbereiche.[298]

---

293 Vgl. AK Controlling: Controlling von Centern. In: EW. 97. Heft 1-2/1998. S. 16.

294 Vgl. Niedermeyer, Regina: Fusion sichert Wettbewerbsfähigkeit. In: ET. Heft 5/2000. S. 316.

295 Vgl. Löbbe, Sabine und Gerhard Jochum: Prozeßorientierte Unternehmensentwicklung. A.a.O.. S. 302.

296 Vgl. Löbbe, Sabine und Gerhard Jochum: Prozeßorientierte Unternehmensentwicklung. A.a.O.. S. 302.

297 Siehe AK Controlling: Controlling von Centern. A.a.O.. S. 16.

298 Vgl. o.V.: GmbH mit noch mehr Schub. München zieht Erfolgsbilanz-Konsequent an Wettbewerbsanforderungen ausrichten. In: ZfK. Heft 6/1999. S. 8. [Künftig zitiert als: München zieht Erfolgsbilanz]

Die Center-Organisation baut auf der Spartenorganisation auf und unterteilt das Unternehmen in organisatorisch und abrechnungstechnisch selbstständige Einheiten.[299] Grundidee ist, dass kleine, dezentral geführte Einheiten überschaubarer und besser steuerbar sind und sich durch stärkere Marktnähe leichter an veränderte Produktionsbedingungen und Kundenerwartungen anpassen können. Zielsetzung ist die Zuweisung von Ergebnisverantwortung auf die einzelnen Geschäftsbereiche.[300] Daher wird für jeden Geschäftsbereich der Periodenerfolg ermittelt, welcher zur gewinnorientierten Steuerung der Teilbereichsaktivitäten herangezogen wird.[301]

Im Idealfall sind die Center direkt der Unternehmensleitung unterstellt und stehen zueinander in Kundenbeziehung.[302] Sie verrechnen gegenseitig interne Leistungen zu Marktpreisen, können jedoch bei günstigeren Konditionen auch Aufträge nach außen vergeben.[303] Die Center stehen somit ständig unter Wettbewerbsdruck, was zu höherer Transparenz und Kosteneinsparungen führen soll.[304]

So betonte der Geschäftsführer der Stadtwerke Unna, dass die einzelnen Profit Center bereits nach kurzer Zeit "wirtschaftlicher, aber auch effizienter" arbeiteten, "weil sich eine beachtliche ökonomische Phantasie entwickelt".[305] Auch nach Ansicht des "Arbeitskreis Controlling" des Verbandes der Elektrizitätswirtschaft (VDEW) wird es auf Dauer nur durch die Implementierung von Center-Strukturen möglich sein, in einem

299 Vgl. o.V.: Wettbewerb wie unterm Brennglas. In.: ZfK. Heft 6/2001. S.11.

300 Vgl. AK Controlling: Controlling von Centern. A.a.O.. S. 18f..

301 Siehe genau bei: Theuvsen, Ludwig: Ergebnis- und Marktsteuerung Öffentlicher Unternehmen. Eine Analyse aus organisationstheoretischer Sicht. Stuttgart 2001. S. 185ff..

302 Latkovic, Krunsolav: EVU im Wandel. A.a.O.. S. 262.

303 Siehe o.V.: Stadtwerke proben mit Erfolg den hausinternen Wettbewerb. Profit-Center im Unternehmen beflügeln die ökonomische Phantasie der Belegschaft. Presseinfo zum 5. November 1998. Abgerufen unter: Http://www.sw-unna.de. Abgerufen am: 18.05.2002. S. 1. [Künftig zitiert als: Stadtwerke proben mit Erfolg den hausinternen Wettbewerb]

304 Die Einführung einer Center-Struktur ist grundsätzlich auch auf Basis einer Funktionalorganisation möglich. Allerdings gestaltet sich die Implementierung weitaus schwieriger und die zu erwartenden Ergebnisse sind weniger optimal.

305 o.V.: Stadtwerke proben mit Erfolg den hausinternen Wettebewerb. A.a.O.. S. 1.

dynamischen Markt, wie dem deutschen Strommarkt, wettbewerbsfähig zu bleiben. Die Center stellten das wohl wirkungsvollste Führungsinstrument im Rahmen einer weitgehenden Dezentralisierung dar.[306] Aufgrund der stärkeren Dezentralisierung der Unternehmenseinheiten können jedoch Synergieverluste durch Unterbrechung des Planungs- und Steuerungszusammenhangs eintreten.[307] Daneben besteht die Gefahr von Strukturbrüchen und massiven Anpassungsproblemen, weil die Mitarbeiter umdenken und die neuen Aufgaben-, Informations- bzw. Kompetenzstrukturen akzeptieren müssen. So wurde bei Implementierungsversuchen in öffentlichen EVU festgestellt, dass die erarbeiteten Vorgaben in der Praxis nicht umgesetzt wurden und in der Folge ein "business as usual" eintrat.[308]

Um das Center-Konzept erfolgreich umsetzen zu können, muss im übrigen auch das Controlling des Unternehmens angepasst werden. Die bestehenden Controlling-Systeme (Planung, Kostenrechnung, usw.) sind daher auf die Sparten- bzw. Centerstruktur organisatorisch zuzuschneiden. Vor allem muss das künftige Controlling eine Ergebnissteuerung der Sparten ermöglichen. Auch die Controlling-Instrumente Unternehmensplanung, Kostenrechnung sowie Budgetierung und Berichtwesen sind zu überarbeiten. Ein straff organisiertes Controlling bildet damit die Hauptvoraussetzung für eine erfolgreiche Unternehmensführung der öffentlichen EVU.[309]

Als weitestgehende Form der Dezentralisierung bietet sich eine rechtliche Verselbstständigung einzelner Geschäftsfelder an. Diese werden aus dem Unternehmen ausgegliedert und als eigenständige Tochtergesellschaften unter dem Dach einer Holding weitergeführt.[310] Innerhalb dieser Konzernstruktur übernimmt die Konzernmutter die Erfüllung zentraler Aufgaben (z.B. den Konzernabschluss).[311] Die Zugehörigkeit zu einer Ge-

---

306   Vgl. AK Controlling: Controlling von Centern. A.a.O.. S. 16f..

307   Vgl. Latkovic, Krunoslav: EVU im Wandel. A.a.O.. S. 308.

308   Vgl. Martens, Dirk, Friedrich-Karl Thiel und Harald Zanner: Die erfolgreiche Reorganisation öffentlicher Unternehmen - Energieversorgung, Verkehr, Verwaltung. Fankfurt a.M., New York 1995. S. 30.

309   Vgl. Bretschneider, Ralf: Stadtwerke im liberalisierten Energieversorgungsmarkt. A.a.O.. S. 20f..

310   Vgl. Latkovic, Krunoslav: EVU im Wandel. A.a.O.. S. 302.

311   Vgl. AK Controlling: Controlling von Centern. A.a.O.. S. 22.

samtgruppe ermöglicht den Tochtergesellschaften dabei trotz einer Betätigung in unterschiedlichen Teilmärkten einen einheitlichen Marktauftritt.[312]

So hat beispielsweise die Würzburger Versorgungs- und Verkehrs GmbH (WVV) die einzelnen Geschäftsbereiche unter dem Dach einer operativen Holding zusammengefasst. Nach Angaben des kaufmännischen Direktors der WVV ermöglicht diese Struktur "konzernweites Denken bei gleichzeitiger Freiheit der Verantwortlichen in den Tochtergesellschaften."[313]

Die Gründung einer Holding berücksichtigt daneben Planungen der EU, künftig eine gesellschaftsrechtliche Trennung der Geschäftsfelder zwingend vorzuschreiben.[314] In Deutschland ist zwar bislang noch keine gesellschaftsrechtliche Separation der Versorgungsstufen integrierter Versorgungsunternehmen gesetzlich vorgeschrieben.[315] Dennoch kann die rechtliche Verselbstständigung der Geschäftsfelder eine betriebswirtschaftlich sinnvolle Strategieoption zur Erhöhung der Wettbewerbsfähigkeit darstellen.

So hat die swb AG Bremen eine Holdingstruktur eingeführt, um die Schlagkraft eines größeren Unternehmens mit der Flexibilität und Schnelligkeit dezentraler und eigenverantwortlich agierender Einheiten zu kombinieren.[316] Allerdings muss für eine sinnvolle Ausgliederung der Geschäftsbereiche in eine Holding-Struktur eine bestimmte Mindestgröße des Unternehmens vorliegen.

Über die Vorteile der Center-Struktur hinaus bietet eine rechtliche Verselbstständigung der Geschäftsfelder den öffentlichen EVU flexiblere Handlungsmöglichkeiten, sofern sie Kooperationsstrategien verfolgen.

---

312 Siehe Ahlfeld, Hartmut und Torsten Schumacher: Fit für den Wettbewerb – EVU als Holding. A.a.O.. S. 234.

313 Vgl. o.V.: Der Zeit möglichst immer voraus. Direktor Wolf: Würzburg lebt mit Erfolg den Wettbewerb – Schlüsselfaktor Personalentwicklung. In: ZfK. Heft 1/2002. S. 5. [Künftig zitiert als: Würzburg lebt mit Erfolg der Wettbewerb]

314 Vgl. Bozem, Karlheinz und Carsten Rennhak.: Unbundling und Shared Services. In: ET. Heft 5/2002. S. 332.

315 Dies unterscheidet die Liberalisierung des deutschen Strommarktes bislang vom biritischen Liberalisierungsprozess Siehe nähere Erläuterungen dazu bei: Latkovic, Krunoslav: EVU im Wandel. A:a.O.. S. 300f..

316 Siehe Ahlfeld, Hartmut und Torsten Schumacher: Fit für den Wettbewerb – EVU als Holding. A.a.O.. S. 238.

Eine gesellschaftsrechtliche Einbindung Dritter wird erleichtert, da externe Kooperationspartner sich gezielt an der jeweiligen Tochtergesellschaft beteiligen können.[317] Die Beteiligungsanreize sind dabei umso höher, je geringer die operativen Interessen der Konzernholding an den Tochtergesellschaften sind.

Ein weiterer Vorteil ist die Stärkung von Verantwortungsgefühl und Aufgabenidentifizierung der Führungskräfte der Geschäftssparten durch die rechtliche Verselbstständigung.[318] Daneben wird eine Erhöhung von Effizienz und der Transparenz erwartet, da Marktchancen durch kurze Entscheidungswege besser wahrgenommen werden können.[319] Im übrigen lassen sich die einzelnen Gesellschaften auf diese Weise optimal auf marktspezifische Anforderungen ausrichten, welche von Gesellschaft zu Gesellschaft unterschiedlich sein können.[320]

Der Hauptnachteil einer Holding liegt im Risiko einer erschwerten Koordination der Unternehmensbereiche. Dies kann zu Synergieverlusten führen, da die Abstimmungsprozesse in diesem Fall zwischen rechtlich eigenständigen Unternehmensteilen stattfinden.[321] Es empfiehlt sich daher, sofern möglich, eine Management-Holding mit weitreichenden operativen Befugnissen der konzernleitenden Obergesellschaft zu realisieren.

In jüngster Zeit ist ein Trend zur Bildung von sogenannten "Shared Services" innerhalb der Holding-Struktur zu beobachten. In Shared Services-Gesellschaften werden gesamtbetriebliche Unterstützungsleistungen (z.B. Personal, Finanz- und Rechnungswesen, IT) zu einer wirtschaftlich und rechtlich eigenständigen Einheit zusammengefasst und sowohl für die einzelnen Teilgesellschaften erbracht als auch externen Kunden am Markt angeboten.[322]

---

317 Vgl. Latkovic, Krunoslav: EVU im Wandel. A.a.O.. S. 303.

318 Siehe Ahlfeld, Hartmut und Torsten Schumacher: Fit für den Wettbewerb – EVU als Holding. In: ET. Heft 5/2001. S. 237.

319 Vgl. Bozem, Karlheinz und Carsten Rennhak: Unbundling und Shared Services. A.a.O.. S. 332.

320 Vgl. Ahlfeld, Hartmut und Torsten Schumacher: Fit für den Wettbewerb – EVU als Holding. In: ET. Heft 5/2001. S. 237.

321 Vgl. Latkovic, Krunoslav: EVU im Wandel. A.a.O.. S. 305.

322 Vgl. Schumacher, Torsten: Wachstumchancen mit Shared Services. In: ET. Heft 1-2/2002. S. 18.

Hauptziel bei der Gründung einer Shared Services-Gesellschaft ist der Aufbau von Wettbewerbsdruck auf die betrieblichen Unterstützungsprozesse. Die größere Marktnähe führt zu Effizienzgewinnen und Kostenreduzierungen. Gleichzeitig lassen sich zusätzliche Synergiepotentiale und Wachstumschancen außerhalb der eigenen Unternehmensgruppe durch Geschäfte mit externen Kunden erschließen.[323] In diesem Zusammenhang bestätigte eine Studie der Unternehmensberatung Booz Allen Hamilton, dass neben allgemeinen Effizienzsteigerungen vor allem erhöhte Kostentransparenz sowie eine verbesserte Marktorientierung in den befragten Unternehmen beobachtet wurde.[324]

Die Unternehmensberatung Accenture geht davon aus, dass die Ausgründung von Shared Service-Gesellschaften in Zukunft eine wesentliche Rolle bei der Steigerung der Wettbewerbsfähigkeit von Stadtwerken darstellen wird.[325] Allerdings ist für eine sinnvolle Ausgründung von Shared Service-Gesellschaften eine bestimmte Mindestgröße des Unternehmens erforderlich. Zudem ist ein effizientes Management der organisatorischen Schnittstellen zwischen den Gesellschaften vonnöten, um Transparenz und Effizienz innerhalb des Gesamtunternehmens zu gewährleisten.[326]

4.1.3.2 Wettbewerbsorientierte Personalentwicklung

Die Motivation und Qualifikation der Mitarbeiter wird im liberalisierten Strommarkt in zunehmenden Maße zu einem Erfolgsfaktor im Wettbewerb.[327] Die Personalentwicklung bildet damit ein zentrales, häufig zu Unrecht vernachlässigtes, Element bei der strategischen Neuausrichtung der öffentlichen EVU.

Die Einführung markt- und ergebnisorientierter Organisationsformen, die Schaffung eigenständiger Geschäftsbereiche sowie die Erschließung neuer Geschäftsfelder erfordern neue Denk- und Verhaltensweisen von Füh-

---

323 Vgl. Ebd.. S. 18.

324 Vgl. Bozem, Karlheinz und Carsten Rennhak: Unbundling und Shared Services. In: ET. Heft 5/2002. S. 333f.

325 Siehe: Schumacher, Torsten: Wachstumschancen mit Shared Services. A.a.O.. S. 18ff..

326 Vgl. Bozem, Karlheinz und Carsten Rennhak: Unbundling und Shared Services. A.a.O.. S. 332.

327 Vgl. o.V.: Würzburg lebt mit Erfolg den Wettbewerb. A.a.O.. S. 5.

rungskräften und Mitarbeitern.[328] Hauptaufgabe der Personalentwicklung ist es daher, auf die Entwicklung einer markt- und wettbewerbsorientierte Denkhaltung der Beschäftigten hinzuwirken.[329] Persönliche Leistungsfähigkeit, Engagement, sowie der Wille der Mitarbeiter zu ständiger Weiterentwicklung sind entscheidende Parameter für eine erfolgreiche und dauerhafte Positionierung eines Unternehmens im Wettbewerb.[330]

Das tradierte Versorgungsdenken muss durch unternehmerisches Denken ersetzt werden, um die Arbeitsproduktivität der einzelnen Unternehmensbereiche zu steigern.[331] Dies erfordert eine kontinuierliche, unternehmensinterne Kommunikations- und Informationspolitik zur Vermittlung der neuen Unternehmensphilosophie und daraus abgeleiteter personeller Anforderungen.[332] Ängste und Widerstände der Belegschaft müssen durch adäquate Maßnahmen des Konfliktmanagements abgebaut werden.

In diesem Zusammenhang kommt den Führungskräften eine besondere Bedeutung zu. Diese müssen sorgfältig ausgewählt und nach ihrer Einstellung kontinuierlich gefördert werden. Weiterhin ist eine ständige Beurteilung sowie eine darauf aufbauende Weiterentwicklung der bereits im Unternehmen vorhandenen Führungskräfte nötig.[333] Dabei ist dem Umstand Rechnung zu tragen, dass die traditionelle Führungsrolle zunehmend durch ein mitarbeiterbezogenen Führungsverhalten abgelöst wird.[334]

Das mitarbeiterbezogene Führungsverhalten zeichnet sich insbesondere durch die zunehmende Delegation von Kompetenzen und Verantwortung

---

328 Vgl. AK Personalmanagement(Hrsg.): Akzente der Personalentwicklung in Energieversorgungsunternehmen. In: EW. Heft 12/1998. S. 15.

329 Vgl. Ebd.. S. 16.

330 Vgl. Gahl, Andreas: Marketingstrategien. A.a.O.. S. 342.

331 Dies wird auch anhand der neuen Unternehmensgrundsätze der EVU deutlich. Vgl. beispielhaft: Stadtwerke Essen AG(Hrsg.): Unternehmensgrundsätze. Abgerufen unter: Http://www.stadtwerke-essen.de. Abgerufen am: 22.05.2002.

332 Vgl. Balzereit, Bernd und Rudolf Schulten: EVU im Wandel. Die Realisierung neuer Wege als Führungsaufgabe. A.a.O.. S. 354.

333 Vgl. AK Personalmanagement: Akzente der Personalentwicklung in Energieversorgungsunternehmen. A.a.O.. S. 15.

334 Vgl. Balzereit, Bernd und Rudolf Schulten: EVU im Wandel. Die Realisierung neuer Wege als Führungsaufgabe. A.a.O.. S. 354.

auf niedrigere Hierarchieebenen aus. Die Arbeitsinhalte werden hierbei individuell auf die Kompetenzen der einzelnen Mitarbeiter abgestimmt, um so bei diesen einen positiven Motivationsschub auszulösen und die Produktivität zu steigern.[335]

Daneben werden Zielvereinbarungen und Mitarbeitergespräche in den Unternehmen etabliert, welche durch eine variable Mitarbeitervergütung ergänzt werden.[336] Die Stadtwerke Lüdenscheid haben beispielsweise ein leistungsabhängigen Beurteilungs- und Entlohnungssystem eingeführt, welches das Monatsgehalt der 300 Beschäftigten an die Erfüllung der individuell vereinbarten Ziele bindet. Nach Aussage des Geschäftsführers, Wolfgang Struwe, können die Mitarbeiter so bei entsprechender Leistung eine deutliche Steigerung ihres normalen Verdienstes realisieren.[337]

Eine individualisierte Vergütung ermöglicht den Unternehmen nachweislich, fixe Personalkosten einzusparen. Gleichzeitig stellt eine variable Vergütung (bzw. ein variabler Vergütungsanteil am Festgehalt) einen individuellen Anreiz für eine erhöhte Leistungsbereitschaft und Motivation der Mitarbeiter dar. Im Ergebnis führt dies zu einer Steigerung der Arbeitsproduktivität.[338]

Parallel zur neuen Führungskultur ändern sich auch die Erwartungen der Mitarbeiter hinsichtlich Arbeitsbedingungen und Arbeitsinhalten. Während früher Stabilität und Sicherheit in der Energiebranche ausgeprägt waren, fordern die Mitarbeiter heute flexible, eigenverantwortliche Tätigkeiten und handeln selbstständiger.[339]

Aus diesem Grund ist eine Partizipation der Mitarbeiter an betrieblichen Entscheidungsprozessen voranzutreiben, um ihre Motivation zu erhöhen. Dies führt mittelfristig zu quantitativen und qualitativen Leistungs-

---

335 Vgl. Kramer, Melanie und Kirsten Franke: Instrumente zur Steigerung der Leistungsfähigkeit und Wertschöpfung im Personalmanagement. Der Einsatz nicht-monetärer Anreizsysteme In: ET. Heft 12/2001. S. 799. [Künftig zitiert als: Instrumente zur Steigerung der Leistungsfähigkeit und Wertschöpfung]

336 Siehe Schaudwet, Christian und Julia Leendertse: Mehr für Mehr. Die Tage des Festgehalts sind gezählt. In: WiWo. Heft 10/2003. S. 107f..

337 Vgl. Ebd.. S. 109.

338 Vgl. Kramer, Melanie und Kirsten Franke: Instrumente zur Steigerung der Leistungsfähigkeit und Wertschöpfung. A.a.O.. S. 801.

339 Vgl. Kramer, Melanie und Kirsten Franke: Instrumente zur Steigerung der Leistungsfähigkeit und Wertschöpfung. A.a.O.. S. 799.

steigerungen und bewirkt eine Erhöhung der internen Identifikation der Mitarbeiter mit ihrem Unternehmen. So ist festzustellen, dass das Dienstleistungsniveau in kommunalen EVU in der Regel dann höher ist, wenn verstärkt Verantwortung delegiert wird und Mitarbeiter in die Entscheidungsfindungsprozesse einbezogen werden.[340]

Die vorhandenen Qualifikationen und Kompetenzen der Mitarbeiter müssen effektiv genutzt und durch entsprechende Qualifizierungsmaßnahmen kontinuierlich ausgebaut werden.[341] Die Bewältigung zukünftiger Aufgaben ist durch geeignete Fortbildungsmaßnahmen sicherzustellen.[342] Die Bedeutung von Investitionen in Ausbildung und Qualifikation der Mitarbeiter wird am Beispiel der Würzburger Stadtwerke deutlich. Der kaufmännische Direktor , Herbert Wolf, sieht die "Qualifikation und Motivation der Mitarbeiter" als wichtigste Investition seines Unternehmens an.[343]

Problematisch ist jedoch, dass die durch die Aufgabendezentralisierung flacher gewordenen Hierarchien künftig immer weniger Aufstiegsmöglichkeiten in höhere Hierarchieebenen bieten werden. Es erscheint daher geboten, verstärkt monetäre und nicht-monetäre Anreizsysteme zu etablieren sowie Entwicklungsmöglichkeiten in anderen Aufgabengebieten zu schaffen. Auf diese Weise wird eine übermäßige Abwanderung von Know-how vermieden und den öffentlichen EVU ein qualifizierten Mitarbeiterstamm erhalten.[344]

4.1.4 Stärkung und Ausbau des Kerngeschäfts

Parallel zur Anpassung der Unternehmensstrukturen ist das Kerngeschäft von den öffentlichen EVU gestärkt und ausgebaut worden.

Mit der Einführung eines leistungsfähigen Kostenmanagements sollten die laufenden Betriebskosten gesenkt werden, um so eine wettbewerbs-

---

340 Vgl. Gahl, Andreas: Marketingstrategien. A.a.O.. S. 343.

341 Siehe Kramer, Melanie und Kirsten Franke: Instrumente zur Steigerung der Leistungsfähigkeit und Wertschöpfung. A.a.O.. S. 798.

342 Siehe AK Personalmanagement: Akzente der Personalentwicklung in Energieversorgungsunternehmen. A.a.O.. S. 14.

343 Vgl. o.V.: Würzburg lebt mit Erfolg den Wettbewerb. A.a.O.. S.5.

344 Siehe AK Personalmanagement: Akzente der Personalentwicklung in Energieversorgungsunternehmen. A.a.O.. S. 16.

fähige Kostenstruktur zu erreichen.[345] Vor allem die Strombeschaffung war zu optimieren, um über günstigere Bezugspreise wettbewerbsfähig zu bleiben. Daneben mussten fehlende oder bislang unterentwickelte Aufgaben, wie ein segmentspezifisches Marketing oder ein wettbewerbsorientierter Vertrieb neu aufgebaut werden.[346]

4.1.4.1 Unternehmensinternes Kostenmanagement

Im regulierten Markt bildete ein striktes Kosten-Controlling bei den öffentlichen EVU die Ausnahme. Viele Unternehmen sahen sich daher im deregulierten Markt durch Preisverfall und Umsatzverluste einem hohen Kostendruck ausgesetzt, wie eine Umfrage der Universität Darmstadt bestätigte.[347]

Viele der öffentlichen EVU haben deshalb ein Kostenmanagement eingeführt, um dadurch kurz- und langfristige Rationalisierungspotentiale zu erschließen.[348] Die Minimierung der Betriebskosten soll zu einer wettbewerbsfähigen Kostenstruktur führen, die Produktivität des Unternehmens erhöhen und das Anbieten konkurrenzfähiger Produkte ermöglichen. Grundlage für ein effizientes Kostenmanagement ist dabei eine angepasste Unternehmensorganisation (z.B. Center-Systeme).[349]

Daneben dient die Formulierung konkreter Zielvorgaben für alle Unternehmensbereiche und deren Erfolgskontrolle im Rahmen des Controllings einer Erhöhung der internen Effizienz.[350] Im Rahmen des Benchmarking mit anderen Unternehmen kann zudem eine Straffung und Optimierung von Prozessen und eine Identifikation kostenintensiver Arbeitsvorgänge

---

345 Vgl. Gottschalk, Wolf: "Quo vadis Stadtwerke". A.a.O.. S. 527.

346 Vgl. Meller, Eberhard: Was hat die Liberalisierung bisher gebracht?. A.a.O.. S. 26.

347 Siehe Metz, Dieter, B. Mofaje, S. Caropeboka und Eike Udluft: Netzbetrieb und Training im liberalisierten Strommarkt. A.a.O.. S. 43.

348 Vgl. Heilemann, Ulrich und Bernhard Hillebrand: Liberalisierung der Strom- und Gasmärkte. A.a.O.. S. 21.

349 Vgl. Newi, Gerald: Kostenreduzierung durch Überwachungs- und Monitoringstrategien. In: EW. Heft 25/1998. S. 27.

350 Vgl. Freudigmann, Wolfgang, Hartmut Jungnickel, Wolfgang Ludendorff und Norbert Schauer: Beschaffungscontrolling. A.a.O.. S. 8.

erreicht werden.[351] Auf diese Weise lassen sich Arbeits- und Organisationsabläufe effektiver und effizienter gestalten.

Kostensenkungspotentiale fallen in der Regel auf allen Stufen der Wertschöpfung an, also bei der Erzeugung, der Verteilung, sowie beim Kundenservice.[352] Bei der Einführung eines Kostenmanagements ist dabei zunächst die vorgeschriebene rechnerische Trennung der Kosten für die Versorgungsnetze von den Kosten für Erzeugung, Beschaffung und Vertrieb umzusetzen. Anschließend wird eine periodengenaue Prüfung aller Kosten durchgeführt. Dabei werden alle Kostenarten, wie Material- und Fremdleistungskosten, Personalkosten und Kapitalkosten einer intensiven Überprüfung unterzogen. In der Folge unterliegen sie einer strengen Planung und Kontrolle, um so interne Rationalisierungspotentiale quer durch alle Unternehmensbereiche erschließen zu können.[353]

Für öffentliche EVU mit eigenen Erzeugungskapazitäten ist vor allem eine kostenorientierte Optimierung von Eigenerzeugung und Strombezug unter Wettbewerbsbedingungen erforderlich.[354] Insbesondere ist eine Verringerung der Beschaffungskosten und Zentralisierung des Einkaufs bei gleichzeitig europaweiter Ausschreibung entsprechender Leistungen vonnöten.[355] Dazu sollten die kommunalen Unternehmen die Bezugskonditionen ihrer Lieferanten überprüfen und gegebenenfalls günstigere Lieferanten wählen. So konnten die Stadtwerke Solingen durch einen Wechsel des Stromlieferanten im Zeitraum von 1998 bis 2000 eine Ersparnis von 10 Mio. DM jährlich erzielen.[356]

Auch die Bildung von Einkaufskooperationen mit dem Ziel kostengünstigerer Einkäufe ist möglich, z.B. durch die gemeinsame Nutzung

---

351 Vgl. Oesterwind, Dieter: Die Stadtwerke müssen neu erfunden werden. A.a.O.. S. 32.

352 Siehe Wannow, Klaus: Kostenanalyse in der Stromverteilung mit dem Ziel der Kostensenkung. In: EW. Heft 26/1998. S. 18. [Künftig zitiert als: Kostenanalyse in der Stromverteilung]

353 Siehe Gottschalk, Wolf: "Quo vadis Stadtwerke". A.a.O.. S. 527f..

354 Vgl. VKU(Hrsg.): Geschäftsbericht 2000_2001. A.a.O.. 56f..

355 Vgl. Brinker, Werner: Liberalisierung - Folgen für die regionale Energiewirtschaft. A.a.O.. S. 310.

356 Vgl. Krause, Manfred: Kooperation statt Verkauf – Überlebensstrategien von Stadtwerken. In: AKP. Heft 3/2000. S.56f..

eines Börsenmaklers für Strom durch mehrere Unternehmen.[357] Daneben gewinnt in der Beschaffung das E-Procurement (elektronische Beschaffung) immer mehr an Bedeutung. Hier werden die Einsparpotentiale als sehr hoch eingeschätzt (zwischen 30 und 70% des gesamten Beschaffungsvolumens eines EVU).[358] Daher existieren verstärkt Bestrebungen, zusammen mit anderen kommunalen Unternehmen der Umgebung regional ausgerichtete Beschaffungsportale aufzubauen. So schreiben die Stadtwerke Düsseldorf bereits ihren Eigenbedarf über ihre Website aus.[359]

Wesentliche Kostensenkungspotentiale finden sich auch im Personalbereich. Die Neuausrichtung der öffentlichen EVU erfordert eine Anpassung des Personalbestandes an die veränderte Betriebsorganisation.[360] Der künftige Ausbau der Vertriebs- und Handelsaktivitäten bedingt zwar einen neu entstehenden Personalbedarf.[361] Mittelfristig wird dieser jedoch durch den Freisetzungsbedarf im technischen und administrativen Bereich (z.B. Versorgungsnetze, Erzeugungsanlagen) überkompensiert.[362] Es ist allerdings darauf zu achten, dass der Personalverlust nicht gleichzeitig zum Substanzverlust wird.[363]

Die erforderlichen Personalanpassungen werden von den öffentlichen EVU sensibel gehandhabt. Aufgrund des kommunalpolitischen Ziels der Beschäftigungssicherung verfolgen sie zumeist eine Politik der "sozialverträglichen Personalanpassung" ohne betriebsbedingte Kündigungen.[364]

---

357 Vgl. Ellwanger, Niels und Roman Dudenhausen: Energiehandel – Neues Geschäftsfeld oder Voraussetzung für das EVU der Zukunft. In: Becker, Peter, Christian Held, Martin Riedel und Christian Theobald(Hrsg.): Energiewirtschaft im Aufbruch. Analysen – Szenarien – Strategien. Köln 2001. S. 177f.. [Künftig zitiert als: Energiehandel – Neues Geschäftsfeld oder Voraussetzung]

358 Siehe Obst, Alexander: Noch gesucht: E-Procurement-Pioniere. Was können speziell Stadtwerke tun. In: EW. Heft 5/2002. S. 32.

359 Siehe Ebd.. S. 35.

360 Vgl. Bebenroth, Wilfried und Rolf Rüdiger Cichowski: Folgen der Liberalisierung. Anpassung ist gefragt. In: EW. Heft 20-21/2001. S. 208.

361 Vgl. Brinker, Werner: Wettbewerbserfolge im deutschen Strommarkt sichern. A.a.O..

362 Vgl. Latkovic, Krunoslav: EVU im Wandel. A.a.O.. S. 381.

363 Siehe Wannow, Klaus: Kostenanalyse in der Stromverteilung. A.a.O.. S: 20.

364 Vgl. Latkovic, Krunoslav: EVU im Wandel. A.a..O.. S: 389.

88

Gleichwohl ging die Zahl der Beschäftigten in der gesamten Elektrizitätswirtschaft von 1996 bis zum Jahr 2001 von rund 190.000 auf ca. 140.000 Mitarbeiter zurück.[365]

Schließlich sind im Rahmen des Kostenmanagements alle Fremdleistungen unter dem Gesichtspunkt zu überprüfen, ob eine Eigenerledigung billiger ist (Insourcing). Die Kosten einer Fremdvergabe können so gespart und auf Mitarbeiter verlagert werden, deren bisherige Funktion im Unternehmen durch die Rationalisierung entfallen ist.[366]

Allerdings müssen langfristig nicht alle Unternehmensbereiche mit eigenen Mitteln betrieben werden. Im Rahmen einer "make or buy" Entscheidung ist kontinuierlich zu überprüfen, inwieweit die einzelnen Geschäftsbereiche einen wesentlichen Einfluss auf die Wertschöpfung des Unternehmens besitzen. Sofern die Geschäftsbereiche für die eigene Positionierung im Wettbewerb nur von geringer Bedeutung sind, sollten sie ausgelagert werden, um Kosteneinsparungen zu erzielen.[367]

So sind Erzeugungskapazitäten der Unternehmen, die nicht länger benötigt werden, stillzulegen. Dabei scheint allerdings die Annahme realistisch, dass ein Rückzug aus einzelnen Versorgungsstufen (etwa der Erzeugung) nicht kurzfristig erfolgen wird.[368]

Mit Hilfe des Outsourcings können zudem die Kosten von Unterstützungsprozessen deutlich gesenkt werden.[369] Falls unterstützende Funktionen (z.B. EDV/IT) nur zu vergleichsweise hohen Kosten intern erbracht werden können, ist eine Auslagerung der Tätigkeit an einen externen Partner zu erwägen, der ähnliche Leistungen günstiger und/oder in höhe-

---

365 Vgl. Meller, Eberhard: Was hat die Liberalisierung bisher gebracht?. A.a.O.. S. 26.

366 Vgl. Metz, Dieter, B. Mofaje, S. Caropeboka und Eike Udluft: Netzbetrieb und Training im liberalisierten Strommarkt. A.a.O.. S. 44.

367 Vgl. Gahl, Andreas: Marketingstrategien. A.a.O.. S. 345.

368 Vgl. Latkovic, Krunoslav: EVU im Wandel. A.a.O. S. 256f..

369 Siehe Baumann, Peter und Stephan Scholtissek: Transformationspartnerschaften. Outsourcing beschleunigt Unternehmenswandel. In: ET. Heft 3/2002. S. 144.

rer Qualität bereitstellt.[370] So wird beispielsweise die Kundenbetreuung von den öffentlichen EVU zunehmend an externe Call-Center vergeben.[371]

Im Rahmen des Outsourcing müssen also konsequent alle Bereiche des Unternehmens ausgelagert werden, die unrentabel sind. Die Entlastung des Managements von Nebenaufgaben ermöglicht eine Fokussierung auf die Wertschöpfungsprozesse und führt damit zu einer Optimierung der Kernkompetenzen des Unternehmens. Gleichzeitig lassen sich durch Outsourcing die Fixkosten des Unternehmens minimieren, um so eine wettbewerbsfähige Kostenstruktur zu erreichen.

Ein weiteres großes Kostensenkungspotential bieten die Kapitalkosten für Abschreibungen und Zinsen. Diese stellen einen Hauptkostenfaktor der kommunalen Unternehmen dar. Vor allem der ständige hohe Investitionsbedarf, der durch den Bau von Stromnetzen mit neuestem Material und höchstem technischen Stand entstanden ist, zeigt deutlich, dass die technischen Standards auf Rationalisierungsspielräume überprüft werden müssen.[372] Ein möglicher Wechsel der Abschreibungsmethode, eine Anpassung der kalkulatorischen Zinsen sowie die Suche nach den zinsgünstigsten Finanzierungskrediten sind hier angebrachte Kostensenkungsmaßnahmen.[373]

Daneben haben gewachsene Verteilungsnetze vielfach Einsparpotentiale bei Neu- und Ersatzinvestitionen. Eine neugeordnete, übersichtliche Netzstruktur anstelle der gewachsenen sowie eine Beachtung der Kosten bereits in der Planungs- und Bauphase gewährleistet zusätzliche Einsparungen.[374] Um die laufenden Betriebs- und Unterhaltungskosten der Netze

---

370 O.V.: Qualitätsmanagement im Back Office. ÜWG: Schlank bleiben und kommod in Nischen wachsen - Schwachpunkt Netzzugang. In: ZfK. Heft 7/2001. S. 5. [Künftig zitiert als: Qualitätsmanagement im Back Office]

371 Siehe insbesondere Schreiber, Gerald: Outsourcing von Call Center-Dienstleistungen. In: ET. Heft 1-2/2002. S. 28f.. Zu den Outsourcing-Kriterien: Hertrich, Frank: Call-Center ist mehr als Telefon-Service – Outsourcing ja oder nein. In: EW. Heft 19/2000. S. 40.

372 Siehe Wannow, Klaus: Kostenanalyse in der Stromverteilung. A.a.O.. S. 20.

373 Vgl. Ebd.. S. 20.

374 Vgl. Newi, Gerald: Kostenreduzierung durch Überwachungs- und Monitoringstrategien. A.a.O.. S. 29.

zu senken, können außerdem Einsparungen durch eine Änderung der Wartungs- und Instandhaltungsstrategie realisiert werden.[375]

In Zukunft werden daher einfachere Strukturen mit standarisierten Bauweisen und Betriebsmitteln eingeführt werden, um die Investitionsaufwendungen weiter zu senken.[376] Die Investitionsausgaben der öffentlichen EVU sind seit der Liberalisierung bereits nahezu halbiert worden. Gleichzeitig beginnen sich die Investitionen vom Netzbereich hin zum Marketing zu verschieben.[377]

4.1.4.2 Zielgruppenspezifisches Marketing

Mit der Deregulierung hat sich der Strommarkt im Bereich des Stromvertriebs von einem Verkäufer- zu einem Käufermarkt gewandelt.[378] Die öffentlichen EVU sind seitdem dazu gezwungen, eine aktive Marktbearbeitung zu betreiben, d.h. die gewachsenen Beziehungen zu ihrem Kundenstamm zu pflegen und neue Kunden zu akquirieren. Dies erfordert neben einer veränderten Absatzpolitik vor allem ein effizientes Marketing.

Vor der Liberalisierung spielte das Marketing in den meisten Versorgungsunternehmen lediglich eine untergeordnete Rolle. Die Einführung von Wettbewerb im Strommarkt erforderte daher vielfach den Neuaufbau einer Marketing-Abteilung.[379] Da die öffentlichen EVU nur in geringem Maße über ausreichend qualifiziertes Personal verfügten, wurden dazu erfahrene Fachkräfte aus anderen, wettbewerblich-strukturierten Branchen angeworben.[380]

---

375 Vgl. Metz, Dieter, B. Mofaje, S. Caropeboka und Eike Udluft: Netzbetrieb und Training im liberalisierten Strommarkt. A.a.O.. S. 44.

376 Vgl. Newi, Gerald: Kostenreduzierung durch Überwachungs- und Monitoringstrategien. A.a.O.. S. 29.

377 Vgl. Brinker, Werner: Wettbewerbserfolge im deutschen Strommarkt sichern. A.a.O..

378 Vgl. Schädler, Hans-Peter: Wettbewerbsorientierte Vertriebsorganisation. In: ET. 48.Jg.. Heft 5/1998. S. 290.

379 Zum Wandel der Rolle des Marketing siehe: Löbbe, Sabine und Michael Braun: Kundenorientierte Versorgungsunternehmen. Maketing als Schlüssel zur Wettbewerbsfähigkeit und zu neuen Wertschöpfungspotentialen. In: ET. Heft 6/1995. S. 365f.. [Künftig zitiert als: Kundenorientierte Versorgungsunternehmen]

380 Vgl. Schulz, Eckhard: Bewegung in der Energiewirtschaft-Ein Markt im Umbruch. A.a.O.. S. 61.

Der Wettbewerb gestaltete sich in seiner Anfangsphase zunächst als Verdrängungswettbewerb über den Preis.[381] Vor allem neue Anbieter versuchten, mit Hilfe einer preisorientierten Marketingstrategie Marktanteile zu erobern. Die Ausgaben der Unternehmen für Marketingaktivitäten vervierfachten sich im Zeitraum von 1998 bis 1999.[382] Trotz dieses enormen Werbeaufwands und aggressiver Preisgestaltung gelang es den neuen Anbieter jedoch nur, eine geringe Anzahl von Kunden zu gewinnen.[383]

Mit der Angleichung der Strompreise auf ein weitgehend einheitliches Preisniveau scheint vorläufig ein Ende des Preiswettkampfes erreicht zu sein. In Zukunft ist zu erwarten, das die Bedeutung des Strompreises als Differenzierungskriterium im Wettbewerb abnehmen wird.[384] Viele der öffentlichen EVU sind vielmehr dazu übergegangen, eine produkt- bzw. markenorientierte Marketingstrategie zu implementieren. Ziel ist, die Markenbekanntheit zu steigern und die Kundenzufriedenheit zu erhöhen, um so die Wechselrate zu verringern.[385]

Da Strom jedoch aus Sicht der Verbraucher ein "low-interest" - Produkt darstellt, ist eine Wettbewerbsdifferenzierung über das Produkt selbst nahezu unmöglich. Inzwischen besteht daher weitgehende Einigkeit, dass eine Abgrenzung von anderen Wettbewerbern nur erfolgreich sein kann, wenn dem Kunden ein innovativer Zusatznutzen geboten wird ("added value-Services").[386] Aus diesem Grund kommt dem kundenorientierten

---

381 Vgl. Westphal, J. und h. Bellino: Kundenorientierung durch Service Excellence. In: ET. Heft 8/2001. S. 488

382 Vgl. Mennicken, Claudia und Marc Nicolai: Kundenbindungsinstrumente für Stromversorger. In: ET. Heft 4/2001. S. 186.

383 Vgl. Gahl, Andreas: Marketingstrategien. A.a.O.. S. 325.

384 Vgl. Navratil, Karl, Rolf Schwarze u.a.: Effizienzsteigernde Dienstleistungen-innovative Kundenbindungskonzepte. In: EW. Heft 1/2/2000. S. 25.

385 Siehe Günter, Bernd: Kundenorientierte Marketingstrategien im Energiesektor. In: ET. Heft 3/1998. S. 132ff..

386 Siehe Remus-Schroer, Patrick und Axel Wietfeld: Im Auge des Kunden. Wie werden Energiedienstleister heute wahrgenommen?. In: ET. Heft 5/2000. S. 296. [Künftig zitiert als: Im Auge des Kunden]; Siehe ferner bei: Mennicken, Claudia und Marc Nicolai: Neue Kundenbindungsinstrumente für Stromversorger. A.a.O.. S. 186.

Marketing eine besondere Bedeutung zu.[387] Kundenorientierung bedeutet in diesem Zusammenhang für die öffentlichen EVU, die Bedürfnisse ihrer Kunden exakt zu erfassen und entsprechend zugeschnittene Angebote zu konzipieren.[388]

Das Marketing besitzt damit nicht bloß länger eine unterstützende Funktion für die Vertriebsaktivitäten (z.b. im Rahmen der Marktforschung und Absatzförderung). Vielmehr entwickelt sich das strategische Marketing zunehmend zu einem Instrument der Unternehmensführung, welches eine markt- und kundennahe Ausrichtung der Geschäftätigkeit ermöglicht. Es umfasst dabei sowohl die Entwicklung als auch den Ausbau von Wettbewerbsvorteilen durch eine zielgruppenspezifische Produktgestaltung.[389]

Die Marketingstrategie öffentlicher EVU sollte dabei vor allem auf die vorliegenden Marktbedingungen ausgerichtet sein. Gleichzeitig ist eine mittelfristige strategische Zielrichtung zu integrieren, um eine rasche und dynamische Reaktion auf veränderte Marktverhältnisse zu ermöglichen. Um einen Vorsprung im Wettbewerb zu erreichen, muss die Strategie zudem darauf ausgerichtet sein, die Bedürfnisse der Kunden besser zu erfüllen, als die übrigen Wettbewerber.[390] Hierzu ist eine genaue Kenntnis über Konsumverhalten, Bedürfnisse und Erwartungen der Nachfrager nötig.[391]

Um eine differenzierte Marktbearbeitung zu ermöglichen, ist daher zunächst eine Marktsegmentierung erforderlich, z.B. in industrielle Groß- und Bündelkunden, andere Sondervertragskunden und Tarifkunden.[392] Die Marktsegmentierung in Kundensegmente erlaubt es den öffentlichen

---

387 Siehe Remus-Schroer, Patrick und Axel Wietfeld: Im Auge des Kunden. A.a.O.. S. 296.

388 Vgl. Dommann, Dieter: Alle reden von Dienstleistung, aber keiner will dienen. A.a.O.. S. 868.

389 Vgl. Günter, Bernd: Kundenorientierte Marketing-Strategien im Energiesektor. A.a.O.. S. 132.

390 Siehe Gahl, Andreas: Marketingstrategien. A.a.O.. S. 327.

391 Vgl. Navratil, Karl, Rolf Schwarze und Stefan Wisbereit: Effizienzsteigernde Dienstleistungen – innovative Kundenbindungskonzepte. A.a.O.. S. 25.

392 Vgl. Kuhlmann, Eberhard: Vom Demand-Side Management zum strategischen Marktmanagement im Strommarkt. In: Kahmann, Martin und Siegfried König (Hrsg.): Wettbewerb im liberalisierten Strommarkt. Regeln und Techniken. Berlin, New York, London 2001. S. 5.

EVU, die verschiedenen Bedürfnisse der Kunden durch segment-spezifische Marketingaktivitäten zu bedienen und auf das unterschiedliche Kaufverhalten einzugehen.[393]

Weiterhin lässt sich aus der Markt- und Kundensegmentierung ableiten, in welchen Marktsegmenten es sinnvoll erscheint, Wettbewerbsvorteile aufzubauen bzw. bestehende Wettbewerbsvorteile zu verstärken. Anhand dieser Erkenntnisse kann anschließend darüber entschieden werden, wie die Preis-, Distributions-, Kommunikations-, und Produktpolitik des öffentlichen EVU optimal an die Bedürfnisse der einzelnen Kundensegmente anzupassen sind .[394]

Industrielle Sonderabnehmer weisen normalerweise eine hohe Preissensibilität auf.[395] Sie sollten daher mit individuellen Marketing-Maßnahmen betreut werden, um die Kundenbindung zu erhöhen. In der Regel zählen diese Unternehmen jedoch ohnehin nicht zu den Hauptkundengruppen der kommunalen EVU.[396]

Gewerbekunden kennzeichnen sich dagegen in der Regel durch längerfristig bestehende Geschäftsbeziehungen mit den öffentlichen EVU. Die Preissensibilität ist daher weniger ausgeprägt als bei großen, überregional agierenden Industriekunden. Um die Kundenbindung in diesem Segment zu erhöhen, sollte das Marketing darauf abzielen, die Geschäftsbeziehungen als Partnerschaft zu charakterisieren. Dies kann beispielsweise durch eine Einbindung der Kunden bei der Produktentwicklung unterstrichen werden.[397]

Wichtigstes Kundensegment der öffentlichen EVU ist das Privatkundengeschäft.[398] Das Kaufverhalten dieser Kundengruppe ist bislang durch eine geringe Wechselquote geprägt. Die Preissensibilität ist faktisch ge-

---

393 Vgl. Gahl, Andreas: Marketingstrategien. A.a.O.. S. 329.

394 Vgl. Remus-Schroer, Patrick und Axel Wietfeld: Im Auge des Kunden. A.a.O.. S. 297.

395 Diesbezügliche Marktforschungen der Stadtwerke Hannover ergaben, dass die Preissensibilität mit der Größe des Kunden zunimmt. In: Deppe, Erich: Stadtwerke Hannover. Angebot von Dienstleistungspaketen. A.a.O.. S. b12.

396 Vgl. Gahl, Andreas: Marketingstrategien. A.a.O.. S. 325.

397 Vgl. Ebd.. S. 333.

398 Siehe Lührmann, Harald und Ulrich Siegel: Stadtwerke – die Zukunft liegt im Verteilungsgeschäft.A.a.O.. S. 444.

ring und impliziert eine hohe Bindung an das bisherige Energieversorgungsunternehmen.[399] Den öffentlichen EVU bietet sich daher im Privatkundenmarkt die Möglichkeit, durch ihre Ortsnähe und bestehende Kundenbeziehungen Wettbewerbsvorteile zu erlangen.

Vor allem die Akquisition neuer Kunden außerhalb des lokalen Versorgungsgebietes erfordert jedoch entsprechende Marketingaktivitäten. Das Marketing besitzt in diesem Zusammenhang die Aufgabe, das eigene Unternehmen gegenüber den potentiellen Kunden möglichst vorteilhaft zu positionieren und den Vertrieb bei der Akquisitionstätigkeit zu unterstützen.[400]

Der Aufwand, einen neuen Kunden zu gewinnen, ist jedoch bis zu siebenmal höher, als der, einen bereits gewonnenen Verbraucher zu halten.[401] Nach der ersten Euphorie im Bereich der Neukundengewinnung kamen die EVU deshalb schnell zu der Erkenntnis, dass eine enge Kundenbindung das effizientere Mittel zur Sicherung der eigenen Marktposition darstellt.

Zur gezielten Festigung der Kundenbindung werden dabei Instrumente der direkten Kundenansprache eingesetzt (z.B. Bonus-, Treue-, und Rabattprogramme).[402] Ungefähr zwei Drittel der Versorgungsunternehmen setzten inzwischen regelmäßig entsprechende Maßnahmen mit kommunikativen Schwerpunkt ein oder beabsichtigen deren Einführung.[403] So hat z.B. die Wesertal GmbH in Kooperation mit ortsansässigen Kooperationspartnern ein kostenloses Spar-Scheckheft eingeführt, welches den Kunden Rabatte auf regionale Freizeitangebote und Dienstleistungen gewährt.[404]

---

399 Vgl. Gahl, Andreas: Marketingstrategien. A.a.O.. S. 325.

400 Vgl. Gahl, Andreas: Marketingstrategien. A.a.O.. S. 338.

401 Vgl. Brinker, Werner: Wettbewerbserfolge im deutschen Strommarkt sichern. A.a.O.. Vgl. ferner Greisinger, Timothy W. und Wolfgang Möhl: Präsens im Internet - mehr als nur eine Imagefrage?. A.a.O.. S. 33.

402 Siehe Mennicken, Claudia und Marc Nicolai: Neue Kundenbindungsinstrumente für Stromversorger. A.a.O.. S. 187.

403 Vgl. Ebd.. S. 187f..

404 Siehe Sasse, Michael: Regionaler Energieversorger startet Service-Offensive. In: ET. Heft 5/2002. S. 326f..

Daneben gewinnt im Marketing der Aufbau einer informativen und leicht verständlichen Internetpräsens an Bedeutung. Neben allgemeinen Informationen über das Unternehmen (Markenbildung), können so neue Geschäftsbeziehungen durch absatzfördernde Informationen und Zusatzdienste angebahnt werden.[405]

Auch sonstige Maßnahmen der Absatzförderung werden von den öffentlichen EVU genutzt. So werden Industrie- und Gewerbekunden bestimmte Energiedienstleistungen angeboten, den Privatkunden dagegen individualisierte Tarife und Zusatzleistungen, wie z.b. Ökostrom.[406] Auf diese Weise soll die Kundenbindung erhöht werden, um den Wechsel zu anderen Anbietern zu verhindern.

Die verschiedenen Instrumente der Kundenbindung müssen durch das Marketing optimal aufeinander abgestimmt und koordiniert werden, um einen effizienten Einsatz zu gewährleisten. Dies macht die Entwicklung eines integrierten Kundenbindungsmanagements erforderlich. In diesem Zusammenhang gewinnt seit neuestem das Instrument der Kundenkarte eine erhöhte Bedeutung.[407]

Um die individuelle Kundenbetreuung weiter zu verbessern, wurden außerdem vielfach Customer-Relationship Management (CRM) Systeme eingeführt. Diese vernetzen die Kundendaten miteinander und ermöglichen den Mitarbeitern einen einheitlichen Zugriff. Die öffentlichen EVU werden dadurch in die Lage versetzt, ihren Kunden individuell zugeschnittene Angebote zu unterbreiten und umsatzträchtige Kunden stärker an sich zu binden.[408] Die Mainova AG hat beispielsweise ein CRM-System eingeführt, welches eine Kundensegmentierung nach Deckungsbeiträgen liefert und den Vertriebsmitarbeitern auf diese Weise ein individuelles Kundenengagement ermöglicht.[409]

---

405 Siehe beispielsweise Http://www.stadtwerke-muenster.de.

406 Vgl. Mennicken, Claudia und Marc Nicolai: Kundenbindungsinstrumente für Stromversorger. A.a.O.. S. 187.

407 Vgl. Ebd.. S. 189.

408 Siehe Langhans, Lars: Von der Behörde zum modernen Dienstleister. Mit dem Customre Relationship Management CRM entdecken die Stadtwerke ihre Kunden neu. In: Handelsblatt. Nr. 194 vom 09.10.2001. S. b04.

409 Siehe Bierach, Barbara: Kunden verärgern. Customer Relationship Management ist weit verbreitet, leidet aber immer noch an Kinderkrankheiten. In: WiWo. Heft 23/2002. S. 111.

Die Entwicklung eines leistungsfähigen CRM steht in den öffentlichen EVU allerdings erst am Anfang der Entwicklung.[410] Dennoch dürfte sich das CRM künftig zu einem wichtigen Parameter in der Marketingstrategie der EVU entwickeln, da es eine optimale Kundenbearbeitung ermöglicht und zur Erhöhung der Kundenzufriedenheit beiträgt.[411]

Zur Unterstützung des kundenorientierten Marketings verfolgen die öffentlichen EVU die Strategie der Markenbildung (Branding). Vor allem im Privatkundenmarkt wird dies als ein wichtiges Differenzierungskriterium im Wettbewerb betrachtet.[412] Die Markenbildung ist dabei sowohl für Produkte (Einzelmarke), als auch für die Unternehmen selbst (Dachmarke) möglich.

Nach der Liberalisierung des Strommarktes wurde von vielen Versorgungsunternehmen zunächst die Strategie des Produktmarketing verfolgt. Bekanntestes Beispiel hierfür ist die Etablierung der Strommarke "Yello". Da jedoch nahezu alle Wettbewerber eine ähnliche Strategie verfolgten, scheint inzwischen eine Differenzierungsfunktion des Produktmarketings fraglich.[413] Darüber hinaus ist eine starke Produktmarke ungeeignet, sofern eine Strategie der Produktbündelung (Multi Utility) verfolgt wird.

In letzter Zeit ist daher eine Umkehr vom Produktmarketing zum Unternehmensmarketing erfolgt. Dabei wird versucht, mit Hilfe des Leitbildes eine Corporate Identity aufzubauen, welche anschließend im Rahmen von Produktdesign, Unternehmenskultur und visuellem Erscheinungsbild des Unternehmens nach außen hin kommuniziert wird.[414] Das Image des Versorgungsunternehmens besitzt dabei vor allem im Privat- und Gewerbekundensegment einen signifikanten Einfluss auf die Kundenbindung.[415] Eine positiv wahrgenommene Unternehmensmarke kann zudem eine allgemeine Erhöhung der Markentreue bewirken und dadurch

---

410 Siehe Westphal, J: und H.- Bellino Kundenorientierung durch Service Excellence. A.a.O.. S. 489.

411 Vgl. Doering, Ulf: Die Zukunft liegt im integrierten Kundenbeziehungsmanagement. In: ET. Heft 1/2/2002. S. 64.

412 Vgl. Mennicken, Claudia und Marc Nicolai: Neue Kundenbindungsinstrumente für Stromversorger. A.a.O.. S. 186.

413 Vgl. Gahl, Andreas: Marketingstrategien. A.a.O.. S. 339.

414 Herbst, Dieter: Profilierung im deregulierten Strommarkt. A.a.O.. S. 59.

415 Siehe Niedergesäß, Ulrike und Rosa Hemmers: Kommunale Energieversorger gelten als zuverlässig. In: ET. Heft 5/2001. S. 256.

absatzfördernd für das gesamte Dienstleistungsangebot des öffentlichen EVU wirken.[416]

Die Effizienz der Marketingaktivitäten der öffentlichen EVU kann durch die Einführung von Qualitätsmanagement verbessert werden.[417] Ein wichtiges Instrumentarium hierfür ist ein modernes, kundenfreundliches Beschwerdemanagementsystem. Nach Meinung des technischen Geschäftsführers der Stadtwerke Münster GmbH stellt ein solches System einen "wichtigen Schritt zur Verbesserung der Kundenbeziehungen" dar.[418] Bei den meisten Unternehmen befinden sich die Qualitätssicherungssysteme allerdings erst im Aufbau, trotz einer Fülle von Einzelmaßnahmen.[419]

Insgesamt kommt es bei der Entwicklung einer effizienten Marketingstrategie darauf an, die subjektiven Anforderungen der Zielgruppen besser, schneller und kostengünstiger zu erfüllen, als die Wettbewerber.[420] Die Marketingstrategien müssen dabei durch ständiges Feedback der Kunden überprüft und an die aktuellen Marktbedingungen angepasst werden.[421] Daneben ist eine Vertriebsorganisation erforderlich, welche die Marketingstrategie konsequent umsetzt.

4.1.4.3 Wettbewerbsorientierte Vertriebsorganisation

Im regulierten Markt benötigten die öffentlichen EVU keinen schlagkräftigen Vertrieb, da sie ohnehin ein lokales Versorgungsmonopol besaßen. Die Vertriebsabteilung der meisten Unternehmen war daher nur wenig

---

416 Vgl. Mennicken, Claudia und Marc Nicolai: Neue Kundenbindungsinstrumente für Stromversorger. A.a.O.. S. 186f..

417 Siehe umfassend bei: Damkowski, Wulf und Claus Precht: Public Management. Neuere Steuerungskonzepte für den öffentlichen Sektor. Stuttgart, Berlin, Köln 1995. S. 163ff.

418 Vgl. Spickenheuer, Werner: Stadtwerke Münster. Bessere Motivation der Mitarbeiter. A.a.O.. S. b13.

419 Siehe Westphal, J: Kundenorientierung durch Service Excellence. A.a.O.. S. 489.

420 Siehe Günter, Bernd: Kundenorientierte Marketing-Strategien im Energiesektor. A.a.O.. S. 133.

421 Vgl. Gahl, Andreas: Marketingstrategien. A.a.O.. S. 341f.

ausgeprägt.[422] Dies hat sich im liberalisierten Markt grundlegend geändert.

Die öffentlichen EVU stehen inzwischen mit anderen Anbietern im Wettbewerb. Neben dem Preis, welcher nach wie vor das subjektiv empfundene Hauptkriterium bei der Wahl eines Versorgers darstellt, haben sich Kundennähe und Kundenbeziehung zu entscheidenden Erfolgsfaktoren im Wettbewerb entwickelt.[423] Dies stellt insbesondere die Vertriebsorganisation der öffentlichen EVU vor neue Herausforderungen.

Die Vertriebsmitarbeiter müssen in Zukunft eine Dienstleistungsmentalität gegenüber den Kunden entwickeln.[424] Ein umfassendes Verständnis von Kundenbedürfnissen und Kundenverhalten hat sich zu einem zentralen Faktor für ein dauerhaftes, erfolgreiches Bestehen im Wettbewerb entwickelt.[425] Die aus dem Unternehmensleitbild abgeleitete Philosophie der Kundenorientierung erfordert daher eine grundlegende Reorganisation der Vertriebsstruktur. Die bisherige, an den Sparten bzw. Produkten ausgerichtete, Organisationsstruktur des Vertriebs ist nur unzureichend für den Wettbewerb im liberalisierten Strommarkt geeignet.

Der wachsende Trend zum Angebot von individualisierten Produkt- und Dienstleistungsbündeln erfordert vielmehr eine spartenübergreifende, zielgruppenspezifische Vertriebsorganisation.[426] Auf diese Weise können die Bedürfnisse der unterschiedliche Kundensegmente optimal befriedigt werden, Friktionen durch unternehmensinterne, organisatorische Schnittstellen sind nahezu ausgeschlossen. Gleichzeitig lassen sich durch eine spartenübergreifende Vertriebsorganisation Personalkosten einsparen. So haben die Münchener Stadtwerke GmbH ihre Vertriebsorganisation in die Bereichen Geschäfts- und Privatkunden aufgeteilt, um für das jeweilige

---

422 Vgl. Wagner, Oliver und Kora Kristof: Strategieoptionen kommunaler Energieversorger im Wettbewerb. A.a.O.. S. 27.

423 Vgl. Helle, Christoph: Neuausrichtung für kommunale EVU. A.a.O.. S. 107.

424 Vgl. Schädler, Hans-Peter: Wettbewerbsorientierte Vertriebsorganisation. A.a.O.. S. 290.

425 Vgl. Löbbe, Sabine und Michael Braun: Kundenorientierte Versorgungsunternehmen. A.a.O.. S. 366.

426 Vgl. Deppe, Erich: Stadtwerke Hannover. Angebot von Dienstleistungspaketen. A.a.O.. S. b12.

Kundensegment optimalen Service bieten zu können und gleichzeitig ihre Kosten zu minimieren.[427]

Daneben sollten auch die betrieblichen Entscheidungswege an die neuen Marktgegebenheiten angepasst werden. Eine weitergehende Delegation von Kompetenzen und Verantwortung auf die kundenbetreuenden Vertriebsmitarbeiter ermöglicht dabei eine schnellere und dynamischere Reaktion auf Kundenbedürfnisse. Die Einführung flacher Hierarchien fördert auf diese Weise die Erhöhung der allgemeinen Servicequalität des Unternehmens.[428]

Viele der öffentlichen EVU haben daher eine Matrix als Organisationsstruktur der Vertriebsabteilung eingeführt. Diese Organisationsform löst den spartengebundenen Vertrieb auf und bündelt gleiche Funktionen mehrerer Geschäftsbereiche. Neben der verbesserten Kundenorientierung können so zusätzlich Synergie- und Kostendegressionseffekte erschlossen werden.[429]

Innerhalb der Matrixstruktur kommt den Kundenmanagern eine hohe Bedeutung zu. Diese operieren nach dem Prinzip "one face to the customer" und übernehmen somit Betreuung und Vertrieb aller angebotenen Produkte und Dienstleistungen gegenüber dem Kunden.[430] Sie müssen daher die Bedürfnisse und Probleme "ihrer" Kunden genau erfassen und individuelle Problemlösungen durch maßgeschneiderte Produkt- und Dienstleistungspakete anbieten können.[431] Große Industrie- und Bündelkunden sollten von den öffentlichen EVU aufgrund ihrer hohen Nachfragemenge individuell betreut werden. Sie erhalten dazu im Rahmen des Key-Account Managements einen persönlichen Betreuer.[432]

---

427 Vgl. o.V.: GmbH mit noch mehr Schub. München zieht Erfolgsbilanz. A.a.O.. S. 8.

428 Vgl. Schädler, Hans-Peter: Wettbewerbsorientierte Vertriebsorganisation. A.a.O.. S. 290.

429 Vgl. Mühlhäuser, Kurt: Markterfolg durch Bündelung des Vertriebs. In: Handelsblatt. Nr. 131 vom 11.07.01. S. b09.

430 Siehe Schädler, Hans-Peter: Wettbewerbsorientierte Vertriebsorganisation. A.a.O.. S. 291.

431 Siehe Klawunn, Karl-Heinz: Partnerschaft mit Perspektiven. In: ET. Heft 5/2002. S. 312.

432 Vgl. Gahl, Andreas: Marketingstrategien. A.a.O.. S. 331.

Neben der internen Umstrukturierung der Vertriebsabteilung haben die Unternehmen mit dem Aufbau neuer Vertriebskanäle begonnen. Neben dem traditionellen, persönlichen Kontakt im Beratungs-Center eines Unternehmens bieten sich hierzu neue Kommunikationstechnologien, wie Telefon (Call-Center), E-Mail oder das Internet an.[433]

Weiterhin sind insbesondere die rapide wachsenden Möglichkeiten des e-Business zu nutzen. So wurde die Implementierung des e-business im Rahmen einer Umfrage von Cap Gemini Ernst & Young von allen Befragten als bedeutend eingeschätzt. Dennoch hatte nur ein Drittel der Versorger zu diesem Zeitpunkt eine explizite e-business Strategie formuliert.[434] Bislang steht beim e-Business der Aufbau von Vertriebsportalen im Vordergrund, welche sich am jeweiligen Kundensegment orientieren. Daneben kann die Internet-Technologie genutzt werden, um bestehende Produkte und Dienstleistungsangebote zu erweitern, beispielsweise um kundenspezifische Elemente (Tarifrechner, Energieberatung, usw.).[435]

Der Einsatz dieser Portale könnte mittelfristig im Rahmen eines "e-Customer Relationsship Management" zu einer höheren Kundenzufriedenheit beitragen. Durch den synchronisierten Zugriff aller Mitarbeiter auf Kundendaten erhält der Kunde, unabhängig vom Kommunikationsmedium (Call-Center, E-Mail-Anfrage, persönlich, usw.) stets identische Informationen. Dies führt in Verbindung mit einem besseren Service letztlich zu einer erhöhten Kundenzufriedenheit.[436]

Im Bereich der Kundenakquise können die vernetzten Kundendaten sowie die verbesserten Auswertungsmöglichkeiten außerdem dazu genutzt werden, um den Kunden individualisierte Produktangebote zu unterbreiten. Auf diese Weise kann ein weiterer innovativer Vertriebs- und Marketingkanal erschlossen werden. Zur konventionell angebotenen Vertriebspalette kann so eine Vielzahl neuer Angebote entwickelt werden, z.B. inter-

---

433 Vgl. Ebd.. S. 331.

434 Vgl. Gfüllner, Chistian und Dieter Keller-Giessbach: Hindernisse in der Umsetzung der e-Business-Ambitionen bei EVU. In: ET. Heft 10/2002. S. 691.

435 Siehe Greisinger, Timothy W. und Wolfgang Möhl: Präsens im Internet-mehr als nur eine Imagefrage?. A.a.O.. S. 33.

436 Vgl. Kobe, Kartin, Berthold Hannes u.a.: E-Business in der Energiewirtschaft: Mehr Evolution als Revolution. In: ET. Heft 3/2002. S. 148.

netbasierte Produktbündel, bei denen der Kundenkontakt vollständig über das Internet abgewickelt wird.[437]

Allerdings ist zu beachten, dass heutzutage aufgrund mangelndem Kundeninteresse und technischer Umsetzungsschwierigkeiten nur ein verschwindend geringer Anteil der Vertriebstransaktionen über das Internet abläuft.[438] Lediglich im Business-to-Business Bereich ist diese bislang Vertriebsvariante fehlerfrei nutzbar, für andere Kundengruppen dürfte sie erst auf längere Sicht attraktiv werden.[439]

4.1.5 Erschließen neuer Geschäftsfelder

Neben dem Ausbau des Kerngeschäfts haben viele öffentliche EVU begonnen, im Rahmen einer "Multi Uitlity"-Strategie neue Geschäftsfelder zu erschließen und so ihre Wertschöpfungskette zu verlängern.[440] Als neue Geschäftsfelder werden dabei alle Aktivitäten der kommunalen EVU bezeichnet, "mit denen über das angestammte Kerngeschäft hinaus zusätzliche Umsätze generiert werden sollen."[441] Es handelt hierbei einerseits um Tätigkeitsfelder, die von den öffentlichen EVU neu erschlossen wurden (z.B. Telekommunikation). Daneben werden zunehmend auch unternehmensinterne Dienstleistungen am Markt angeboten (z.B. IT-Dienstleistungen).[442]

Hauptgrund für die Diversifizierung des Produkt- und Dienstleistungsportfolios ist die Notwendigkeit, über das traditionellen Kerngeschäft mit Strom, Gas, Wärme und Wasser hinaus zusätzliche Umsatzpotentiale zu

---

437 Siehe Gfüllner, Chistian und Dieter Keller-Giessbach: Hindernisse in der Umsetzung der e-Business-Ambitionen bei EVU. A.a.O.. S. 692.

438 Vgl. Ebd.. S. 692.

439 Siehe dazu: Greisinger, Timothy W. und Wolfgang Möhl: Präsens im Internetmehr als nur eine Imagefrage?. A.a.O.. S. 34.

440 Vgl. Cronauge, Ulrich: Kommunale Wirtschaft zwischen Recht und Realität. In: AfK. Heft 1/1999. S. 28.

441 Schorsch, Christof: Neue Geschäftsfelder – Themen und Erfahrungen von Stadtwerken. In: ET. Heft 1-2/2002. S.6.

442 Vgl. Ebd.. S.6.

erschließen.[443] Auf diese Weise soll die Wettbewerbsfähigkeit der Unternehmen im liberalisierten Markt dauerhaft gesichert werden.[444]

Daneben führt die Diversifizierung durch eine breite Unternehmensaufstellung zu einer Verminderung des Geschäftsrisikos und ermöglicht die Erschließung von Synergieeffekten. So führt z.b. die gemeinsame Verlegung der Netzinfrastruktur für Strom und Gas zu deutlichen Kosteneinsparungen der Unternehmen.[445] Im übrigen wird das Angebot energienaher Dienstleistungen als attraktives Instrument zur Erhöhung der Kundenbindung betrachtet, um so Wechseltendenzen, vor allem im gewerblichen und industriellen Bereich, entgegenzuwirken.[446]

Die Erschließung neuer Geschäftsfelder bietet den öffentlichen EVU grundsätzlich überdurchschnittliche Wachstumsmöglichkeiten. Um einen erfolgreichen Markteintritt zu realisieren sind allerdings umfassende Kenntnisse des Zielmarktes sowie entsprechend qualifizierte Mitarbeiter erforderlich.[447] Es scheint zudem sinnvoll, vor der Erschließung eines neuen Geschäftsfeldes eine Marktbedarfsanalyse durchzuführen. Das Ergebnis dieser Analyse ermöglicht anschließend eine qualifizierte Beurteilung von Chancen, Risiken und Entwicklungspotential des Geschäftsfeldes.[448]

Im folgenden werden exemplarisch die wichtigsten neuen Geschäftsfelder der öffentlichen EVU näher erläutert. Neben den energienahen Dienstleistungen (Contracting, Facility Management) sind dies die Telekommunikation und insbesondere der Energiehandel. Die Aufzählung ist nicht vollständig, es werden lediglich die am weitest verbreitetsten und aussichtsreichsten Geschäftsfelder vorgestellt. Daneben existiert eine Vielzahl anderer Tätigkeitsbereiche, wie z.B. die Energieberatung im In- und Ausland. Einleitend wird auf die kommunalrechtlichen Restriktionen eingegangen, welche die kommunale Wirtschaftätigkeit grundsätzlich einschränken.

---

443   Vgl. Schmidt, Andreas:Stadtwerke auf neuen Märkten. A.a.O.. S. 105ff..

444   Vgl. Helle, Christoph: Neuausrichtung für kommunale EVU. A.a.O.. S. 108.

445   Vgl. Schmidt, Andreas:Stadtwerke auf neuen Märkten. A.a.O.. S. 112f..

446   Siehe Riechmann, Volkhard: Möglichkeiten erwerbswirtschaftlicher Betätigung der Stadtwerke unter Wettbewerbsbedingungen. A.a.O. S. 87.

447   Vgl. Schorsch, Christof: Neue Geschäftsfelder – Themen und Erfahrungen von Stadtwerken. A.a.O.. S. 6.

448   Vgl. Ebd.. S. 8f..

4.1.5.1 Kommunalrechtliche Restriktionen

Die Liberalisierung des Strommarktes hat die öffentlichen EVU vor neue Herausforderungen gestellt. Als kommunale öffentliche Unternehmen unterliegen sie, anders als ihre private Konkurrenz, nach wie vor bestimmten rechtlichen Restriktionen, welche die Aufnahme neuer Geschäftstätigkeiten einschränken.[449]

Maßgebliche Grundlage der kommunalen Aufgabenerfüllung ist die verfassungsmäßige Garantie der kommunalen Selbstverwaltung gem. Art. 28 Abs.2 S.1 des Grundgesetzes.[450] Diese gewährt den Gemeinden das Recht, alle Angelegenheiten der örtlichen Gemeinschaft "im Rahmen der Gesetze" eigenverantwortlich zu regeln (sog. Allzuständigkeit).[451] Nach einem Urteil des Bundesverwaltungsgerichts zählt die öffentliche Energieversorgung zu den verfassungsmäßig gewährleisteten Selbstverwaltungsangelegenheiten örtlich relevanten Charakters.[452] Ihre Wahrnehmung obliegt den Gemeinden, was auch der Bundestag in einer Entschließung ausdrücklich bekräftigt hat.[453]

Der Terminus "im Rahmen der Gesetze" des Art. 28 Abs.2 GG weist allerdings auf eine einfachgesetzliche Einschränkung der Selbstverwaltungsgarantie hin, welche durch die Gemeindeordnungen der Bundesländer geregelt ist.[454] Die kommunalrechtlichen Bestimmungen der Bundesländer basieren im Grundsatz auf §67 der im Jahre 1935 erlassenen

---

449 Vgl. Moraing, Markus: Stadtwerke als Unternehmen im Wettbewerb. Reform des kommunalen Wirtschaftsrechts. In: EW. Heft 3/2001. S. 44.

450 Siehe Lamb, Jochen und Harald Kahlenberg: Kommunalrechtliche Restriktionen beim Stromhandel. A.a.O.. S. 70.

451 Art. 28 Abs. II GG

452 BVerwGE 98. S.273. Urteil des Bundesverwaltungsgerichts vom 18. Mai 1995.

453 Deutscher Bundestag(Hrsg.): BT-Drucksache 14/6249 vom 06.06.2001: Daseinsvorsorge in der sozialen Marktwirtschaft. S.10f.. [Künftig zitiert als: BT-Drs. 146249]; Vgl. ebenfalls Moraing, Markus: Wettbewerb und kommunales Selbstverwaltungsrecht. A.a.O.. S. 90f..

454 Siehe Cronauge, Ulrich: Kommunale Wirtschaft zwischen Recht und Realität. A.a.O.. S. 30.

Deutschen Gemeindeordnung (DGO), welche Zulässigkeitsvoraussetzungen und Grenzen der kommunalen Wirtschaftstätigkeit regelt.[455] Je nach Umsetzung in den jeweiligen Kommunalverfassungen wurden im Laufe der Zeit die Zulässigkeitsvoraussetzungen unterschiedlich ausgestaltet.[456] Eine bundeseinheitliche Regelung scheint bislang in weiter Ferne, da eine Arbeitsgruppe der Ständigen Innenministerkonferenz der Länder sich nicht auf einheitliche Regelungen verständigen konnte.[457]

Im Kern lassen sich die Zulässigkeitsvoraussetzungen für eine wirtschaftliche Betätigung der Kommunen auf die sogenannte "Schrankentrias" der DGO zurückführen.[458] Diese umfasst die Prüfung dreier zentraler Voraussetzungen, namentlich des öffentlichen Zwecks, der Subsidiarität und eines angemessenen Verhältnisses der Betätigung zur Leistungsfähigkeit der Kommune.[459]

Darüber hinaus ist bei gebietsübergreifenden Tätigkeiten gemäß dem Selbstverwaltungsgrundsatz zu prüfen, ob diese mit dem sogenannten Örtlichkeitsgrundsatz vereinbar sind.[460] Dieser beschränkt die Tätigkeit kommunaler EVU grundsätzlich auf das Gemeindegebiet. Eine Akquisition von Neukunden außerhalb des eigenen Gemeindegebietes wird dadurch deutlich erschwert.[461]

Nach Ansicht des BGH verfolgen die kommunalrechtlichen Bestimmungen zur wirtschaftlichen Betätigung der Kommunen zwei Funktionen.[462] Sie sollen die Kommunen einerseits vor einer Selbstüberforderung durch

---

455 Deutsche Gemeindeordnung vom 30. Januar 1935. In:RGBl. I. S. 49. [Künftig zitiert als: DGO]

456 Vgl. Oebbecke, Janbernd: Kommunalverfassungsrechtliche Aspekte wirtschaftlicher Betätigung der öffentlichen Hand. In: Wallerath, Maximilian(Hrsg.): Kommunen im Wettbewerb. Wirtschaftliche Betätigung der Gemeinden. Baden-Baden 2001. S. 14.

457 Siehe VKU(Hrsg.): Geschäftsbericht 2000_2001. A.a.O.. S. 14.

458 Die Schrankentrias ist auch als "kommunale Wirtschaftsklausel" bekannt.

459 §67 DGO

460 Vgl. Lamb, Jochen und Harald Kahlenberg: Kommunalrechtliche Restriktionen beim Stromhandel. A.a.O.. S. 70.

461 Vgl. Riechmann, Volkhard: Möglichkeiten erwerbswirtschaftlicher Betätigung der Stadtwerke unter Wettbewerbsbedingungen. A.a.O.. S. 79ff..

462 Bundesgerichtshof: Urteil vom 26.05.1961. In: DVBl. 1962. S.102.

die Übernahme wirtschaftlicher Risiken schützen, indem das Aufsicht führende Land unternehmerische Aktivitäten unterbinden kann.[463] Zum anderen sollen die gemeindewirtschaftlichen Regelungen die Privatwirtschaft vor einer Beeinträchtigung ihrer Interessen durch die Konkurrenz öffentlicher Unternehmen bewahren. Diese Funktion des kommunalen Wirtschaftsrechts gewinnt seit der Liberalisierung des Strommarktes zunehmend an Bedeutung.[464]

Die Bestimmungen des Gemeindewirtschaftsrechts sind seit der Liberalisierung des Strommarktes äußerst umstritten. Die Vertreter von Handwerk und mittelständischer Wirtschaft forderten eine weitere Verschärfung bzw. die restriktivere Auslegung der vorhandenen Bestimmungen.[465] Sie verwiesen in diesem Zusammenhang auf den ordnungspolitischen Grundsatz der Subsidiarität, zumal die öffentlichen Unternehmen aufgrund ihrer Marktmacht deutliche Wettbewerbsvorteile gegenüber dem örtlichen Handwerk besäßen.[466]

Befürworter der Kommunalwirtschaft sprachen sich dagegen für eine Lockerung der Vorschriften aus, um so den Bestand der öffentlichen EVU dauerhaft zu sichern. Auch die Bundesregierung befürwortete eine Lockerung des Gemeindewirtschaftsrechts durch den jeweiligen Landesgesetzgeber.[467] Dennoch wurde bisher nur in einigen Bundesländern eine Anpassung der kommunalrechtlichen Bestimmungen vorgenommen. So haben Bayern, Baden-Württemberg und Nordrhein-Westfalen im Jahr 1998/99 ihr Gemeindewirtschaftsrecht den veränderten kommunal-

---

463 Vgl. Schmid, Hansdieter: Wirtschaftliche Betätigung der Kommunen. A.a.O.. S. 319.

464 Vgl. Machura, Stefan: "Was begrenzt, begründet auch". A.a.O.. S. 96.

465 Vgl. Ehlers, Dirk: Das neue Kommunalwirtschaftsrecht in Nordrhein-Westfalen. In: NWVBl.. Heft 1-2000. S. 1. Für eine Erleichterung der Bestimmungen plädiert etwa: Wieland, Joachim: Die Stellung der nordrhein-westfälischen Kommunen im liberalisierten Strommarkt. In: NWVBl.. Heft 7/2000. S. 248. Ebenfalls: Cronauge, Ulrich: Kommunale Wirtschaft zwischen Recht und Realität. A.a.O.. S. 25f.. Für eine genaue Wiedergabe der Diskussion siehe Held. F.W.: Die Zukunft der Kommunalwirtschaft im Wettbewerb mit der privaten Wirtschaft. Änderungen des Gemeindewirtschaftsrechts in Nordrhein-Westfalen. In: NWVBl. Heft 6/2000. S. 205f..

466 Vgl. Riechmann, Volker: Möglichkeiten erwerbswirtschaftlichen Betätigung der Stadtwerke unter Wettbewerbsbedingungen. A.a.O.. S. 80.

467 Vgl. Deutscher Bundestag (Hrsg.): BT-Drs. 14/6249. A.a.O.. S.11.

wirtschaftlichen Rahmenbedingungen angepasst und teilweise völlig neue Vorschriften erlassen.[468]

Die uneinheitliche Regelung der kommunalen Wirtschaftstätigkeit in den Kommunalverfassungen der Bundesländer löste in der Folge Unsicherheit hinsichtlich der rechtlichen Zulässigkeit einzelner kommunalwirtschaftlicher Betätigungen aus. Private Unternehmen strengten zahlreiche Gerichtsverfahren gegen kommunale EVU wegen Verstoßes gegen kommunalrechtliche Bestimmungen an, in deren Folge einige Geschäftsfelder wieder aufgegeben werden mussten.[469] So untersagte das OLG Hamm im Jahre 1997 einem Betrieb der Stadt Gelsenkirchen, landschaftsgärtnerische Dienstleistungen für Private anzubieten.[470]

Eine "Gemeinsame Erklärung" des Zentralverbandes der Deutschen Elektro- und Informationstechnischen Handwerke (ZVEH) und des VDEW vom 17.12.1998 offenbart allerdings ein Umdenken. Nach dem Wortlaut dieser Erklärung sollen gerade bei der Erschließung neuer Geschäftsfeldern, wie Facility Management oder Contracting, künftig alle sich bietenden Möglichkeiten einer Zusammenarbeit zwischen öffentlichen EVU und örtlichem Handwerk genutzt werden.[471] Künftig scheinen somit vermehrte Kooperationen zwischen öffentlichen EVU und mittelständischen Handwerksbetrieben möglich.

Dennoch erscheint es in Zukunft wünschenswert, länderübergreifend möglichst einheitliche Regelungen für die kommunale Wirtschaftstätigkeit zu schaffen.[472] Die nachfolgend betrachteten Geschäftsfelder

---

468 Vgl. Ehlers, Dirk: Rechtsprobleme der Kommunalwirtschaft. In: DVBl. 1998. S. 497.

469 So untersagte das Landgericht Düsseldorf der Innovatio GmbH, einer Tochter der Stadtwerke Düsseldorf, in erster Instanz mit Urteil vom 26.7.2000 Az. 34 O 15/2000 zunächst, Dienstleistungen im technischen und kaufmännischen Gebäudemanagement anzubieten und auszuführen. Das Urteil wurde später im Berufungsverfahren in zweiter Instanz mit Urteil vom 29.5.2001, AZ. 20 U 152/00 revidiert.

470 OLG Hamm: Urteil vom 23.09.1997 –4U99/97-. In: NJW 1998. S. 3504ff.. sog. "Gelsengrün"-Urteil

471 Vgl. Riechmann, Volker: Möglichkeiten erwerbswirtschaftlicher Betätigung der Stadtwerke unter Wettbewerbsbedingungen. A.a.O.. S. 98.

472 Vgl. Ehlers, Dirk: Das neue Kommunalwirtschaftsrecht in Nordrhein-Westfalen. In: NWVBl.. Heft 1/2000. S.1.

sind in den meisten Bundesländern als zulässig anerkannt, gleichwohl in der rechtlichen Diskussion nach wie vor umstritten (z.B. Facility Management).

4.1.5.2 Contracting

Eine neue Form der energienahen Dienstleistung ist das Contracting. Es handelt sich dabei um eines der populärsten und am häufigsten neu erschlossenen Geschäftsfelder der öffentlichen EVU.[473]

Der Begriff des Contracting bezeichnet die vertraglich fixierte Übertragung spezifischer Aufgaben der Energiebereitstellung auf ein externes Dienstleistungsunternehmen (Contractor).[474] Für den Auftraggeber handelt es sich mithin um eine Form des Outsourcings, welche ihm eine Konzentration auf seine Kernkompetenzen erlaubt.[475] Neben eingesparten Investitions-, Wartungs-, und Instandsetzungskosten für energietechnische Anlagen ermöglicht Contracting dem Auftraggeber, organisatorische Probleme bei der Erneuerung energietechnischer Anlagen, wie Umweltschutzauflagen oder mangelndes energie- und regeltechnisches Knowhow, zu umgehen.[476]

Ziel des Contracting ist eine effiziente Nutzung der bezogenen Energieträger durch die Realisierung von Energiesparpotentialen und eine rationelle Energieanwendung.[477] Dabei ist grundsätzlich zwischen Einspar- und Anlagen-Contracting zu unterscheiden. Beim Anlagen-Contracting übernimmt der Contractor die komplette Energiebereitstellung für den Auftraggeber. Ausgangspunkt ist häufig eine erneuerungsbedürftige E-

---

473   Vgl. Schorsch, Christof: Neue Geschäftsfelder - Themen und Erfahrungen von Stadtwerken. A.a.O.. S. 6f..

474   Vgl. o.V.: Contracting. Abgerufen unter: Http://www.Energieagentur-lippe.de. Abgerufen am: 20.02.2003.

475   Vgl. Jochum, Gerhard: Contracting durch EVU – Formen, Chancen und Risiken eines Instruments kooperativer Energiewirtschaft. In: EW. Heft 17/1997. S. 909. [Künftig zitiert als: Contracting durch EVU]

476   Vgl. Sendner, H. und E. Jochem: Chancen durch Contracting. Abgerufen unter: Http://www.isi.fhg.de. Abgerufen am: 23.05.2002. S. 2.

477   Umweltbundesamt (Hrsg.): Energiespar-Contracting als Beitrag zu Klimaschutz und Kostensenkung. Ratgeber für Energiespar-Contracting in öffentlichen Liegenschaften. Berlin 2000. S. 8. [Künftig zitiert als: Energiespar-Contracting als Beitrag zu Klimaschutz und Kostensenkung]

nergieumwandlungsanlage des Kunden, welche dennoch weiterbetrieben wird, um Investitionskosten zu sparen (z.B. öffentliche Hand).[478] Anstatt eine neue Anlage zu beschaffen, überträgt der Kunde die Aufgabe der Bereitstellung von Nutzenergie für eine vertraglich festgesetzte Laufzeit (üblicherweise 10-15 Jahre) auf einen externen Dienstleister (Contractor).[479] So schloss die Stadt Bremen im Jahr 1997 einen Contracting-Vertrag mit der swb AG, welcher den Betrieb der energietechnischen Anlagen in ca. 150 öffentlichen Gebäuden vorsah.[480]

Der Contractor plant, realisiert und finanziert die für eine Versorgung erforderlichen energietechnischen Anlagen.[481] Anschließend betreibt und wartet er für die Dauer der Vertragslaufzeit die Anlagen zur Energieumwandlung beim Auftraggeber (siehe Abb. 13).[482] Er versorgt diesen wahlweise mit allen benötigten Formen von Nutzenergie (z.B. Wärme, Licht, Druckluft und Kälte).[483]

---

478 Vgl. Meyer-Renschhausen, Martin und Robert Freund: Contracting-Alternativen für kommunale Gebäude. In: ET. Heft 4/1998. S. 211.

479 Vgl. Tödtmann, Ulrich: Praxisbeispiele erfolgreicher kommunaler Betätigung. Service-Anbieter an der Börse: Die MVV Energie AG. In: EW. Heft 11/2000. S. 16. [Künftig zitiert als: Praxisbeispiele erfolgreicher kommunaler Betätigung]

480 Vgl. Jochum, Gerhard: Contracting durch EVU. A.a.O.. S. 909.

481 Umweltbundesamt (Hrsg.): Energiespar-Contracting als Beitrag zu Klimaschutz und Kostensenkung. A.a.O.. S. 8.

482 Vgl.Schmittknecht, Isabel: Einspar-Contracting - Zauberformel für die Finanzierung von kommunalen Klimaschutzmaßnahmen. Frankfurt a.M. 1998. S. 4.

483 Vgl. Lowak, Michael: Mit Multi-Utility-Dienstleistungen zum Erfolg. In: ET. Heft 4/2002. S. 226.

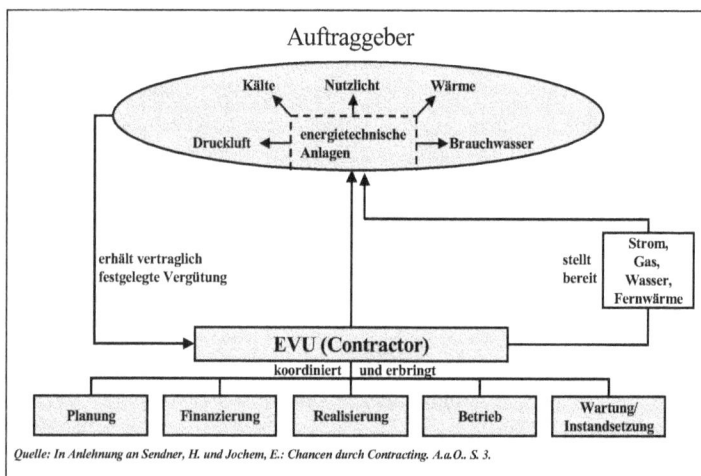

Abb. 13: Modell des Anlagen-Contracting

Die Vergütung des Contracting erfolgt über einen vertraglich-festgelegten Preis für die gelieferte Energie.[484] Dieser setzt sich normalerweise aus einem fixen (z.b. zur Deckung der Anlagekosten) sowie einem variablen Anteil (laufender Energieverbrauch) zusammen.[485] Auf diese Weise besteht ein Anreiz für den Contractor, seinen Gewinn durch Effizienzsteigerungen bei der Energieumwandlung zu maximieren.[486]

Der Contractor wird daher möglichst energieeffiziente Anlagen installieren bzw. vorhandene Anlagen modernisieren und eine entsprechende Wartung sicherstellen.[487] Ein gegebener Nutzenergiebedarf lässt sich so durch einen verringerten Energieeinsatz bereitstellen. Allerdings werden

---

484 Umweltbundesamt (Hrsg.): Energiespar-Contracting als Beitrag zu Klimaschutz und Kostensenkung. A.a.O.. S. 8

485 Vgl. Meyer-Renschhausen, Martin und Robert Freund: Contracting-Alternativen für kommunale Gebäude. A.a.O.. S. 211.

486 Zur Preisfestsetzung beim Contracting siehe Schmittknecht, Isabel: Einspar-Contracting - Zauberformel für die Finanzierung von kommunalen Klimaschutzmaßnahmen. A.a.O.. S. 5.

487 Schmittknecht, Isabel: Einspar-Contracting - Zauberformel für die Finanzierung von kommunalen Klimaschutzmaßnahmen. A.a.O.. S. 5.

110

keine Einsparmaßnahmen realisiert, welche eine Reduzierung des Nutzenergiebedarfes selbst anstreben.[488]

Nach Ablauf des Vertrages gehen die installierten Anlagen gegen Erstattung des Restwertes in das Eigentum des Auftraggebers über.[489] Anlagen-Contracting ermöglicht damit eine Erneuerung der energietechnischen Anlagen ohne eigenen Kapital- und Ressourceneinsatz.[490]

Beim Einspar-Contracting verpflichtet sich der Contractor, die Energiekosten des Auftraggebers während eines vertraglich festgelegten Zeitraumes zu senken. Dazu plant, finanziert und realisiert er Energieeffizienzinvestitionen aller Art.[491] Ziel des Einspar-Contractings ist eine optimalen Auslegung der energietechnischen Anlagen des Auftraggebers sowie eine Reduzierung des Nutzenergiebedarfs.[492]

---

488 Siehe Meyer-Renschhausen, Martin und Robert Freund: Contracting-Alternativen für kommunale Gebäude. A.a.O.. S. 211f..

489 Vgl. Tödtmann, Ulrich: Praxisbeispiele erfolgreicher kommunaler Betätigung. A.a.O.. S. 16.

490 Vgl. Bauer, Albrecht: Energiecontracting – eine Möglichkeit zur Realisierung von Energieeinsparpotentialen. In: KfW(Hrsg.): KfW-Beiträge zur Mittelstands- und Strukturpolitik. Heft 10. Frankfurt a.M. 1999. S. 14.

491 Vgl. Meyer-Renschhausen, Martin und Robert Freund: Contracting-Alternativen für kommunale Gebäude. A.a.O.. S. 212.

492 Vgl. Tödtmann, Ulrich: Praxisbeispiele erfolgreicher kommunaler Betätigung. A.a.O.. S. 16.

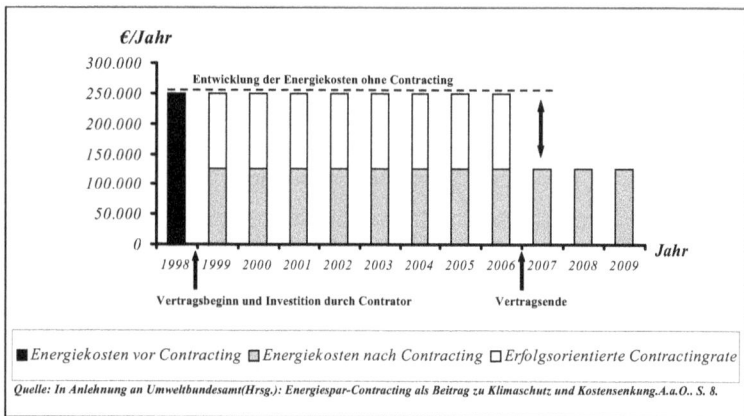

€/Jahr

Entwicklung der Energiekosten ohne Contracting

Vertragsbeginn und Investition durch Contrator | Vertragsende

■ Energiekosten vor Contracting □ Energiekosten nach Contracting □ Erfolgsorientierte Contractingrate

Quelle: In Anlehnung an Umweltbundesamt(Hrsg.): Energiespar-Contracting als Beitrag zu Klimaschutz und Kostensenkung.A.a.O.. S. 8.

Abb. 14: Modell des Einspar-Contracting

Die Vergütung für die erbrachten Contracting-Leistungen erfolgt durch die Kosteneinsparungen während der Vertragslaufzeit (siehe Abb. 14. Für den Auftraggeber ist die Realisierung des Einspar-Contracting kosten-neutral und mit keinerlei Risiko verbunden.[493] Ihm wird lediglich der bis-herige Energiepreis während der Vertragslaufzeit in voller Höhe berech-net.[494] An den eingesparten Energiekosten wird der Auftraggeber nicht beteiligt.[495] Die erzielten Kosteneinsparungen dienen dem Contractor zur Refinanzierung der getätigten Investitionen sowie als Vergütung für sämtliche Leistungen des Contractings.[496]

Die Vergütung ist beim Einspar-Contracting damit von der tatsächlich erreichten Energieeinsparung, also dem erreichten Erfolg der durch-

493 Schmittknecht, Isabel: Einspar-Contracting–Zauberformel für die Finanzierung von kommunalen Klimaschutzmaßnahmen. A.a.O.. S. 6.

494 Siehe Freund, Robert: Einspar-Contracting bei Gemeindegebäuden. In: ET. Heft 7/2002. S. 472f..

495 Vgl. Tödtmann, Ulrich: Praxisbeispiele erfolgreicher kommunaler Betätigung. A.a.O.. S. 16.

496 Umweltbundesamt (Hrsg.): Energiespar-Contracting als Beitrag zu Klimaschutz und Kostensenkung. A.a.O.. S. 8.

geführten Maßnahmen, abhängig.[497] Der Contractor kann nur dann Gewinne realisieren, wenn sowohl die Energiekosten als auch der Energieverbrauch gesenkt werden.[498] Es besteht daher ein Anreiz für den Contractor, alle aus seiner Sicht rentablen Energiesparmaßnahmen zur Minimierung der Umwandlungsverluste und zur Reduzierung des Nutzenergiebedarfs (z.b. Wärmedämmung) zu implementieren.[499]

Nach Ablauf des Contracting-Vertrages muss der Auftraggeber für die Restnutzungsdauer der erneuerten Anlagen nur noch die tatsächlich anfallenden Energiekosten tragen.[500] Die installierten Anlagen gehen in sein Eigentum über.[501]

Die Variante des Einspar-Contracting wird insbesondere durch öffentliche Auftraggeber immer häufiger wahrgenommen.[502] So übertrug die Stadt Hagen die Energiebewirtschaftung sämtlicher öffentlichen Gebäude an ein Tochterunternehmen der Stadtwerke Hagen. Diese übernahmen Betrieb und Wartung der energietechnischen Anlagen und stellten die benötigte Menge an Nutzenergie zur Verfügung. Gleichzeitig wurden Energiesparmaßnahmen realisiert, um den Nutzenergieverbrauch zu senken. Die Vergütung erfolgte aus den eingesparten Energiekosten.[503]

Wesentliche Voraussetzung für das Zustandekommen eines Contracting-Vertrages ist, dass der Wert der mit der Investition realisierten Energieeinsparungen insgesamt als höher eingeschätzt wird als die Summe aller

---

497 Vgl.Umweltbundesamt (Hrsg.): Energiespar-Contracting als Beitrag zu Klimaschutz und Kostensenkung. A.a.O.. S. 9.

498 Vgl. Sachse, Michael: Energiedienstleistungen im liberalisierten Strommarkt als Chance für kommunale Energieversorgungsunternehmen. Eine Untersuchung am Beispiel von zehn Schulen in Münster. In: ZfE. Heft 4/2001. S. 254. [Künftig zitiert als: Energiedienstleistungen im liberalisierten Strommarkt]

499 Siehe Meyer-Renschhausen, Martin und Robert Freund: Contracting-Alternativen für kommunale Gebäude. A.a.O.. 212.

500 Vgl. Sachse, Michael: Energiedienstleistungen im liberalisierten Strommarkt A.a.O.. S. 254.

501 Vgl.Umweltbundesamt (Hrsg.): Energiespar-Contracting als Beitrag zu Klimaschutz und Kostensenkung. A.a.O.. S. 9.

502 Freund, Robert: Einspar-Contracting bei Gemeindegebäuden. A.a.O.. S. 474.

503 Siehe Meyer-Renschhausen, Martin und Manfred Sieling: Anpassungsstrategien der kommunalen EVU. A.a.O.. S. 131.

mit der Investition anfallenden Kosten, einschließlich einer Risiko-prämie.[504] Allerdings bestehen beim Contracting auch Risiken in Form von Bau-, Betriebs-, und Energiepreisrisiken, Risiken bei der Auslastung der Anlagen, Finanzierungsrisiken sowie Risiken durch mangelnde Bonität des Kunden.[505]

Mit dem Angebot des Contracting wenden sich die öffentlichen EVU an Kunden, welche die Investitionsmittel für Neuanlagen und energie-sparende Maßnahmen nicht bereitstellen können oder wollen.[506] Der we-sentliche Unterschied zu konventionellen Energielieferungen besteht darin, dass es nicht Ziel des Anbieters ist, möglichst viel Energie zu ver-kaufen. Vielmehr liegt es in seinem Interesse, eine möglichst effiziente Energieversorgung zur Verfügung zu stellen.[507]

Die Unternehmen berücksichtigen mit dem Angebot von Contracting-Dienstleistungen die Erkenntnis, dass der Auftraggeber weniger an nied-rigen Energiepreisen, als vielmehr an einer Minimierung der Gesamtkos-ten seiner Energieversorgung interessiert ist.[508] Das Erbringen der Dienstleistungen durch ein Unternehmen und die am erzielten Einsparer-folg orientierte Vergütung gewährleisten eine nachhaltige Energieeinspa-rung.[509] So hat das Fraunhofer Institut errechnet, dass sich die Energie-kosten in vielen Betrieben um 10 bis 30% reduzieren ließen.[510] Insbeson-dere im Bereich der öffentlichen Hand sowie in der Wohnungswirtschaft damit ist ein hohes Contracting Potential vorhanden.[511]

Contracting ist eine Form der energienahen Dienstleistung, die in Zukunft ein hohes Marktpotential erwarten lässt. Der Markt für Contracting-

---

504 Vgl. Sendner, H. und E. Jochem: Chancen durch Contracting. A.a.O.. S. 4.

505 Siehe Jochum, Gerhard: Contracting durch EVU. A.a.O.. S. 909.

506 Vgl. Sendner, H. und E. Jochem: Chancen durch Contracting. A.a.O.. S. 4.

507 Vgl. BMWI (Hrsg.): Energiebericht. A.a.O.. S. 25f..

508 Vgl. Meyer-Renschhausen, Martin und Manfred Sieling: Anpassungsstrategien der kommunalen EVU. A.a.O.. S. 130.

509 Vgl. Sachse, Michael: Energiedienstleistungen im liberalisierten Strommarkt. A.a.O.. S. 254.

510 Vgl. Sendner, H. und E. Jochem: Chancen durch Contracting. A.a.O.. S. 2.

511 Vgl. Bauer, Albrecht: Energiecontracting – eine Möglichkeit zur Realisierung von Energieeinsparpotentialen. A.a.O.. S. 14.

Dienstleistungen ist in den letzten Jahren rapide gewachsen.[512] In einer Umfrage unter öffentlichen EVU wurde das Contracting daher auch als erfolgreichstes Geschäftsfeld der Unternehmen eingestuft.[513]

4.1.5.3 Facility Management

Facility Management ist das neueste Geschäftsfeld der öffentlichen Unternehmen und wurde in einer Befragung nach geplanten Geschäftsfeldern am häufigsten als geplantes Geschäftsfeld angegeben.[514]

Der Begriff bezeichnet die "koordinierte ganzheitliche Erbringung von Dienstleistungen rund um ein Gebäude in den Bereichen Technik, Service und Verwaltung (siehe Abb. 15)."[515] Die Leistungen werden von den öffentlichen EVU dabei häufig in Kooperation mit den verschiedensten Subunternehmern erbracht. So hat beispielsweise die Mannheimer MVV AG mit der Mannheimer Wohnungsbaugesellschaft GBG das gemeinsame Tochterunternehmen "ServiceHaus Service GmbH" gegründet, um Dienstleistungen im Bereich des Facility Management anzubieten.[516]

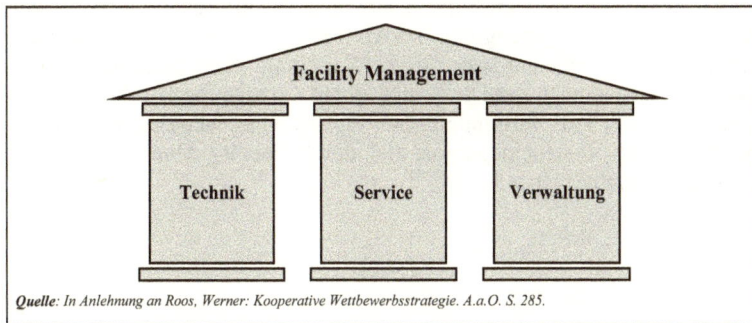

Facility Management

Technik   **Service**   **Verwaltung**

Quelle: In Anlehnung an Roos, Werner: Kooperative Wettbewerbsstrategie. A.a.O. S. 285.

Abb. 15: Modell des Facility Management

---

512 Vgl. Sendner, H. und E. Jochem: Chancen durch Contracting. A.a.O.. S. 1.

513 Siehe Schorsch, Christof: Neue Geschäftsfelder – Themen und Erfahrungen von Stadtwerken. A.a.O.. S. 8.

514 Vgl. Ebd.. S. 7.

515 Siehe Roos, Werner: Dienstleistungen hinter dem Stromzähler – Die neuen Geschäftsfelder der VSE. In: ET. Heft 17/1997. S. 888.

516 Siehe bei Tödtmann, Ulrich: Praxisbeispiele erfolgreicher kommunaler Betätigung. A.a.O.. S: 17.

Gebäude wurden in der Vergangenheit lediglich als Anlagevermögen in den Bilanzen von Unternehmen und der öffentlichen Hand ausgewiesen. Inzwischen stellt ihr Bau und Betrieb jedoch den weitaus größten Kostenfaktor dar.[517] Außerdem erfordern die in modernen Gebäuden installierten komplexen technischen Einrichtungen qualifiziertes Unterhaltungs- und Wartungspersonal.[518] Vor diesem Hintergrund haben viele der öffentlichen EVU damit begonnen, das Facility Management als neue energienahe Dienstleistung aufzubauen bzw. anzubieten.

In der Gebäudeverwaltung sind die verwaltungstechnisch notwendigen Aufgaben zusammengefasst, welche die Bewirtschaftung des Gebäudes betreffen (z.B. Raum-/Flächenplanung). Der Bereich der Gebäudetechnik umfasst Wartung und Instandhaltung der Anlagen der Energieversorgung, der Lüftungs- und Klimatechnik und der Gebäudeleittechnik.[519] Der Gebäudeservice übernimmt neben Reinigungs- und Sicherheitstätigkeiten zunehmend auch weitergehende Entsorgungsaufgaben (z.B. Wertstofftrennung, Sondermüll).[520]

Durch den ganzheitlichen Service aus einer Hand ergeben sich für den Kunden eine Verringerung der Betriebskosten, eine Leistungs- und Kostentransparenz sowie ein langfristiger Werterhalt seines Gebäudes.[521] Das Facility Management kann auch mit einem Contracting kombiniert werden; in diesem Fall vermindern sich die Investitionskosten für das Gebäude.[522] Das Kosteneinsparpotential durch Facility Management liegt dabei zwischen ca. 10 und 30%.[523]

---

517 Vgl. Brinker, Werner: Kundenzufriedenheit durch Multi-Service. In: ET. Heft 5/2002. S. 321.

518 Vgl. Ebd.. S. 321.

519 Vgl. Roos, Werner: Kooperative Wettbewerbsstrategie. Beispiel Hospitec. In: ET. Heft 5/1998. S. 285.

520 Vgl. Ebd.. S. 285.

521 Vgl. Tödtmann, Ulrich: Praxisbeispiele erfolgreicher kommunaler Betätigung. A.a.O.. S. 17.

522 Vgl. Roos, Werner: Kooperative Wettbewerbsstrategie. Beispiel Hospitec. In: ET. Heft 5/1998. S. 286.

523 Vgl. Roos, Werner: Regionale Trümpfe im Wettbewerb. In: ET. Heft 5/2000. S. 314.

Facility Management ist somit als ein unternehmerischer Prozess zu betrachten, der durch eine Integration von Planung, Kontrolle und Bewirtschaftung bei Gebäuden, Anlagen und Einrichtungen (facilities) eine verbesserte Nutzungsflexibilität, Arbeitsproduktivität und Kapitalrentabilität zum Ziel hat.

4.1.5.4 Telekommunikation

Nach der Liberalisierung des Telekommunikationsmarktes im Jahre 1998 erwogen auch die öffentlichen EVU die Telekommunikation als neues Geschäftsfeld aufzubauen. Der Begriff der Telekommunikation erstreckt sich dabei nicht ausschließlich auf Sprachübertragungen, sondern umfasst auch die multimediale Kommunikation (IT/DV).[524]

In der Folge wurden zahlreiche City- und Regional-Carrier gegründet. So waren bereits im Jahre 1999 ca. 100 Kommunen mit eigenen Telekommunikationsgesellschaften aktiv.[525] Einige Städte haben eigene Telekommunikationsgesellschaften gegründet, wie z.B. Münster (CityKom Münster), Köln (Net Cologne) oder Stuttgart (Tesion).[526] Andere Unternehmen haben lediglich eine eigene Geschäftssparte eingerichtet.

Das Geschäftsfeld Telekommunikation ist damit ein Markt, auf dem sich trotz Zeit- und Kostenintensität eine zunehmende Anzahl öffentlicher EVU mit hohen Investitionen betätigt.[527] Welchen Aufwand ein EVU betreiben musste, um in den Telekommunikationsmarkt einzusteigen, hing von der Unternehmensgröße und der damit schon vorhandenen Infrastruktur ab.[528]

Für mittlere und größewwwre öffentliche EVU war der Einstieg in das Geschäftsfeld Telekommunikation besonders attraktiv.[529] Aufgrund des

---

524 Vgl. Barths, Stephan: Telekommunikation als zukünftiges Geschäftsfeld kommunaler Energieunternehmen-Teil 1. Abgerufen unter: Http://.wupperinst.org. Abgerufen am: 29.05.2002. S. 1. [künftig zitiert als: Telekommunikation als Geschäftsfeld]

525 Vgl. Kerschner, Susanne: Regionaler Aufbruch. In: Funkschau. Heft 19/1999. S. 34.

526 Vgl. Ebenda. S. 34.

527 Vgl. Schmidt, Andreas: Stadtwerke auf neuen Märkten. A.a.O.. S. 44.

528 Vgl. Barths, Stephan: Telekommunikation als Geschäftsfeld. A.a.O.. S. 26.

529 Siehe Kerschner, Susanne: Regionaler Aufbruch. A.a.O.. S. 34f..

Fernmeldeanlagengesetzes verfügten die Unternehmen bereits früher über technische und infrastrukturelle Ressourcen (Netze, Trassen und Kabelschächte) für betriebsinterne Zwecke.[530] Die vorhandenen Netze waren zwar nicht für Telekommunikationsanwendungen ausgelegt. Sie ließen sich jedoch mit wenig Aufwand um zusätzliche Übertragungskapazitäten erweitern und für Telekommunikationszwecke nutzbar machen.[531]

Die Unternehmen profitierten in diesem Zusammenhang auch von ihrem Know-how in der Energienetzbetreibung, sowie von Synergieeffekten, welche zwischen der Energiewirtschaft und dem neuen Geschäftsfeld Telekommunikation entstanden. Die öffentlichen EVU konnten so mit geringem finanziellen und technischen Aufwand ihre Wertschöpfungskette erweitern.[532]

Dabei stellt sich für öffentliche EVU die Frage, welcher Sektor des Marktes für sie attraktiv ist. Einfachster Weg für kommunale Unternehmen, die ihre Übertragungskapazität im Bereich Telekommunikation nicht oder nur teilweise nutzen, ist die Vermietung vorhandener Leitungen und Übertragungswege.[533] Daneben gewinnt der Bereich der Telekommunikationsdienstleistungen immer mehr an Bedeutung. Unter Telekommunikationsdienstleistungen werden neben dem eigentlichen Fernsprechverkehr die Datenübertragung und der Bereich von Online-Diensten, sowie Service-Leistungen (z.B. Datensicherheit, PC-Vernetzung, Kundenservice) verstanden.[534]

Die einzelnen Dienstleistungsbereiche besitzen ein unterschiedliches Gewinnpotenzial. So bieten sich den öffentlichen EVU in der Datenübertragung wesentlich höhere Gewinne als bei einer reinen Vermietung von Übertragungskapazität.[535] Grundsätzlich ist daher abzuwägen, ob es

---

530 Siehe Schmidt, Andreas: Stadtwerke auf neuen Märkten. A.a.O.. S. 44.

531 Vgl. Krüssel, Peter und Wolfgang Specht: Diversifikationsanstrengungen deutscher Energieversorgungsunternehmen am Beispiel der Telekommunikation. Abgerufen unter: Http://www.jtg-online.de. Abgerufen am: 29.05.2002. S. 6. [künftig zitiert als: Diversifikationsanstrengungen deutscher EVU]

532 Vgl. Ebd.. S. 6ff..

533 Vgl. Barths, Stephan: Telekommunikation als Geschäftsfeld. A.a.O.. S. 17.

534 Vgl. Schmidt, Andreas: Stadtwerke auf neuen Märkten. A.a.O.. S. 44.

535 Siehe Barths, Stephan: Telekommunikation als Geschäftsfeld. 1.A.a.O.. S. 26.

sinnvoll ist, ein komplettes Dienstangebot oder nur die für das eigene Unternehmen besonders lukrativen Teilbereiche anzubieten.[536]

Der intensive Wettbewerb auf dem Telekommunikationsmarkt zwingt die öffentlichen EVU nicht nur zu preisorientierten Maßnahmen, sondern auch zu innovativen Vertriebsansätzen und entsprechendem Marketing, analog zum Energiemarkt. Die angebotenen Dienstleistungen müssen kontinuierlich an die Anforderungen der Kunden angepasst werden, um die eigene Marktposition dauerhaft behaupten zu können.[537]

Auch ist ein Trend zu Kooperationen und Beteiligungen absehbar, vor allem zur Schaffung eines gemeinsamen Netzverbundes.[538] Neben anderen kommunalen Kooperationspartner bieten sich auch die etablierten Großunternehmen als Kooperationspartner an.[539] Bereits im Jahre 1999 rechnete der Geschäftsführer der ATekom mit einer Halbierung der Anzahl der Stadtnetzbetreiber und Regionalgesellschaften innerhalb der nächsten "zwei bis drei Jahre", da ein verstärkter Trend zu Kooperationen zu beobachten sei.[540]

Der Schwerpunkt der Telekommunikationsaktivitäten öffentlicher EVU liegt bislang überwiegend auf lokaler Ebene.[541] Einsatz und Weiterentwicklung der modernen Telekommunikationstechnologien werden in Zukunft zu einer breiten Palette neuer und erweiterter Dienstleistungsangebote der Unternehmen der Energiewirtschaft führen.[542]

4.1.5.5 Stromhandel

Der Stromhandel umfasst den An- und Verkauf von Strom am Großhandelsmarkt. Er setzt sich aus physischen und finanziellen Handels-

---

536 Vgl. Ebd.. S.15.

537 Siehe Krüssel, Peter und Wolfgang Specht: Diversifikationsanstrengungen deutscher EVU. A.a.O.. S. 8.

538 Vgl. Ebd.. S. 10f..

539 Vgl. Barths, Stephan: Telekommunikation als Geschäftsfeld. A.a.O.. S. 35.

540 Zitiert bei: Kerschner, Susanne: Regionaler Aufbruch. A.a.O.. S. 34.

541 Vgl. Krüssel, Peter und Wolfgang Specht: Diversifikationsanstrengungen deutscher EVU. A.a.O.. S. 7.

542 Vgl. Brinker, Werner: Kundenzufriedenheit durch Multi-Service. In: ET. Heft 5/2002. S. 321.

geschäften auf Termin- und Spotmärkten an Strombörsen zusammen.[543] Umstritten ist dabei, ob die Beschaffungsoptimierung mit zum Handel zu zählen ist, oder lediglich die Handelsaktivitäten an den Strombörsen darunter zu verstehen sind.[544]

Vor der Liberalisierung waren im Stromhandel nur Verbundunternehmen tätig, der Handel beschränkte sich fast nur auf den gegenseitigen Stromaustausch zur Deckung von Spitzenlastbedarf.[545] Erst die Liberalisierung des Strommarktes und die damit verbundene Aufhebung der Demarkationsverträge hat den Großhandelsmarkt für den freien Handel geöffnet. Seitdem ist es möglich geworden, Strom wie andere Waren unter Wettbewerbsbedingungen zu handeln.[546]

In zunehmendem Maße sind seitdem auch öffentliche EVU mit eigenen Handelsabteilungen am Markt tätig geworden, wie z.B. die MVV AG.[547] Die Stadtwerke Hannover haben ebenfalls eine Energiehandelsabteilung aufgebaut. Neben einer möglichst kostengünstigen Strombeschaffung für das Unternehmen selbst werden gleichzeitig unter dem Namen "enerciy trade" Handelsdienstleistungen für andere EVU angeboten.[548] Mit der Trianel (Marktvolumen 1,8 TWh in 1999) und der ENETKO (7,5 TWh in 2000) sind ferner Kooperationsverbünde mehrerer öffentlicher EVU zum Zweck des Stromhandels gebildet worden.[549]

---

543 Vgl. Arthur Andersen(Hrsg.): Energiehandel. Aktueller Stand und Entwicklungstendenzen in Deutschland, Österreich und der Schweiz. Stuttgart, Eschborn 2000. Abgerufen unter: Http://www.arthurandersen.com. Abgerufen am: 05.06.2002. S. 3.

544 Vgl. Dudenhausen, Roman, Andreas Döhrer und Ulrike Gravert-Jenny: Strom- und Gashandel in Stadtwerken. In: ET. Heft 5/1999. S. 302. [künftig zitiert als: Strom- und Gashandel in Stadtwerken]

545 Siehe Klinger, Heinz: Aufbruch in den Wettbewerb. A.a.O..

546 Vgl. Tödtmann, Ulrich: Praxisbeispiele erfolgreicher kommunaler Betätigung. A.a.O.. S. 14.

547 Für das Beispiel der MVV AG siehe: Tödtmann, Ulrich: Praxisbeispiele erfolgreicher kommunaler Betätigung. A.a.O.. S. 14f..

548 genaue Erläuterung bei Voshage, Jens: Stadtwerke-Kunden können neue IT-Dienstleistungen nutzen. In: ET. Heft 1-2/2002. S. 26.

549 Vgl. Haupt, Ulrike und Wolfgang Pfaffenberger: Wettbewerb auf dem deutschen Strommarkt. A.a.O.. S. 10.

Hauptaufgabe des Stromhandels ist es, die Beschaffung der selbst benötigten Strommengen zu optimieren und durch den Weiterverkauf von Strom Handelsgewinne zu erzielen.[550] Im Rahmen der Beschaffungsoptimierung werden dabei die für den Endkundenvertrieb benötigten Strommengen möglichst günstig am Markt erworben. Dazu bildet der Stromhandel aus allen verfügbaren Bezugsquellen (Eigenerzeugung, Drittlieferanten, Strombörsen) das langfristig kostengünstigste Strombezugsportfolio.[551]

Gleichzeitig übermittelt der Stromhandel dem Vertrieb Informationen über den Beschaffungspreis, welcher als Kalkulationsgrundlage für den Endverbraucherpreis dient. Richtgröße für die zu beschaffenden Mengen ist die im Absatzportfolio zusammengefasste Nachfrage des Vertriebsbereichs.[552] Bei der Zusammenstellung des Portfolios sind unternehmensspezifische Restriktionen zu beachten, welche sich aus dem Unternehmensleitbild ergeben. Bei öffentlichen EVU ist dies typischerweise ein aus umweltpolitischen Gründen geforderter Anteil an regenerativer Energie.[553]

Weiterhin können vertriebspolitische Restriktionen vorliegen (z.B. Profilierung als Anbieter "grünen" Stroms), bezugsstrategische Erwägungen (Lieferantendiversifizierung zur Vermeidung von Abhängigkeiten) sowie wettbewerbsstrategische und risikopolitische Motive.[554] Es ist somit für öffentliche EVU von existentieller Bedeutung, das eigene Beschaffungs- und Absatzportfolio mit Hilfe eines leistungsfähigen Risikomanagements richtig zu bewerten und abzustimmen.[555]

Handelsgewinne können durch physische und finanzielle Transaktionen erzielt werden. Im Rahmen physischer Handelsgeschäfte erwerben die Unternehmen über den Eigenbedarf hinausgehende Strommengen, um

---

550 Siehe Dudenhausen, Roman A., Andreas Döhrer und Ulrike Gravert-Jenny: Strom- und Gashandel in Stadtwerken. A.a.O.. S: 302.

551 Vgl. Latkovic, Krunoslav: EVU im Wandel. A.a.O.. S. 276.

552 Vgl. Dudenhausen, Roman, Andreas Döhrer und Ulrike Gravert-Jenny.:Strom- und Gashandel in Stadtwerken. A.a.O.. 303.

553 Siehe Latkovic, Krunoslav: EVU im Wandel. A.a.O.. S. 277.

554 Genaue Erläuterung bei Latkovic, Krunoslav: EVU im Wandel. A.a.O.. S. 277.

555 Siehe Günther, Stefan und Claudia Esser-Scherbeck: Portfoliomanamgent für Stadtwerke. A.a.O.. S.253.

durch einen Weiterverkauf Handelsgewinne zu realisieren.[556] Der finanzielle Handel findet sowohl an Börsen wie auch OTC (over the counter) statt und hat in liberalisierten Energiemärkten eine erhebliche Bedeutung erlangt.[557]

Dabei kommt es nicht zu einer physikalischen Lieferung von Strom. Es werden lediglich finanzielle Derivate auf Energie gehandelt.[558] Handelsgewinne lassen sich bei diesen Geschäften nur über das bewusste Eingehen von Risiken realisieren, da An- und Verkauf zeitlich auseinanderfallen und die Preise während dieser Zeit Änderungen unterliegen können.[559]

Die finanziellen Stromhandelsgeschäfte dienen darüber hinaus häufig als Risikoabsicherung für das erhebliche Preisrisiko im physischen Handel.[560] Eine unternehmensspezifische Risikoabsicherungsstrategie, die Spekulationsgeschäfte vermeidet, ermöglicht so eine Begrenzung der Risiken des Energiegeschäfts auf ein selbst definiertes Maß.[561]

Der Handel mit Strom unterliegt aufgrund technisch-wirtschaftlicher Besonderheiten (mangelnde Speicherbarkeit, Leitungsgebundenheit, usw.) besonderen Risiken.[562] Die Handelsaktivitäten sind aufgrund dieser Faktoren, der sich ständig verändernden Marktbedingungen sowie einer Viel-

---

556 Vgl. Dudenhausen, Roman, Andreas Döhrer und Ulrike Gravert-Jenny.:Strom- und Gashandel in Stadtwerken. A.a.O.. 302f..

557 Vgl. Ellwanger, Niels und Roman Dudenhausen: Energiehandels-Strategien für kommunale Unternehmen. In: ET. Heft 8/1998. S. 503.

558 Die Marktteilnehmer hoffen dabei, durch Informationsvorsprünge Preisbewegungen abschätzen und Arbitragewinne realisieren zu können.

559 Vgl. Dudenhausen, Roman, Andreas Döhrer und Ulrike Gravert-Jenny.:Strom- und Gashandel in Stadtwerken. A.a.O.. 303.

560 Siehe Tödtmann, Ulrich: Praxisbeispiele erfolgreicher kommunaler Betätigung. A.a.O.. S. 16.

561 Siehe VKU(Hrsg.): Stadtwerke im Wettbewerb. Strategische Bedeutung des Stromhandels für Stadtwerke. Erarbeitet vom AK Energiehandel/Energiebörse im VKU. Köln 1999. S. 4. [Künftig zitiert als: Strategische Bedeutung des Stromhandels]

562 Siehe Aselmann, Wilhelm und Thomas Aselmann: Der neue Energiemarkt: Chancen und Herausforderungen. A.a.O.. S. 320.

zahl von Vertragspartnern durch eine hohe Komplexität gekennzeichnet.[563]

Die erfolgreiche Aufnahme und Abwicklung des Energiehandels stellt daher hohe Anforderungen an die öffentlichen EVU. Der Aufbau einer eigenen Handelsabteilung bedingt hohen organisatorischen und personellen Aufwand.[564] Neben einer ausreichenden Kapitalausstattung setzt eine wirtschaftlich sinnvolle Teilnahme am Stromhandel zudem ein gewisses Mindesthandelsvolumen voraus.[565] Über die Höhe des Mindestvolumens besteht dabei Uneinigkeit. Nach Angaben des VKU liegt derzeit das Mindestvolumen bei ca. 3-4 TWh/Jahr.[566] Andere Quellen sprechen von bis zu 10 TWh/a.[567] Weiterhin ist die mögliche Rolle der Eigenerzeugung beim Aufbau einer Handelsabteilung zu berücksichtigen.[568]

Diese Faktoren legen es insbesondere kleineren öffentlichen EVU nahe, die Frage nach der Notwendigkeit eines eigenen Zugangs zum Großhandelsmarkt sorgfältig zu überdenken und ggf. ihre Handelsaktivitäten mit anderen Unternehmen zu koordinieren.[569] So kooperieren die Stadtwerke Cottbus, Neubrandenburg, Rostock und Schwerin bei der Strombeschaffung im Rahmen der Energieunion AG.[570]

Auch Dieter Attig, Geschäftsführer der STAWAG, sieht Kooperationen für einen wirtschaftlichen Stromhandel als erforderlich an, da vielfach die gehandelten Mengen zu gering seien.[571] Nach einer Untersuchung von

---

563 Vgl. Dudenhausen, Roman A., Andreas Döhrer und Ulrike Gravert-Jenny: Strom- und Gashandel in Stadtwerken. A.a.O.. S: 304.

564 Siehe Ellwanger, Niels und Roman Dudenhausen: Energiehandel – Neues Geschäftsfeld oder Voraussetzung. A.a.O.. S. 178

565 VKU(Hrsg.): Strategische Bedeutung des Stromhandels. A.a.O.. S. 3.

566 Siehe Wagner, Oliver und Kora Kristof: Strategieoptionen kommunaler Energieversorger im Wettbewerb. A.a.O.. S. 42.

567 Attig, Dieter: Statwerke im liberalisierten Energiemarkt. A.a.O.. S. 303f..

568 VKU(Hrsg.): Strategische Bedeutung des Stromhandels. A.a.O.. S. 5.

569 Vgl. Ellwanger, Niels und Roman Dudenhausen: Energiehandels-Strategien für kommunale Unternehmen. A.a.O.. S. 505.

570 Vgl. Ristau, Oliver: Schneller Start. Es wird eng im liberalisierten Strommarkt. Ideen, Mut und Kooperationen werden zur Überlebensfrage. In: WiWo. Heft 6/2000. S. 91.

571 Vgl. Attig, Dieter: Stadtwerke im liberalisierten Energiemarkt. A.a.O.. S. 304.

Arthur Andersen verfolgen kleinere EVU insgesamt eine eher defensive Strategie im Stromhandel, bei der die Beschaffungsoptimierung im Vordergrund steht.[572]

Vor dem Aufbau eigener Stromhandelskapazitäten sollten die Unternehmen zunächst auch andere Möglichkeiten einer kostengünstigen Energiebeschaffung erwägen, um einen Energiebezug zu marktgerechten Konditionen sicherzustellen. So wurden in Deutschland im Jahr 2000 noch ca. 75-85% des Stromaufkommens mit erheblich reduzierten Vertragslaufzeiten im Rahmen von Bezugsverträgen mit Vorlieferanten gehandelt.[573] Daneben bieten sich der Einkauf von Handelsdienstleistungen bei einem Dritten oder der kooperative Aufbau der Handelsfunktionen mit anderen Unternehmen als Alternativen an.[574] Zu beachten ist dabei jedoch, dass diese Varianten die künftige Eigenständigkeit der öffentlichen EVU verringern können, da die Unternehmen in diesem Fall kein eigenes Know-how für eine Beschaffung am Großhandelsmarkt aufbauen.[575]

Der Geschäftsführer der Trianel Energiehandelsgesellschaft, Reinhard Goethe, bezeichnet Vollversorgungsangebote zu Preisen unter Großhandelskonditionen sowie Margenversicherungsverträge und Vertriebspartnerschaften mit Kundenschutz daher als "Valium-Verträge", welche nach Ablauf des Vollversorgungsvertrages zu einem bitteren Erwachen führten.[576] Allerdings lassen sich durch den Kauf von Dienstleistungen eines Händlers bzw. den Beitritt zu einer Handelskooperation erhebliche Kosteneinsparungen realisieren.[577]

---

572 Vgl. Arthur Andersen(Hrsg.): Energiehandel. Aktueller Stand und Entwicklungstendenzen in Deutschland, Österreich und der Schweiz. A.a.O.. S.8.

573 Vgl. Arthur Andersen(Hrsg.): Energiehandel. Aktueller Stand und Entwicklungstendenzen in Deutschland, Österreich und der Schweiz. A.a.O.. S.4

574 Siehe Ellwanger, Niels und Roman Dudenhausen: Energiehandel-Neues Geschäftsfeld oder Voraussetzung. A.a.O.. S. 172.

575 Vgl. Ellwanger, Niels und Roman Dudenhausen: Energiehandel-Neues Geschäftsfeld oder Voraussetzung. A.a.O.. S: 178.

576 Vgl. Goethe, Reinhard: Wie Stadtwerke sich für den Wettbewerb fit machen. Die Allianz von Huhn und Schwein?. In: Kommunalwirtschaft. Heft 2/2001. S. 59.

577 Vgl. Ellwanger, Niels und Roman Dudenhausen: Energiehandel-Neues Geschäftsfeld oder Voraussetzung. A.a.O.. S: 178.

Eine aktive Teilnahme am Stromhandel ermöglicht den EVU dagegen, auf Preis- und Mengenschwankungen flexibel zu reagieren. Auf diese Weise lassen sich Marktrisiken sowohl auf der Beschaffungs-, wie auch auf der Absatzseite reduzieren.[578] Insgesamt erfordert die Entscheidung zum Ausbau einer vorhandenen Beschaffungsfunktion zu einer Energiehandelsabteilung somit eine individuelle Abwägung der Unternehmen.[579]

Der Stromhandel hat sich seit der Marktöffnung zu einem Kerngeschäftsfeld der öffentlichen EVU entwickelt.[580] Nach einer Studie von Arthur Andersen wird sich das gehandelte Volumen, wie auch die Anzahl der Teilnehmer, deutlich erhöhen.[581] Der Stromhandel wird künftig als neues Geschäftsfeld weiter an Bedeutung gewinnen, da in ihm ein wesentliches Wertschöpfungspotential gesehen wird.[582]

Der VKU sieht eine aktive Teilnahme am Energiehandel darüber hinaus als wichtigen Baustein der Wettbewerbs- und Überlebensfähigkeit öffentlicher EVU an.[583] Die Strombeschaffung zu marktgerechten Konditionen ist danach insbesondere für Unternehmen bedeutsam, die weitreichende Zugeständnisse an Industriekunden gemacht haben, um diese von einem Wechsel des Versorgers abzuhalten.[584]

4.1.5.6 Entwicklung von Multi Utility-Angeboten

In den letzten Jahren haben die öffentlichen EVU neben der Erschließung neuer Geschäftsfelder vermehrt mit dem Auf- und Ausbau von Multi Utility Kapazitäten begonnen.[585] Der Begriff "Multi Utility" bezeichnet in

---

578 Siehe VKU(Hrsg.): Strategische Bedeutung des Stromhandels. A.a.O.. S. 3.

579 Vgl. Aselmann, Wilhelm und Thomas Aselmann: Der neue Energiemarkt: Chancen und Herausforderungen. A.a.O.. S. 320.

580 Vgl. Arthur Andersen(Hrsg.): Energiehandel. Aktueller Stand und Entwicklungstendenzen in Deutschland, Österreich und der Schweiz. A.a.O.. S.9.

581 Vgl. Ebd.. S. 1.

582 Vgl. Attig, Dieter: Stadtwerke im liberalisierten Energiemarkt. A.a.O.. 302f.; ferner: Helle, Christoph: Neuausrichtung für kommunale EVU. A.a.O.. S. 110.

583 VKU(Hrsg.) Strategische Bedeutung des Stromhandels. A.a.O.. S. 5.

584 Siehe Günther, Stefan und Claudia Esser-Scherbeck: Portfoliomanagement für Stadtwerke. A.a.O.. S.253.

585 Vgl. Lowak, Michael: Mit Multi-Utility-Dienstleistungen zum Erfolg. A.a.O.. S. 226.

diesem Zusammenhang das kombinierte Angebot einer Vielzahl von Produkten und energienahen Dienstleistungen durch ein einzelnes Versorgungsunternehmen (siehe Abb. 16).

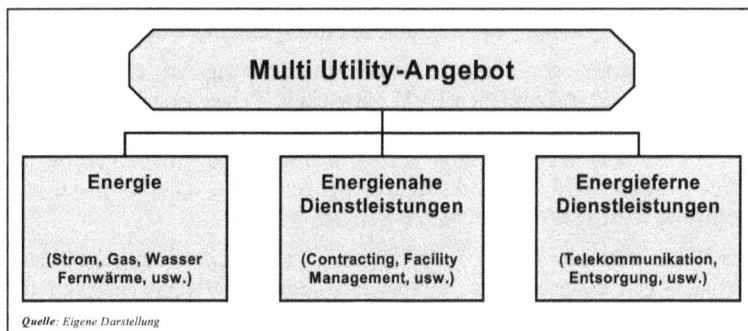

Abb. 16: Das Multi-Utility Konzept

Grundlegender Gedanke der Multi Utility Strategie ist, die bisher ausschließlich einzeln angebotenen Versorgungsleistungen (Strom, Gas, Wasser) mit zusätzlichen Dienstleistungen (Energieberatung, Facility Management, usw.) zu bündeln und als komplette Produktpakete zu vertreiben. Die einzelnen Leistungen können hierbei nach den spezifischen Bedürfnissen des Kunden zu individuellen Angebotspaketen zusammengestellt werden.[586] Der Gesamtpreis eines Angebotes wird dabei niedriger angesetzt als die Summe der Einzelpreise.

Die Unternehmen nutzen in diesem Zusammenhang die Erkenntnis, dass die Preissensibilität der Kunden bei kompletten Angebotspaketen i.d.R. geringer ist, als bei einzelnen Produkten oder Dienstleistungen.[587] Viele Kunden erwerben eher ein Komplettangebot anstatt die einzelnen Leistungen der verschiedenen Anbieter zu vergleichen.[588] Die Verknüpfung verschiedener Leistungen zu einem Gesamtpaket begünstigt damit Ab-

---

586 Vgl. Brinker, Werner: Liberalisierung – Folgen für die regionale Energiewirtschaft. A.a.O.. S. 311.

587 Dies trifft im wesentlichen für die Tarifabnehmer zu, große Sonderabnehmer besitzen i.d.R. eine hohe Preissensibilität.

588 Siehe Gahl, Andreas: Marketingstrategien. A.a.O. S. 335.

satzsteigerungen auch bei Produkten und Dienstleistungen, für die ansonsten keine ausreichende Zahlungsbereitschaft des Kunden vorläge
(sog. Cross-selling).[589]
Vor allem im Privat- bzw. Haushaltskundenmarkt besteht nach einer repräsentativen Bevölkerungsumfrage ein hohes Interesse an Multi-Utility
Produkten (Siehe Abb. 17).[590] Dabei werden in diesem Marktsegment vor
allem solche Komplettangebote bevorzugt, welche die verschiedenen
Versorgungsleistungen der öffentlichen EVU (z.b. Strom, Gas, Wasser)
miteinander kombinieren.[591]

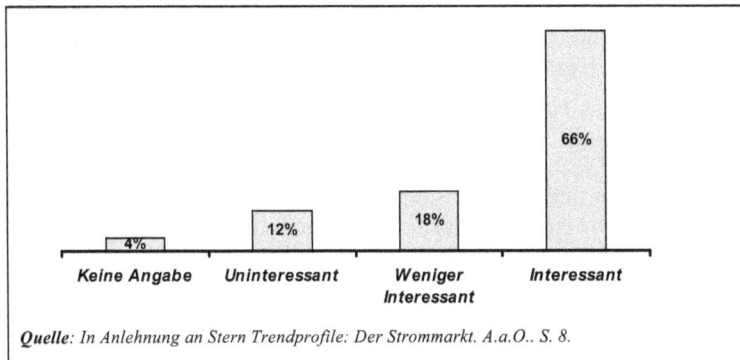

Quelle: *In Anlehnung an Stern Trendprofile: Der Strommarkt. A.a.O.. S. 8.*

Abb. 17: Interesse an Multi Utility-Angeboten (Befragung Haushaltskunden)

Im Bereich der Industriekunden besteht dagegen ein erhöhtes Interesse an
energienahen Dienstleistungen, welche sowohl die Bereitstellung der E-
nergieträger als auch deren Umwandlung in Nutzenergie beim Kunden
beinhalten (z.b. Contracting-Angebote).[592] Die Unternehmen können sich
so auf ihr eigentliches Kerngeschäft konzentrieren und Investitionskosten

---

589 Vgl. Laker, Michael, Karl-Michael Nigge und Georg Wübker: Bündelung: Der
     Schlüssel zu einer erfolgreichen Multi Utility-Strategie. In: ET. Heft 4/2002. S.
     221.

590 Vgl. Stern (Hrsg.): Trendprofile 09/2001. A.a.O.. S. 8.

591 Vgl. Laker, Michael, Karl-Michael Nigge und Georg Wübker: Bündelung: Der
     Schlüssel zu einer erfolgreichen Multi Utility-Strategie. A.a.O.. S. 222.

592 Vgl. Klawunn, Karl-Heinz: Partnerschaft mit Perspektiven. A.a.O.. S. 312.

einsparen. Ferner legen Industriekunden großen Wert auf Transparenz bei der Darstellung von Einzelbezügen und -kosten.[593]

Die öffentlichen EVU verfügen durch den kommunalen Querverbund über eine hervorragende Ausgangsposition für die Entwicklung von Multi Utility-Angeboten.[594] Die erforderlichen Kapazitäten sind vielfach bereits vorhanden und müssen nicht erst, wie bei den Verbundunternehmen, neu aufgebaut werden. Gleichzeitig ermöglicht der kommunale Querverbund die Ausnutzung von Synergiepotentialen zwischen den einzelnen Geschäftsbereichen, wodurch zusätzliche Kosteneinsparungen realisiert werden können.[595] Eine Erweiterung des Angebotsportfolios ist neben der Erschließung weiterer Geschäftsbereiche durch Kooperationen mit anderen Unternehmen (z.B. örtliches Handwerk) möglich.

Eine konsequente Umsetzung der Multi Utility Strategie erfordert jedoch mehr, als das bloße Angebot verschiedener Produkte durch ein einzelnes Unternehmen. Der entscheidende Faktor besteht vielmehr darin, die einzelne Produkten und Dienstleistungen zu sinnvollen Angeboten zu kombinieren, welche beim Kunden einen Zusatznutzen gegenüber der Belieferung mit einzelnen Leistungen erzeugen.[596] Eine kundenorientierte Zusammenstellung der Einzelleistungen wird damit zum entscheidenden Parameter für den Erfolg einer Multi Utility Strategie.[597]

Daneben ist die Möglichkeit einer dynamischen Konfiguration der Produktpakete zu gewährleisten. Der Kunde erhält hierdurch die Möglichkeit, weitere Einzelleistungen hinzuzufügen bzw. zu entfernen und dadurch das bezogene Leistungspaket flexibel an seine Bedürfnisse anzupassen.[598] Das bisherige Angebot einzelner Produkte und Dienstl-

---

593 Vgl. Sendner, Helmut: Was ist eigentlich Multi Utility?. Abgerufen unter: Http://www.mvv-business.de. Abgerufen am: 24.02.2003.

594 Siehe Gahl, Andreas: Marketingstrategien. A.a.O.. S. 335.

595 Vgl. Aselmann, Wilhelm und Thomas Aselmann: Der neue Energiemarkt: Chancen und Herausforderungen. A.a.O.. S. 316.

596 Vgl. Brinker, Werner: Liberalisierung – Folgen für die regionale Energiewirtschaft. A.a.O.. S. 311.

597 Vgl. Laker, Michael: Multi Utility: Vielfalt aus einer Hand. Bei der Themenbündelung kommt es auf den roten Faden an. In: Handelsblatt. Nr . 194 vom 09.01.01. S. b03. [Künftig zitiert als: Multi Utility: Vielfalt aus einer Hand]

598 Vgl. Laker, Michael, Karl-Michael Nigge und Georg Wübker: Bündelung: Der Schlüssel zu einer erfolgreichen Multi Utility-Strategie. A.a.O.. S. 225.

eistungen sollte zudem weiterhin bestehen bleiben, da nicht alle Kunden ein Komplettpaket benötigen.[599]

Die öffentlichen EVU haben vielfach auf diese Erfordernisse reagiert und ein differenziertes Angebotsspektrum aufgebaut. So bieten die Stadtwerke München (SWM) ihren Kunden eine Vielzahl von Einzelleistungen, die sich bei Bedarf im Rahmen eines Baukastensystems zu Komplett-angeboten kombinieren lassen.[600] Auf diese Weise wird eine flexible Konfiguration der Angebotspakete möglich, welche sich den wechselnden Anforderungen der Kunden anpasst.[601]

Die Bündelung verschiedener Leistungen zu Angebotspaketen kann für die öffentlichen EVU zu einer Erhöhung der Wertschöpfung führen. Gleichzeitig wird eine höhere Kundenzufriedenheit erreicht, da die Nach-frager alle Leistungen zu einem vergleichsweise günstigeren Preis erhal-ten. Der Anbieter kann sich zudem einem Preiswettbewerb mit anderen Wettbewerbern entziehen, da der Gesamtpreis eines Produktpaketes nur schwerlich mit den Preisen der Einzelprodukte vergleichbar ist. Den Konkurrenten wird auf diese Weise der Markteintritt erschwert, da sie ein vergleichbares Produktbündel anbieten müssten, um Kunden abwerben zu können.[602]

Der Verkauf von Produkt- und Dienstleistungspaketen befindet sich bei vielen Unternehmen noch in der Entwicklungsphase. Viele der angeboten Komplettpakete enthalten bislang nur geringfügig aufeinander abge-stimmte Leistungen.[603] Im Rahmen der Marktforschung sollten daher zu-nächst die Zielkundensegmente und ihre Bedürfnisse an kombinierten Produkt- und Dienstleistungspaketen festgestellt werden. Gleichzeitig muss die Existenz von derartigen Produktpaketen verstärkt durch das Marketing kommuniziert werden (z.B. im Rahmen der Kunden-information).[604] Für eine erfolgreiche Umsetzung des Multi Utility Kon-

---

599   Vgl. Laker, Michael: Multi-Utility: Vielfalt aus einer Hand. A.a.O.. S. b03.

600   Vgl. Mühlhäuser, Kurt: Markterfolg durch Bündelung des Vertriebs. A.a.O.. S. b09.

601   Zielgruppe sind in diesem Zusammenhang insbesondere Gewerbekunden

602   Vgl. Laker, Michael, Karl-Michael Nigge und Georg Wübker: Bündelung: Der Schlüssel zu einer erfolgreichen Multi Utility-Strategie. A.a.O.. S. 221.

603   Vgl. Ebd.. S. 224.

604   Vgl Laker, Michael, Karl-Michael Nigge und Georg Wübker: Bündelung: Der Schlüssel zu einer erfolgreichen Multi Utility-Strategie. A.a.O.. S. 224f..

zeptes ist daher eine optimale Einbindung und Koordination von Marke-
ting- und Vertriebsaktivitäten entscheidend.[605]

Insbesondere die Vertriebsorganisation muss der Multi Utility Strategie
angepasst werden. Den Kundenbetreuern kommt dabei die Aufgabe zu,
die spezifischen Bedürfnisse ihrer Kunden durch individuelle Produkt-
und Dienstleistungspakete zu befriedigen.[606] Auf diese Weise lässt sich
neben Umsatzsteigerungen auch eine dauerhafte Erhöhung der Kundenzufriedenheit erreichen, was eine höhere Kundenbindung impliziert.[607]

Die Umsetzung einer Multi Utility Strategie dürfte den öffentlichen EVU
somit in Zukunft ein enormes Differenzierungs- und Gewinnpotential im
Wettbewerb bieten.[608] Neben einer Vermeidung des Preiswettbewerbs mit
anderen Anbietern kann das Angebot kundenspezifisch zugeschnittener
Produktbündel zu wachsenden Leistungserträgen und einer höheren Kundenbindung führen.[609] Gleichzeitig lassen sich durch die Erschließung
von Synergieeffekten Kosteneinsparungen realisieren.[610]

Seit dem Wegfall des Rabattgesetzes und der Zugabeverordnung ist die
Bündelung von mehreren Leistungen auch juristisch zulässig.[611] Es ist
daher vor dem Hintergrund der heutigen Marktverhältnisse davon auszugehen, dass die Entwicklung von Multi Utility Angeboten in den nächsten
Jahren maßgeblich an Bedeutung gewinnen wird.[612]

---

605 Siehe Köhler, Armin: Multi Utility. Neue Erfolgsstrategie oder alter Wein in
    neuen schläuchen?. In: EW. Heft 11/2001. S. 52.

606 Vgl. Klawunn, Karl-Heinz: Partnerschaft mit Perspektiven. A.a.O.. S. 312.

607 Vgl. Gahl, Andreas: Marketingstrategien. A.a.O.. S. 335.

608 Vgl. Niemeier, Dirk und Stephan Scholtissek: Mehrwert durch professionelles
    Innovationsmanagement. In: ET. Heft 1-2/2001. S. 34.

609 Vgl. Günter, Bernd: Kundenorientierte Marketing-Strategien im Energiesektor.
    A.a.O.. S. 133.

610 Siehe Aselmann, Wilhelm und Thomas Aselmann: Der neue Energiemarkt:
    Chancen und Herausforderungen. A.a.O.. S. 316.

611 Siehe Köhler, Armin: Multi Utility. Neue Erfolgsstrategie oder alter Wein in
    neuen schläuchen?. A.a.O.. S. 52.

612 Vgl. Laker, Michael, Karl-Michael Nigge und Georg Wübker: Bündelung: Der
    Schlüssel zu einer erfolgreichen Multi Utility-Strategie. A.a.O.. S. 221.

4.2 Kooperation

Die Liberalisierung des deutschen Strommarktes hat die öffentlichen EVU vor neue Herausforderungen gestellt. Die Erweiterung des Angebotsportfolios um neue Produkte und Dienstleistungen erforderte Knowhow, welches in den Unternehmen oft nicht verfügbar war. Gleichzeitig konnten viele Unternehmen die im wettbewerblichen Markt gestiegenen Kundenbedürfnisse und -anforderungen aufgrund ihrer räumlichbegrenzten Kompetenz nicht mehr ausreichend befriedigen.[613] Eine strategische Anpassung an die neuen Marktverhältnisse war erforderlich.

Um eine strategische Anpassung an die neuen Marktbedingungen erfolgreich umzusetzen, ist jedoch eine bestimmte Unternehmensgröße erforderlich.[614] Nach Angaben der Deutschen Gesellschaft für Mittelstandsberatung (DGM) sind die Unternehmensgrößen von ca. 90% der öffentlichen EVU allerdings zu klein, um die im liberalisierten Strommarkt erforderlichen Kompetenzen mit eigenen Mitteln aufzubauen.[615] Um trotz geringer Unternehmensgröße im neuen Marktumfeld bestehen zu können, haben die meisten Unternehmen daher horizontale, diagonale und vertikale Kooperationen als strategische Handlungsalternative erschlossen.[616]

Als Kooperation wird in dieser Arbeit dabei die "freiwillige vertragliche Zusammenarbeit zwischen wirtschaftlich und rechtlich selbstständigen Unternehmen durch Funktionsabstimmung, Funktionsausgliederung, Funktionsübertragung oder ähnliche Formen der Zusammenarbeit im wirtschaftlichen Bereich" verstanden.[617] Dabei bieten sich den öffent-

---

613 Vgl. Wolf, Hans Günther: Integration und Change Management bei Fusionen. In: ET. Heft 5/2000. S. 282.

614 Vgl. Meller, Eberhard: Was hat die Liberalisierung bisher gebracht?. A.a.O.. S. 26.

615 Vgl. Deutsche Gesellschaft für Mittelstandsberatung mbH(Hrsg.): Kooperation, Verkauf, "Allein auf weiter Flur"-Strategien für die Ver- und Entsorgungswirtschaft. S.5.

616 Vgl. Arthur Andersen(Hrsg.): Effektives Integrationsmanagement: Neue Perspektiven für die Versorgungswirtschaft durch erfolgreiche Kooperationen und Fusionen. Eschborn/Frankfurt a.M., Stuttgart 2000. S. 1. [Künftig zitiert als: Effektives Integrationsmanagement]

617 Salje, Peter: Kartellrechtliche Grenzen der Kooperation. In: ET. Heft 9/1999. S. 625.

lichen EVU im liberalisierten Markt vielfältige Kooperationsmöglichkeiten mit den verschiedensten Akteuren (siehe Abb. 18).

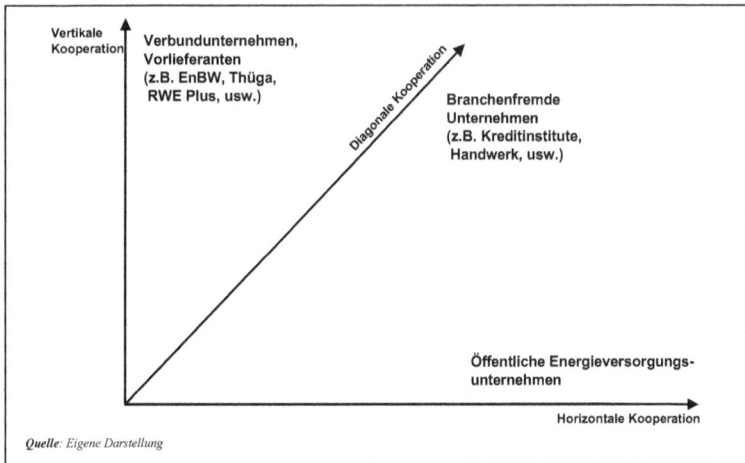

Quelle: Eigene Darstellung

Abb. 18: Kooperationsmöglichkeiten öffentlicher EVU

Aufgrund dieser Vielfalt ist durch das öffentliche Unternehmen vor der
Bildung einer Kooperation genau zu definieren, welche Ziele mit Hilfe
der Kooperation verfolgt werden sollen. Anschließend müssen passende
Kooperationspartner ausgewählt sowie ein strategisch sinnvolles Koope-
rationsmodell entwickelt werden. Dabei sollte bereits im Vorfeld der Kooperation eine Analyse des zukünftigen Entwicklungspotentials vorgenommen werden, um einen Vergleich verschiedener Kooperations-
alternativen auf ihre Erfolgsaussichten zu ermöglichen.[618]

Die Anzahl neu gegründeter Kooperationen ist in den letzten Jahren kontinuierlich gestiegen. Dies lässt deutlich werden, dass Kooperationen inzwischen zu eine grundlegende strategische Option für die öffentlichen
EVU geworden sind. Es ist also ein deutlicher Trend zur Abkehr von
"stand-alone" Strategien hin zu verschiedenen Formen der Kooperationen
erkennbar.[619]

---

618 Vgl. Bretschneider, Ralf: Stadtwerke im liberalisierten Energieversorgungs-
     markt. A.a.O.. S. 25,

619 Siehe Moraing, Markus: Neue Kooperationsstrategien der Stadtwerke. A.a.O.. S.
     121f..

So gaben in einer Umfrage ca. 98% der befragten Unternehmen an, Kooperationen mit anderen öffentlichen EVU, Vorlieferanten oder branchenfremden Unternehmen eingegangen zu sein, bzw. diesen Schritt für die nahe Zukunft zu planen.[620] Dabei handelte es sich am häufigsten um Kooperationen zwischen öffentlichen EVU (horizontale Ebene), wobei auch Fusionen als Kooperation im weitesten Sinne anzusehen sind.

Über die Hälfte der befragten Unternehmen hat zudem Kooperationsverträge mit Vorlieferanten abgeschlossen (vertikale Ebene), welche mitunter auch eine Kapitalbeteiligung des Vorlieferanten beinhalten.[621] Daneben gewinnen in den letzten Jahren zunehmend Kooperationen mit branchenfremden Unternehmen an Bedeutung, um neue Geschäftsfelder bzw. Multi Utility Potentiale zu erschließen (diagonale Ebene).

4.2.1 Kooperation öffentlicher Energieversorgungsunternehmen

Auf der kommunalen Ebene bestehen momentan 36 Kooperationen zwischen öffentlichen EVU, welche unterschiedliche Zielsetzungen verfolgen und in verschiedenen Kooperationsfeldern tätig sind.[622] Dabei wurden, in Abhängigkeit von Zielen und Erwartungen der beteiligten Unternehmen, mehrere Kooperationsformen etabliert, welche unterschiedliche Voraussetzungen an die Mitgliedsunternehmen stellen.

4.2.1.1 Kooperationsformen und -voraussetzungen

Vor der Bildung einer Kooperation sind bestimmte Voraussetzungen zu berücksichtigen, um den langfristigen Erfolg zu gewährleisten. So sollten die potentiellen Kooperationspartner grundsätzlich über eine ähnliche Unternehmensgröße verfügen und dieselbe strategische Ausrichtung im Wettbewerb verfolgen.[623] Neben diesen strategischen und unternehmens-

---

620 Vgl. Schorsch, Christof: Neue Geschäftsfelder – Themen und Erfahrungen von Stadtwerken. A.a.O.. S. 7.

621 Vgl. Ebd.. S. 7.

622 Vgl. Stüer, Bernhard und Dietmar Hönig: Energiepartnerschaften zwischen privaten Versorgungsunternehmen, Stadtwerken und Kommunen. Angaben des VKU. In: DVBl. Heft 11/2002. S. 754f.. [Künftig zitiert als: Energiepartnerschaften zwischen privaten Versorgungsunternehmen, Stadtwerken und Kommunen]

623 Siehe Moraing, Markus: Neue Kooperationsstrategien der Stadtwerke. A.a.O.. S. 125.

spezifischen Voraussetzungen ist die Wahl einer geeigneten Kooperationsform von entscheidender Bedeutung. Unabhängig von der gewählten Kooperationsform sind bei der Gründung einer Kooperation zunächst die allgemeinen Vorgaben des Kartellrechts zu beachten.[624] Darauf aufbauend lässt sich zwischen losen, vertraglichen und gesellschaftsrechtlichen Kooperationen unterscheiden (siehe Abb. 19).[625]

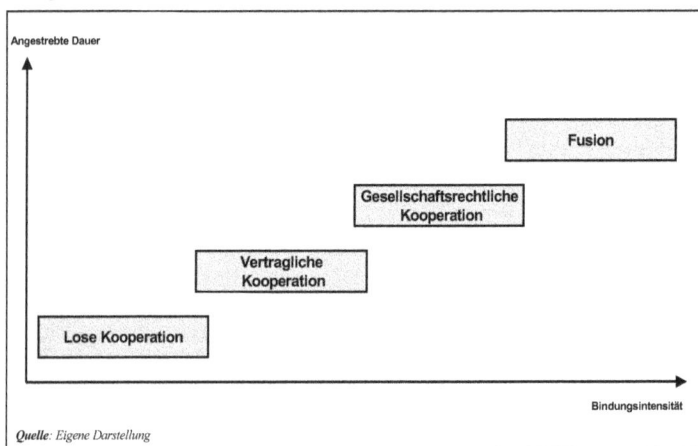

Angestrebte Dauer

Fusion

Gesellschaftsrechtliche Kooperation

Vertragliche Kooperation

Lose Kooperation

Bindungsintensität

Quelle: Eigene Darstellung

Abb. 19: Formen der Kooperation

Lose Kooperationen umfassen lediglich eine weitgehend unverbindliche und freiwillige Zusammenarbeit der Unternehmen mit dem Hauptziel des gegenseitigen Erfahrungs- und Meinungsaustausches.[626] Die beteiligten Unternehmen gehen in diesem Fall nur geringe finanzielle und personal-

---

624 Vgl. Kühne, Gunther: Rechtsfragen der Kooperation in der Energiewirtschaft. In: Baur, Jürgen F. (Hrsg.): Die Energiewirtschaft im Gemeinsamen Markt. Rechtliche Probleme, Handlungsmöglichkeiten. Baden-Baden 1998. (=Veröffentlichung des Instituts für Energierecht an der Universität zu Köln. Bd.85.). S. 84. [Künftig zitiert als: Rechtsfragen der Kooperation]

625 Siehe Moraing, Markus: Neue Kooperationsstrategien der Stadtwerke. A.a.O.. S. 123.

626 Siehe Moraing, Markus: Neue Kooperationsstrategien der Stadtwerke. A.a.O.. S. 123.

134

wirtschaftliche Verbindungen ein, die eigene Geschäftstätigkeit wird in keiner Weise beeinträchtigt.

Im Rahmen einer vertraglichen Kooperation wird dagegen eine dauerhafte Zusammenarbeit der Unternehmen verbindlich vereinbart. Zweck dieser Kooperation sind dabei zumeist der Abschluss gemeinsamer Leasing- oder Mietverträge für Produktionsmittel sowie die gemeinsame Energiebeschaffung.[627]

Die wichtigste Kooperationsform bilden gesellschaftsrechtliche Gestaltungsformen, welche zur Gründung eines neuen Unternehmens mit eigenem Gesellschaftszweck führen.[628] Dabei werden einzelne Unternehmensfunktionen koordiniert und zusammengelegt, um so die Leistungs- und Wettbewerbsfähigkeit der beteiligten Kooperationspartner zu steigern.[629] Die Kooperationspartner gliedern dazu einzelne Geschäftsbereiche (z.B. Stromhandel) aus und bringen sie in das neue Unternehmen ein. So wurde z.B. die citiworks AG gegründet, um das Groß- und Bündelkundengeschäft für die Mitgliedsunternehmen wahrzunehmen.[630] Ein weiteres Beispiel stellt die Entega GmbH dar, welche ab dem 01.09.2000 sämtliche Kundengruppen der beteiligten Kooperationspartner (Heag und SWM) betreut. Dazu wurden die Vertriebsbereiche ausgegliedert und mitsamt Kunden und Mitarbeitern in die Entega GmbH überführt.[631]

Die meisten der derzeit 36 horizontalen Kooperationen sind als dauerhaft vertraglich fixierte Zusammenarbeit (14 Kooperationen) bzw. als gesellschaftliche Kooperation (13 Kooperationen) geschlossen worden.[632] Als

---

627 Siehe Ebd.. S. 123.

628 Vgl. Kühne, Gunther: Rechtsfragen der Kooperation. A.a.O.. S. 83.

629 Vgl. Ruhland, Frank: Anforderungen an Lieferantenpartnerschaften aus Sicht eines Energie-Einzelhändlers. In: Becker, Peter, Christian Held u.a. (Hrsg.): Energiewirtschaft im Aufbruch. Analysen-Szenarien-Strategien. Köln 2001. S. 352.

630 Vgl. o.V.: Allianz zur Stärkung der Wettbewerbsfähigkeit. In: ET. Heft 1-2/2002. S. 34.

631 Vgl. Thoma, Malte: Ein bundesweites Energiebündnis geschmiedet. Erfolgsstrategien für Stadtwerke: Einigkeit macht stark. In: Handelsblatt. Nr 105 vom 31.05.2000. S. b08. [Künftig zitiert als: Ein bundesweites Energiebündnis geschmiedet]

632 Vgl. Stüer, Bernhard und Dietmar Hönig: Energiepartnerschaften zwischen privaten Versorgungsunternehmen, Stadtwerken und Kommunen. A.a.O.. S. 754f..

Vorteile der vertraglichen gegenüber einer gesellschaftsrechtlichen Kooperation werden vor allem eine höhere Flexibilität sowie die Möglichkeit von ad-hoc Kooperationen gesehen. Dagegen führt die gesellschaftsrechtliche Kooperation zu einer engeren Zusammenarbeit der beteiligten Unternehmen und bewirkt eine höhere Identifikation der Kooperationspartner mit den Zielen der Kooperation.[633]

Ferner bewirkt die Übertragung betrieblicher Funktionen auf Kooperationsgesellschaften eine Erhöhung der internen Entscheidungseffizienz.[634] Da die Entscheidungsfindung im Rahmen der jeweiligen Gesellschaftsgremien (z.B. Gesellschafterversammlung) erfolgt, wird sie nicht durch ein Kontrollgremium (z.B. Aufsichtsrat) verzögert.[635] Entscheidungsprozesse können so durch verkürzte Entscheidungswege erheblich beschleunigt werden.

De Verlagerung von Entscheidungskompetenzen auf gesellschaftsrechtliche Kooperationen impliziert allerdings gleichzeitig eine Reduzierung der kommunalen Einflussmöglichkeiten auf die Geschäftspolitik.[636] Im übrigen kommt es bei gesellschaftsrechtlichen Kooperationen aufgrund der hohen Bindungsintensität zur Offenlegung von wettewerbselevantem Know-how, was sich nachteilig für das betroffene Unternehmen auswirken kann.

Welche Kooperationsform die Mitgliedsunternehmen letztlich wählen, richtet sich nach Zielen und zeitlicher Dauer der Kooperation. Eine höhere Bindungsintensität der Kooperation bewirkt flexiblere Reaktions- und Handlungsmöglichkeiten im Wettbewerb und erlaubt eine effizientere Ausnutzung interner Synergiepotentiale.[637] Gleichzeitig wird jedoch eine

633 Siehe Moraing, Markus: Neue Kooperationsstrategien der Stadtwerke. A.a.O.. S. 124.

634 Siehe Wagner, Oliver und Kora Kristof: Strategieoptionen kommunaler Energieversorger im Wettbewerb. A.a.O.. S. 43.

635 Siehe Moraing, Markus: Neue Kooperationsstrategien der Stadtwerke.A.a.O.. S. 124.

636 Vgl. Riechmann, Volkhard: Möglichkeiten erwerbswirtschaftlicher Betätigung der Stadtwerke unter Wettbewerbsbedingungen. A.a.O.. S. 94.

637 Vgl. Moraing, Markus: Neue Kooperationsstrategien der Stadtwerke. A.a.O.. S. 129.

höhere Integration der Mitgliedsunternehmen sowie eine klare Definition der Entscheidungswege und -kompetenzen erforderlich.[638]

In diesem Zusammenhang müssen vor allem die Entscheidungsbefugnisse innerhalb der Kooperation genau festgelegt werden. Häufig ist eine Koordination der unterschiedlichen Interessen nur schwer möglich, da die beteiligten Kommunen (als Haupteigentümer der öffentlichen EVU) nicht zum Verzicht auf Entscheidungsbefugnisse in geschäftspolitischen Fragen bereit sind.[639] So zeigt die gescheiterte Vertriebskooperation der Stadtwerke Wiesbaden, Mainz, Darmstadt und Offenbach, dass oftmals kommunales "Kirchturmdenken" der politischen Entscheidungsträger eine dauerhafte, erfolgreiche Zusammenarbeit be- bzw. verhindert.[640] Der technische Geschäftsführer der Stadtwerke Münster, Norbert Ohlms, sieht horizontale Kooperationen daher generell als nicht zielführend an, da die Entscheidungsfindung zwischen gleichberechtigten Partnern extrem schwierig und zeitaufwendig sei.[641]

Wichtige Voraussetzungen für die Schaffung einer dauerhaft erfolgreichen Kooperation sind daher insgesamt eine klar definierte strategische Zielsetzung der Kooperation sowie eine vertraglich festgelegte Funktionsteilung der beteiligten Kooperationspartner.[642] Dabei sind vor allem die internen Entscheidungsbefugnisse und -kompetenzen der Mitgliedsunternehmen verbindlich voneinander abzugrenzen.

---

638 Siehe Ellwanger, Niels und Roman Dudenhausen: Energiehandel - Neues Geschäftsfeld oder Voraussetzung für das EVU der Zukunft. A.a.O.. S. 178.

639 Siehe Moraing, Markus: Neue Kooperationsstrategien der Stadtwerke. A.a.O.. S. 124.

640 Zum genauen Verlauf siehe Wygoda, Hermann: Kommen Rhein-Main-Stadtwerke. Die Energieversorgung im Rhein-Main-Ballungsraum zwei Jahre nach der Liberalisierung. Abgerufen unter: Http://www.demo-online.de. Abgerufen am: 13.02.2002.

641 Ohlms, Norbert: Die Liberalisierung erfordert andere Strukturen bei der Stadtwerke Münster GmbH. Abgerufen unter: Http://www.cdu-meunster.de. Abgerufen am: 02.06.2002. S. 1.

642 Vgl. Aselmann, Wilhelm und Thomas Aselmann: Der neue Energiemarkt: Chancen und Herausforderungen. A.a.O.. S. 324.

4.2.1.2 Kooperationsfelder und -zielsetzungen

Die grundlegende Zielsetzung aller Kooperationen zwischen öffentlichen EVU liegt darin, strukturelle Nachteile gegenüber größeren Wettbewerbsteilnehmern auszugleichen. Die Unternehmen erhoffen sich vor allem die Erschließung von Größenvorteilen (economies of scale) und Synergieeffekten, um Kosteneinsparungen in den einzelnen Wertschöpfungsstufen erzielen zu können.[643]

Als weitere Ziele von Kooperationen ermittelte eine Studie der Unternehmensberatung Arthur Andersen die Stärkung der Marktmacht auf der Beschaffungs- und Vertriebsseite, die Erschließung neuer Geschäftsfelder und Absatzmärkte sowie eine Ausweitung des Produkt- und Dienstleistungsportfolios als Ziele für Kooperationen.[644] Die Kooperationsfelder der öffentlichen EVU sind daher vielfältig und unterlagen im Verlauf der Liberalisierung Veränderungen (siehe Abb. 20).

Erzeugungs-kooperation	Beschaffungs- und Handelskooperation	Vertriebs-kooperation	Kooperationen zur Erschließung neuer Geschäftsfelder
Ziele: • Höherer Auslastungsgrad der Erzeugungskapazitäten • Geringere Kosten der Stromerzeugung	**Ziele:** • Reduzierung der Beschaffungskosten • Teilnahme am Großhandel mit Strom	**Ziele:** • Koordinierung der überregionalen Vertriebsaktivitäten • Bundesweite Versorgung von Bündel- und Kettenkunden	**Ziele:** • Erweiterung der Wertschöpfungskette

Quelle: Eigene Darstellung

Abb. 20: Kooperationsfelder öffentlicher Energieversorgungsunternehmen

Anfänglich wurden von den öffentlichen EVU hauptsächlich Beschaffungs- und Handelskooperationen (z.B. Trianel European Energy Trading

---

643 Vgl. Moraing, Markus: Neue Kooperationsstrategien der Stadtwerke. A.a.O.. S. 122.

644 Vgl. Arthur Andersen(Hrsg.): Effektives Integrationsmanagement. A.a.O.. S. 1.

GmbH) gegründet, um die Kosten der Strombeschaffung zu minimieren und am Großhandel mit Strom teilnehmen zu können.[645] Durch die höhere Einkaufsmacht im Rahmen einer Beschaffungskooperation konnten vor allem kleinere und mittlere öffentliche EVU in der Vergangenheit deutlich niedrigere Einkaufspreise für Strom realisieren.[646] In einer Studie des Wuppertaler Instituts für, Klima, Umwelt und Energie gaben die Unternehmen Preisvorteile beim Stromeinkauf in einer Größenordnung zwischen 10 und 15% an.[647] Die Weitergabe der ausgehandelten Preisvorteile an die Endkunden (insbesondere im Industriekundensegment) ermöglichte den Unternehmen eine gezielte Erhöhung der Kundenbindung.[648]

Mit fortschreitender Liberalisierung des Strommarktes gewannen zunehmend Vertriebskooperationen (z.B. ENETKO) an Bedeutung, um die Marktposition der öffentlichen EVU zu stärken und neue Absatzmärkte zu erschließen.[649] Diese Kooperationen unterstützen ihre Gesellschafter bei der überregionalen Versorgung von Sonderabnehmern (Groß-, Bündel-, und Kettenkunden).[650] Sie basieren auf dem Gedanken, dass ein einzelnes EVU in der Regel nicht die logistischen Voraussetzungen besitzt, um Konzernkunden und Einkaufsgemeinschaften bundesweit zu versor-

---

645 Vgl. Attig, Dieter: Zeit für Kooperationen. Kommunale Netzwerke als Alternative zum Ausverkauf von Stadtwerken. In: ZfK. Heft 2/2002. S. 1. [Künftig zitiert als: Zeit für Kooperationen]

646 Siehe VKU(Hrsg.): Geschäftsbericht 2000_2001. A.a.O.. S. 57.

647 Vgl. Wagner, Oliver und Kora Kristof: Strategieoptionen kommunaler Energieversorger im Wettbewerb. A.a.O.. S. 42.

648 Vgl. Wagner, Oliver und Kora Kristof: Strategieoptionen kommunaler Energieversorger im Wettbewerb. A.a.O.. S. 42.

649 für nähere Erläuterungen zur EnetKo siehe Grützmacher, Stefan: Handling von Bündelkunden. A.a.O.. S. 77ff.

650 Vgl VKU(Hrsg.): Pressekonferenz des Verbands kommunaler Unternehmen am 20. Juni 2001 in Berlin. Statement von OB Gerhard Widder, Präsident des VKU. Abgerufen unter: Http://www.vku.de. Abgerufen am 01.05.2002.

gen.[651] In den Vergangenheit führte dies zu Kundenverlusten bei industriellen Sonderabnehmern und mittelgroßen Gewerbekunden.[652]

Die Kooperation mehrerer Unternehmen ermöglicht dagegen eine Betreuung von Großkunden, welche ein Unternehmen alleine aus Kostengründen nicht anbieten könnte. Die Unternehmen besitzen im Rahmen einer Vertriebskooperation die entsprechende Größe, um als überregional tätiger Verbund eine bundesweite Betreuung und Versorgung von Großkunden durchführen zu können.[653]

Vertriebskooperationen ermöglichen den Unternehmen auf diese Weise die Wahrnehmung einer Zwei-Marken-Strategie. Auf lokaler Ebene nehmen die öffentlichen EVU die Energieversorgung eigenständig wahr. Sie verfügen hier über eine etablierte Marke und langjährig gewachsene Kundenbeziehungen. Überregional koordiniert dagegen der Kooperationsverbund die Vertriebsaktivitäten seiner Mitgliedsunternehmen und erleichtert diesen die Erschließung neuer Absatzgebiete durch einen einheitlichen Marktauftritt.[654]

Daneben erbringen die Vertriebskooperationen neben der Koordination der Vertriebsaktivitäten eine Vielzahl an zusätzlichen Dienstleistungen für ihre Mitglieder, z.b. in den Bereichen Abwicklung und Abrechnung von Bündelkunden, Marketing- und Kundenbindungsmaßnahmen, gemeinsame Produktentwicklung sowie unterstützende EDV-Infrastrukturdienstleistungen.[655]

Die als rechtlich eigenständige Gesellschaft organisierten Vertriebskooperationen (z.B. ENETKO und citiworks AG), haben darüber hinaus in zunehmendem Maße damit begonnen, bundesweit eigene Bündel- und

---

651 Siehe Grützmacher, Stefan und Josef Bendel: Unter der Decke kann man auch ersticken. Kommunales Energienetzwerk als Alternative zu vertikalen Kooperationen. Abgerufen unter: Http://www.enetko.de. Abgerufen am: 31.01.2002.

652 Vgl. Haug, Jörg-Werner: Kommunale Perspektive im Energiemarkt. In: EW. Heft 20-21/2001. S. 206.

653 Siehe o.V.: Der Bräutigam ist auf Brautschau. Für die Stadtwerke Augsburg kommen mehrere Kooperationspartner in Frage. In: ZfK. Heft 7/2000. S. 9.

654 VKU(Hrsg.): Geschäftsbericht 2000_2001. A.a.O.. S. 57.

655 Vgl. Moraing, Markus: Neue Kooperationsstrategien der Stadtwerke. A.a.O.. S. 125. Vgl. ferner: Ellwanger, Niels und Roman Dudenhausen: Energiehandel – Neues Geschäftsfeld oder Voraussetzung für das EVU der Zukunft. In: A.a.O.. S. 177.

Kettenkunden zu akquirieren. In diesem Zusammenhang haben sich die Zusammenschlüsse jedoch verpflichtet, keine Kundenakquise in den Versorgungsgebieten ihrer Mitgliedsunternehmen zu betreiben.[656] Erzeugungskooperationen, wie z.b. der im Jahr 1997 von den Städten Mainz, Wiesbaden und Darmstadt beschlossene Bau eines gemeinsamen Gaskraftwerks, spielen im liberalisierten Strommarkt eine eher untergeordnete Rolle.[657] Der Bau und Betrieb von Gemeinschaftskraftwerken soll dabei den Auslastungsgrad der Erzeugungskapazitäten erhöhen und Kostendegressionsvorteile erschließen. Auf diese Weise erhoffen sich die beteiligten Unternehmen eine dauerhafte Reduzierung ihrer Stromerzeugungskosten.[658]

In jüngster Zeit entstehen neben Erzeugungs-, Beschaffungs-, Handels- und Vertriebskooperationen zunehmend Kooperationen, welche auf eine Erweiterung der Wertschöpfungskette und den Ausbau des Angebotes an energienahen Dienstleistungen abzielen. Die Kooperationspartner kombinieren dabei ihr gemeinsames Know-how zur Erschließung neuer Geschäftsfelder und Dienstleistungsangebote.[659] Die Kooperationen sind arbeitsteilig organisiert, um durch eine Spezialisierung der einzelnen Mitgliedsunternehmen eine diversifiziertes Produkt- und Dienstleistungsportfolio anbieten zu können.[660]

Neben den angeführten ökonomischen Begründungen besitzen auch politische Motive eine bedeutende Funktion bei der Gründung von horizontalen Kooperationen. Die Kooperation mit anderen öffentlichen Unternehmen ermöglicht den öffentlichen EVU die Wahrung der unternehmerischen Eigenständigkeit. Hierdurch wird der kommunalpolitische Ein-

---

656 Siehe Grützmacher, Stefan: Handling von Bündelkunden. A.a.O.. S. 82f..

657 Siehe Meyer-Renschhausen, Martin und Manfred Sieling: Anpassungsstrategien der kommunalen EVU. A.a.O.. S. 129. Siehe ferner: Thoma, Malte: Ein bundesweites Energiebündnis geschmiedet. A.a.O.. S. b08.

658 Siehe dazu Leutner, Barbara und Carsten Schmitt: Gemeinsam in den Wettbewerb. Kooperation als Strategie für Städte und Stadtwerke. In: Der Städtetag. Heft 1/1999. S. 36. [Künftig zitiert als: Gemeinsam in den Wettbewerb]

659 Vgl. Wagner, Oliver und Kora Kristof: Strategieoptionen kommunaler Energieversorger im Wettbewerb. A.a.O.. S. 43.

660 Vgl. Attig, Dieter: Zeit für Kooperationen. A.a.O.. S. 1.

141

fluss auf die Geschäftspolitik gesichert und gleichzeitig die Aufrechterhaltung des kommunalen Querverbundes ermöglicht.[661]

Allerdings ist in diesem Zusammenhang zu beachten, dass auch bei einer Kooperation mehrerer EVU die jeweiligen Trägerkommunen an unternehmerischem Einfluss auf die Geschäftspolitik verlieren.[662]

4.2.1.3 Fusionen öffentlicher Energieversorgungsunternehmen

In den letzten Jahren ist bei den öffentlichen EVU über horizontale Kooperationen hinaus eine wachsende Tendenz zu Fusionen zu verzeichnen.[663] Nach Angaben des Präsidenten des VKU, Gerhard Widder, streben viele öffentliche EVU neben der Bildung gemeinsamer Kooperationen langfristig eine Fusion mit anderen Unternehmen an.[664] So wurde z.B. in Stuttgart eine Fusion zwischen der NWS und den Neckarwerken Stuttgart AG vollzogen.[665] Daneben befinden sich derzeit weitere 7 Kooperationen im Übergang zu Fusionen.[666]

Die öffentlichen EVU erhoffen sich durch eine Fusion die Erschließung von Kostensenkungspotentialen und eine effizientere Kostenstruktur des neugeschaffenen Unternehmens.[667] Vor allem im Bereich der Strombeschaffung und -erzeugung sowie im Vertrieb können deutliche Syner-

---

661 VKU(Hrsg.): Forum VKU: Vertikale versus horizontale Kooperation - welche Kooperationsstrategie ist erfolgreicher?. Abgerufen unter: Http://www.vku.de. Abgerufen am 31.01.2002. Vgl. ferner Wagner, Oliver und Kora Kristof: Strategieoptionen kommunaler Energieversorger im Wettbewerb. A.a.O.. S. 40.

662 Leutner, Barbara und Carsten Schmitt: Gemeinsam in den Wettbewerb. A.a.O.. S. 36.

663 Vgl. Gottschalk, Wolf: Quo vadis Stadtwerke. A.a.O.. S. 528.

664 VKU(Hrsg.): Pressekonferenz des Verbandes kommunaler Unternehmen e.V. am 20. Juni 2001 in Berlin. Statement von OB Gerhard Widder, Präsident des VKU. A.a.O.. Daneben bei: Wolf, Hans-Günther: Integration und Change Management bei Fusionen. A.a.O.. S. 282.

665 Vgl. Gottschalk, Wolf: "Quo vadis Stadtwerke". A.a.O.. S. 528.

666 Vgl. Stüer, Bernhard und Dietmar Hönig: Energiepartnerschaften zwischen privaten Versorgungsunternehmen, Stadtwerken und Kommunen. A.a.O.. S. 755.

667 Vgl. beispielsweise Steckert, Uwe: Wohin treiben die Stadtwerke im Wettbewerb. A.a.O.. S. 652. Ferner: Niedermeyer, Regina: Fusion sichert Wettbewerbsfähigkeit. A.a.O.. S. 315.

giepotentiale erschlossen werden.[668] So lassen sich durch die Zusammen-führung der Netze und den Abbau von Parallelstrukturen deutliche Kosteneinsparungen erzielen.[669] Die Fusion soll so insgesamt zum Erreichen der "kritischen Masse" des Unternehmens führen.[670]

Daneben schafft eine Fusion eine breitere Eigenkapitalbasis des fusionierten Unternehmens.[671] Neben sinkenden Kapitalkosten werden dadurch Investitionen in neue Geschäftsfelder begünstigt.[672] Die Erweiterung des Angebotsportfolios an Dienstleistungen und Produkten schafft wiederum bessere Voraussetzungen für das Angebot von Multi-Utility bzw. Multi Service-Produkten.[673] Darüber hinaus impliziert ein Zusammenschluss von Unternehmen eine räumliche Ausdehnung des Absatzgebietes.

Fusionen zwischen öffentlichen EVU sind allerdings mit erheblichen Implementierungsproblemen behaftet. Nach einer Studien von Arthur Andersen liegt die Erfolgsquote von Kooperationen und Fusionen unter 40%.[674] So scheiterte die geplante Fusion der Stadtwerke Düsseldorf, Krefeld, Remscheid, Neuss, Moers und Hilden, ähnlich wie zuvor die Fusion der Stadtwerke Wuppertal, Solingen, Remscheid, Hilden und Velbert.[675]

---

668 Vgl. Wolf, Hans Günther: Integration und Change Management bei Fusionen. A.a.O.. S. 282.

669 Vgl. Moraing, Markus: Neue Kooperationsstrategien der Stadtwerke. A.a.O.. S. 125f..

670 Vgl. Becker, Rolf H.: Strategische Handlungsalternativen für deutsche Stadtwerke. Langfristige Weichenstellungen sind notwendig. A.a.O.. S. b05.

671 Siehe Niedermeyer, Regina: Fusion sichert Wettbewerbsfähigkeit. A.a.O.. S. 315.

672 Vgl. Schmidt, Andreas: Stadtwerke auf neuen Märkten. A.a.O.. S. 80f..

673 Vgl. Froneck, Stefan, Dieter Kaiser, Ingo Hannemann und Thomas Menzler: Systematische Kooperation auf ostwestfälisch. Projektbeispiel einer erfolgreichen Post Merger Integration. In: ET. Heft 5/2002. S. 337. [Künftig zitiert als: Systematische Kooperation auf ostwestfälisch]

674 Vgl. Arthur Andersen(Hrsg.): Effektives Integrationsmanagement. A.a.O.. S. 1. siehe auch bei Gottschalk, Wolf: "Quo vadis Stadtwerke". A.a.O.. S. 528.

675 Vgl. Krause, Manfred: Kooperation statt Verkauf-Überlebensstrategien von Stadtwerken. A.a.O.. S. 56f..

Hauptgründe für das Scheitern von sind zumeist eine ineffektive Planung bzw. ein unzureichendes Management des Fusionsprozesses.[676] Die meisten Vorhaben misslingen dabei aufgrund von passivem Widerstandes der Mitarbeiter sowie fehlerhafter Integrationsprozesse.[677] Zudem bestehen bei kleineren öffentlichen EVU häufig Vorbehalte der Unternehmensführung, im Rahmen der Fusion übernommen und abgewickelt zu werden.[678] Eine erfolgreiche Fusion erfordert daher eine Integration der unterschiedlichen Unternehmenskulturen, eine eindeutige Regelung der Unternehmensführung sowie die vorherige Ermittlung etwaiger Synergiepotentiale.[679]

Ein weiterer Grund für das Scheitern vieler Fusionen liegt in der schleppenden Integration der fusionierenden Unternehmen begründet. Die Fixierung auf interne Probleme im Zuge des Fusionsprozesses schwächt jedoch die Positionierung des öffentlichen EVU im Wettbewerb. Sobald eine Fusion beschlossen und eingeleitet worden ist, sind die beteiligten Unternehmen daher zügig miteinander zu verschmelzen und eine strategische Neupositionierung des fusionierten Unternehmens im Markt durchzuführen.[680] Eine laufende Erfolgsmessung des Integrationsprozesses versetzt die Unternehmensführung dabei in die Lage gegebenenfalls frühzeitig Optimierungsmaßnahmen einzuleiten.[681]

4.2.2 Kooperation mit branchenfremden Unternehmen

Den öffentlichen EVU bieten sich neben horizontalen Kooperationen mit anderen EVU auch Kooperationsmöglichkeiten mit branchenfremden Unternehmen (diagonale Kooperationen). Dabei sind sowohl vertragliche als auch gesellschaftsrechtliche Formen einer Kooperation möglich.

---

676 Vgl. Schorsch, Cristof: Neue Geschäftsfelder-Themen und Erfahrungen von Stadtwerken. A.a.O.. S. 6.

677 Vgl. Wolf, Hans Günther: Integration und Change Management bei Fusionen. A.a.O.. S. 282ff..

678 Vgl. Moraing, Markus: Neue Kooperationsstrategien der Stadtwerke . A.a.O.. S. 126.

679 Siehe Becker, Rolf H.: Strategische Handlungsalternativen für deutsche Stadtwerke. Langfristige Weichenstellungen sind notwendig. A.a.O.. S. b05.

680 Vgl. Haslauer, Florian und Fritz Kröger: Wachsen, um zu überleben: die Konzentration der europäischen Stromindustrie. In: ET. Heft 1-2/2002. S. 32.

681 Vgl. Arthur Andersen(Hrsg.): Effektives Integrationsmanagement. A.a.O.. S. 1.

So können die Unternehmen mit anderen Unternehmen aus ähnlichen Wirtschaftszweigen (insbes. der Gaswirtschaft) kooperieren, um im Rahmen einer Kooperation das Portfolio der angebotenen Produkte und Dienstleistungen zu erweitern und auszubauen.[682] Gleichzeitig sind Vertriebskooperationen mit branchenfremden Unternehmen denkbar. Die Stadtwerke Düsseldorf kooperieren beispielsweise mit der Deutschen Post AG, um deren Filialnetz für den Vertrieb von Strom an Privat- und Haushaltskunden zu nutzen.[683]

Daneben bieten sich den Unternehmen im Bereich der energienahen Dienstleistungen eine Vielzahl von Kooperationsmöglichkeiten mit branchenfremden Unternehmen (z.b. Kreditinstitute, Handwerk, usw.).[684] Die öffentlichen EVU können z.b. Contracting-Maßnahmen mit mehreren Kooperationspartnern aus verschiedenen Branchen durchführen, um ihren Kunden auf diese Weise ein komplettes Dienstleistungspaket aus einer Hand anzubieten.

Ein kooperierendes Kreditinstitut übernimmt in diesem Fall die Vorfinanzierung der Contracting-Maßnahmen, welche anschließend mit Hilfe von Kooperationspartnern aus dem örtlichen Handwerk beim Kunden realisiert werden. Das öffentliche EVU übernimmt in der Folge die Belieferung des Auftraggebers mit Energie sowie Betrieb und Wartung der Anlagen.[685] Eine derartige Kooperation mit dem örtlichen Handwerk verfolgt z.B. die Energieversorgung Oberhausen AG (EVO) beim Angebot von Dienstleistungen im Bereich des Facility Management.[686]

---

682 Vgl. Wagner, Oliver und Kora Kristof: Strategieoptionen kommunaler Energieversorger im Wettbewerb. A.a.O.. S. 44.

683 siehe hierzu Deutsche Post AG(Hrsg.): Sparstrom:Hier ist der Schalter!. Faltblatt der Deutschen Post AG, Vertrieb Neue Dienstleistungen. Bonn 2003. Stand: Januar 2003. Bundesweit kooperiert die Deutsche Post AG nach eigenen Angaben mit weiteren Versorgungsunternehmen.

684 Vgl. Günter, Bernd: Kundenorientierte Marketing-Strategien im Energiesektor. A.a.O.. S. 134.

685 Vgl. Wagner, Oliver und Kora Kristof: Strategieoptionen kommunaler Energieversorger im Wettbewerb. A.a.O.. S. 44.

686 Vgl. o.V.: EVO lebt rentierliche Partnerschaft. Oberhausen: Viel Freude am Gasturbinen-Heizkraftwerk – Ohne Mut kein Geschäft. IN: ZfK Heft 9/1999. S. 5.

Auch im Bereich der energiefernen Dienstleistungen sind Kooperationen mit branchenfremden Unternehmen möglich So können öffentliche EVU mit privaten Kooperationspartnern ein neues Unternehmen gründen, um ein neues Geschäftsfeld zu erschließen (z.B. im Bereich der Telekommunikation).[687] Auf diese Weise lässt sich das Know-how privater Unternehmen für den Auf- und Ausbau neuer Geschäftsfelder nutzen, ohne die eigene unternehmerische Unabhängigkeit zu verlieren. Darüber hinaus kann so die durch einige Gemeindeordnungen vorgegebene kommunalrechtliche Beschränkung der wirtschaftlichen Betätigung öffentlicher Unternehmen umgangen werden.[688]

4.3 Privatisierung

Der Begriff der Privatisierung ist nicht einheitlich definiert und umfasst eine große Anzahl höchst unterschiedlicher Ausprägungen.[689] Es bedarf daher zunächst einer definitorischen Abgrenzung. In der vorliegenden Arbeit wird der materielle Privatisierungsbegriff zugrunde gelegt, wonach unter einer Privatisierung die vollständige oder teilweise Veräußerung von öffentlichem Vermögen an private Unternehmen zu verstehen ist.[690]

Dabei wird ausschließlich auf die Alternative einer Teilprivatisierung öffentlicher EVU eingegangen, welche zur Entstehung eines gemischtwirtschaftlichen Unternehmens führt. Eine Teilprivatisierung öffentlicher Unternehmen liegt danach vor, solange eine Beteiligung privatwirtschaftlicher Investoren die Grenze von 50% der Anteile nicht übersteigt. In diesem Fall handelt es sich bei dem Unternehmen per definitio-

---

687 Vgl. Wagner, Oliver und Kora Kristof: Strategieoptionen kommunaler Energieversorger im Wettbewerb. A.a.O.. S. 45.

688 Vgl. Ebd.. 45.

689 Siehe Scheele, Ulrich: Privatisierung kommunaler Einrichtungen – Zielsetzungen, Stand und erste Ergebnisse. In: Blanke, Thomas und Ralf Trümmer (Hrsg.): Handbuch Privatisierung. Ein Rechtshandbuch für die Verwaltungspraxis, Personal- wie Betriebsräte und deren Berater. Baden-Baden 1998. S. 9f.. Zu den Modellen siehe: Brede, Helmut: Grundzüge der öffentlichen Betriebswirtschaftslehre. A.a.O.. S. 40ff..

690 Siehe Loesch, Achim von: Privatisierung öffentlicher Unternehmen. Ein Überblick über die Argumente. Baden-Baden 1983. S. 28. (=Schriftenreihe der Gesellschaft für Öffentliche Wirtschaft und Gemeinwirtschaft. Nr. 23.)

nem weiterhin um ein öffentliches Unternehmen.[691] Eine darüber hinausgehende Privatisierung würde zum Verlust des öffentlichen Eigentums führen und ist im vorliegenden Zusammenhang thematisch irrelevant.

Als Privatisierungsmethode wird die Veräußerung von Unternehmensanteilen an Einzelinvestoren angenommen, welche in der Praxis am häufigsten genutzt wird. Andere Privatisierungsmethoden, wie der Börsengang der MVV AG, werden nicht näher analysiert, da sie für den kommunalen Bereich lediglich von untergeordneter Bedeutung sind.

In den letzten Jahren ist ein zunehmender Trend zu Anteilsverkäufen bzw. Privatisierungen öffentlicher EVU zu verzeichnen.[692] Angesichts der unsicheren Wettbewerbsentwicklung sowie der desolaten Lage der kommunalen Haushalte haben viele Kommunen Überlegungen angestellt, eine "Strategische Partnerschaft" mit privaten Unternehmen einzugehen bzw. das örtliche Versorgungsunternehmen zu privatisieren.[693]

Vor allem in größeren Städten ist die Zahl der Anteilsverkäufe an öffentlichen EVU deutlich gestiegen. So hatten Ende des Jahres 2001 bereits 282 der 652 als AG oder GmbH geführten kommunalen Unternehmen einen oder mehrere private Dritte als Anteilseigner.[694] Dabei lag die private Beteiligung in den meisten Fällen zwischen 25,1% und 49,9% (186 Unternehmen), eine Mehrheitsbeteiligung Privater ist bislang selten.[695] Allerdings existieren einige öffentliche EVU, wie z.B. in Kiel, Offenbach,

---

691 Vgl. Schmidt, Andreas: Stadtwerke auf neuen Märkten. A.a.O.. S. 38.

692 Vgl. VKU(Hrsg.): Pressekonferenz des Verbands kommunaler Unternehmen e.V. am 20. Juni 2001 in Berlin. Statement von OB Gerhard Widder, Präsident des VKU. A.a.O.. S. 6.

693 Vgl. Kapp, Thomas, Stefanie Auge-Dickhut und Wilhelm Schierle: Beteiligung von Dritten an den Stadtwerken. In: Menold Herrlinger Rechtsanwälte und Ernst & Young (Hrsg.): Stadtwerke im liberalisierten Energieversorgungsmarkt. Betriebswirtschaftliche, rechtliche und steuerliche Rahmenbedingungen. Baden-Baden 2000. S. 51. [Künftig zitiert als: Beteiligung von Dritten an den Stadtwerken]

694 Es handelt sich hierbei um die Grundgesamtheit der ca. 900 kommunalen Unternehmen, da keine genauen Zahlen für die Energieversorgung ausgewiesen werden. Vgl. Moraing, Markus: Neue Kooperationsstrategien der Stadtwerke. A.a.O.. S. 126.

695 Vgl. Stüer, Bernhard und Dietmar Hönig: Energiepartnerschaften zwischen privaten Versorgungsunternhemen, Stadtwerken und Kommunen. A.a.O.. S. 755.

Wiesbaden oder Bremen, an denen der kommunale Träger nur noch eine Minderheitsbeteiligung besitzt (siehe Abb. 21).[696]

Name	Höhe der Beteiligung (in Prozent)	Investor
Stadtwerke Kiel	51 %	TXU
Energieversorgung Offenbach	51 %	MVV AG
swb AG	51 %	Essent
Stadtwerke Düsseldorf	49,9 %	EnBW, RWE
Dortmunder Energie und Wasser (DEW)	47 %	RWE
Stadtwerke Leipzig	40 %	Meag
Stadtwerke Pforzheim	35 %	E.ON
Stadtwerke Braunlage	20 %	E.ON
Stadtwerke Chemnitz	15 %	E.ON
Stadtwerke Bonn	14 %	RWE
Quelle: VKU		

Abb. 21: Beispiele für privatisierte Energieversorgungsunternehmen

Die Entscheidung für eine Teilprivatisierung der öffentlichen EVU kann aus mehreren Motiven heraus erfolgen, auf die im folgenden näher einzugehen ist.

4.3.1 Privatisierungsmotive

Obwohl die Privatisierungsdiskussion hinsichtlich der Wirkungen der unterschiedlichen Privatisierungsmaßnahmen sehr kontrovers geführt wird, herrscht weitgehend Einigkeit, dass bei Privatisierungsentscheidungen betriebswirtschaftliche, fiskalische sowie ordnungspolitische Motivationen im Vordergrund stehen (siehe Abb. 22). Die mit einer Privatisierung verfolgten Zielsetzungen werden dabei in Ab-

---

696 VKU(Hrsg.): Pressekonferenz des Verbands kommunaler Unternehmen e.V. am 20. Juni 2001 in Berlin. Statement von OB Gerhard Widder, Präsident des VKU. A.a.O.. S. 6.

hängigkeit vom politischem Standpunkt des Betrachters unterschiedlich gewichtet.[697]

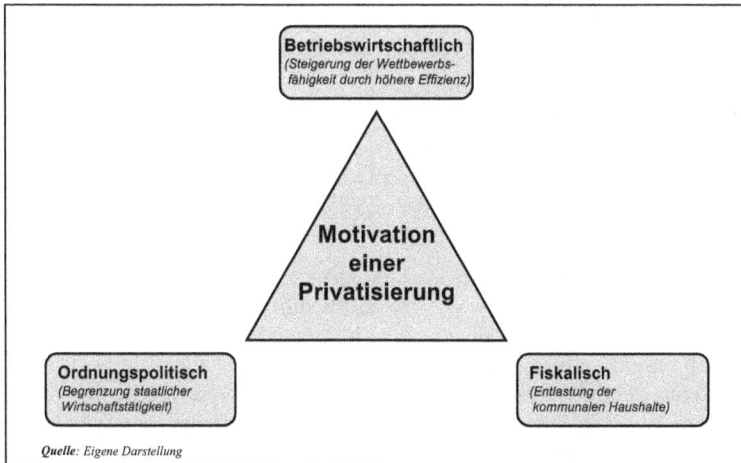

Abb. 22: Privatisierungsmotivationen

Dabei stehen bei Entscheidungen über eine Aufgabenverlagerung aus dem öffentlichen in den privaten Sektor zumeist die fiskalischen Motive im Vordergrund. Die Privatisierung öffentlicher Leistungen soll einen Beitrag zur Entlastung der ohnehin finanziell schwachen kommunalen Haushalte leisten.[698] Zum besseren Verständnis von Privatisierungsentscheidungen werden die genannten Zielsetzungen und Motivationen im folgenden näher dargestellt.

---

697 Für genaue Aufschlüsselung siehe: Wohlfahrt, Norbert und Werner Zühlke: Von der Gemeinde zum Konzern Stadt. Auswirkungen von Ausgliederungen und Privatisierungen für die politische Steuerung auf kommunaler Ebene. Dortmund 1999. S. 7. (=ILS-Schriften. Nr. 154.) [Künftig zitiert als: Von der Gemeinde zum Konzern Stadt.]

698 Vgl. Prangenberg, Wolfgang: Unternehmen Stadtwerke. Optionen für die Zukunft. In: Der Städtetag. Heft 2/1998. S. 123.

4.3.1.1 Betriebswirtschaftliche Motive

Die betriebswirtschaftlichen Zielsetzung einer Teilprivatisierung liegt in einer langfristige Stärkung der Wettbewerbsfähigkeit des öffentlichen EVU durch die Beteiligung eines privaten Investors.

Die Einbindung von privatem Kapital im Rahmen einer "Strategischen Allianz" soll dem öffentlichen EVU Investitionskapital zuführen und zusätzliches Know-how erschließen.[699] Gleichzeitig sinkt das Geschäftsrisiko der Kommune, da etwaige Investitionsrisiken im Rahmen einer Teilprivatisierung auf mehrere Anteilseigner verlagert und dadurch vermindert werden.

Daneben verspricht eine Beteiligung privater Investoren die Schaffung kosteneffizienter Unternehmensstrukturen durch die Einführung privatwirtschaftlicher Managementsysteme mit höherer Effizienz sowie die Erschließung von allgemeinen Kostenvorteilen.[700] Vor allem im kostenaufwendigen Personalbereich werden durch die Beteiligung privater Unternehmen deutliche Einsparungen durch Mitarbeiterfreisetzung bzw. Einstellungsstopps erwartet.[701]

Der höhere Anreiz privater Anteilseigner für ein rationelle Unternehmensführung wird mit deren stärkerer Orientierung an ökonomischen Wirtschaftlichkeitsgrundsätzen (z.B. der Produktivität) begründet.[702] Insgesamt erhoffen sich die öffentlichen EVU somit eine Erhöhung der Produktionseffizienz so auf betrieblicher Ebene und damit eine langfristige Verbesserung des Unternehmensergebnisses.

---

699 Siehe Cronauge, Ulrich: Kommunale Unternehmen. Eigenbetriebe-Kapitalgesellschaften-Zweckverbände. A.a.O.. S. 225f..

700 Siehe Sterzel, Dieter: Verfassungs-, europa-, und kommunalrechtliche Rahmenbedingungen für eine Privatisierung kommunaler Aufgaben. In: Blanke, Thomas und Ralf Trümmer (Hrsg.): Handbuch Privatisierung. Ein Rechtshandbuch für die Verwaltungspraxis, Personal- wie Betriebsräte und deren Berater. Baden-Baden 1998. S. 119. [Künftig zitiert als: Rahmenbedingungen für eine Privatisierung kommunaler Aufgaben]

701 Siehe Ebd.. S. 119.

702 Gesellschaft für öffentliche Wirtschaft(Hrsg.): Privatisierungsdogma. A.a.O.. S. 17. Vgl. daneben: Helm, Thorsten Matthias: Rechtspflicht zur Privatisierung. Privatisierungsgebote im deutschen und europäischen Recht. Baden-Baden 1999. S. 47. (=Wirtschaftsrecht und Wirtschaftspolitik. Bd. 160) [Künftig zitiert als: Rechtspflicht zur Privatisierung]

Die oftmals geringere Effizienz öffentlicher Unternehmen gegenüber der Privatwirtschaft wird dabei vor allem auf eine unteroptimale Betriebsgröße sowie Ämterpatronage innerhalb des öffentlichen EVU durch politische Parteien, Gewerkschaften und Verbände zurückgeführt.[703] Nach Aussage des Geschäftsführers der Stadtwerke Jena bewahrt deshalb allein eine private Beteiligung "die Stadt davor, die Stadtwerke allzu sehr nur als Amt oder als Anhängsel der Stadtverwaltung zu betrachten."[704]

Das Argument der höheren Produktionseffizienz unterliegt jedoch zunehmend einem Bedeutungsverlust, da viele öffentliche EVU seit der Liberalisierung mit der eigenständigen Einführung privatwirtschaftlicher Managementmethoden begonnen haben.[705] Darüber hinaus ist die statistische Basis der häufig vorgebrachten Effizienzvergleiche (bzw. Benchmarkings) zwischen öffentlicher und privater Wirtschaft fragwürdig. Es existiert kein übereinstimmender Maßstab für Effizienzvergleiche, da öffentliche Unternehmen nicht ausschließlich erwerbsorientiert handeln (wie privatwirtschaftliche Unternehmen), sondern vielmehr sachzielorientiert.[706]

Eine weitere Zielsetzung der Beteiligung Privater ist die optimale Nutzung von Synergieeffekten zur wechselseitigen Stärkung der Positionierung im Wettbewerb. Dazu wird der Marktauftritt zwischen den Partnern abgestimmt, gemeinsame Vertriebskanäle erschlossen, sowie koordinierte Marketing- und Kundenbindungsmaßnahmen ergriffen.[707] So ist beispielsweise das Angebot von gemeinsamen Bündelangeboten möglich, um zusätzliche Kundensegmente zu erschließen und Cross-selling-

---

703 Vgl. Hamm, Walter: Vorteile einer umfassenden Privatisierung. In: FIW(Hrsg.): Sicherung des Wettbewerbs im kommunalen Bereich. Referate des Berliner Kolloquiums 1994 und einer Sonderveranstaltung 1994. Köln 1994.S. 87f.. (=FIW-Schriftenreihe. Nr. 162.) Siehe ferner Gesellschaft für öffentliche Wirtschaft(Hrsg.): Privatisierungsdogma. A.a.O.. S. 12.

704 O.V.: Unternehmen im Gespräch. Jena rechnet scharf – und pflegt Öko-Profil. In: Http://www.zfk.de. Abgerufen am: 31.01.2002. S. 1.

705 Vgl. Sterzel, Dieter: Rahmenbedingungen für eine Privatisierung kommunaler Aufgaben. A.a.O.. S. 118f..

706 Vgl. Helm, Thorsten Matthias: Rechtspflicht zur Privatisierung. A.a.O.. S. 47.

707 Vgl. Klawunn, Karl-Heinz: Partnerschaft mit Perspektiven. A.a.O.. S. 313.

Potentiale zu nutzen.[708] Ferner entstehen größere Synergien in dem für Kostensenkungen bedeutsamen Bereich des Netzbetriebes.[709]

Daneben ermöglichen Netzwerke, wie z.b. die Thüga[710], einen großräumigen Marktauftritt der beteiligten Unternehmen sowie die Erschließung neuer Absatzgebiete.[711] Das Netzwerk entfaltet dabei, ähnlich einer Vertriebskooperation zwischen Stadtwerken, eigene Vertriebsaktivitäten in ansonsten schwer zugänglichen Kundensegmenten, wie z.b. bei Bündel- und Kettenkunden sowie sonstigen industriellen Großabnehmern.[712]

Schließlich kann ein öffentliches EVU durch die Beteiligung eines Verbundunternehmens (bzw. seines Vorlieferanten) seine Beschaffungssituation verbessern und geringere Kosten der Strombeschaffung realisieren. Die eingeräumten Vergünstigungen können anschließend an die Kunden weitergegeben werden, um die Kundenbindung zu stärken und Kundenverluste durch Anbieterwechsel zu minimieren.[713] Gleichzeitig wird verhindert, dass der Vorlieferant eigenständig und direkt in dem Versorgungsgebiet des öffentlichen EVU Kunden akquiriert. Die Positionierung des öffentlichen EVU im lokalen Markt wird somit dauerhaft verstärkt.

4.3.1.2 Fiskalische Motive

Die Fiskalpolitik umfasst alle staatlichen Maßnahmen und Instrumente, welche auf den Ausgleich des staatlichen Haushaltes abzielen.[714] Die fiskalische Zielsetzung einer Privatisierung bezeichnet im vorliegenden Zusammenhang also die Überlegung, die kommunalen Haushalte durch eine

---

708 Vgl. Froneck, Dieter und Dieter Kaiser, Ingo Hannemann und Thomas Menzler: Systematische Kooperation auf ostwestfälisch. A.a.O.. S. 339.

709 Vgl. Seele, Rainer: Flexible Partnerschaften – Erfolgsstrategien für Stadtwerke. In: ET. Heft 9/2002. S. 566.

710 Eon ist mit 60% an der Thüga beteiligt.

711 Vgl. Moraing, Markus: Neue Kooperationsstrategien der Stadtwerke. A.a.O.. S. 128.

712 Vgl. Ebd.. S. 127.

713 Vgl. Steckert, Uwe: Wohin treiben die Stadtwerke im Wettbewerb?. A.a.O.. S. 653.

714 Siehe Altmann, Jörn: Wirtschaftspolitik. Eine praxisorientierte Einführung. 6. Auflage. Stuttgart, Jena 1995. S. 260.

Privatisierung öffentlicher EVU zu entlasten und durch eine langfristige Konsolidierung den finanzpolitischen Gestaltungsspielraum der Kommunen wiederherzustellen.[715]

Hintergrund für den in Städten und Gemeinden ablaufenden Privatisierungs- und Ausgliederungsprozess bildet die sich ständig verschlechternde kommunale Finanzlage. Insbesondere der starke Anstieg sozialer Leistungen, der Rückgang gemeindlicher Steuereinnahmen, sowie eine verfehlte Investitionspolitik haben in den letzten Jahren zu hohen Finanzierungsdefiziten geführt.[716] Der Vorstandsvorsitzende der Aachener STAWAG kennzeichnet die derzeitige Situation treffend mit den Worten, die Kommunen seien im "fiscal stress".[717]

Die Kommunen sind daher häufig nicht der Lage, zusätzliches Eigenkapital aufzubringen, um die aufwendigen Investitionen für eine Umstrukturierung ihrer öffentlichen EVU zu finanzieren.[718] Die desolate Haushaltslage lässt deshalb eine Einbindung privaten Kapitals als sinnvolle Möglichkeit erscheinen, einerseits die öffentlichen Haushalte zu entlasten und gleichzeitig den öffentlichen EVU das für eine langfristige Wettbewerbsfähigkeit erforderliche Kapital zuzuführen.[719] Der zusätzliche Verkaufserlös aus der Anteilsveräußerung kann von der Kommune zudem für die Haushaltskonsolidierung genutzt werden.[720]

Um festzustellen, inwieweit Privatisierungen von öffentlichen EVU die Konsolidierungsbemühungen unterstützen, müssen neben den kurz-

---

715 Vgl. Helm, Thorsten Matthias: Rechtspflicht zur Privatisierung. A.a.O.. S. 44f..

716 Vgl. Wohlfahrt, Norbert und Werner Zühlke: Von der Gemeinde zum Konzern Stadt. A.a.O.. S. 9.

717 Vgl. Attig, Dieter: Zeit für Kooperationen. A.a.O.. S. 1.

718 Vgl. Püttner: Günter: Kommunale Betriebe und Mixed Economy. In: Wollmann, Helmut und Roland Roth (Hrsg.): Kommunalpolitik. Politisches Handeln in den Gemeinden. 2. Auflage. Bonn 1998. S. 549. [Künftig zitiert als: Kommunale Betriebe und Mixed Economy]

719 Siehe Prangenberg, Wolfgang: Unternehmen Stadtwerke. Optionen für die Zukunft. A.a.O.. S. 124.

720 Vgl. Ebd.. S. 124.

fristigen jedoch auch die mittel- und langfristigen finanziellen Folgen für die öffentliche Hand berücksichtigt werden.[721]

Bei der Betrachtung der Wirkungen der Privatisierung stehen zumeist kurzfristige finanzwirtschaftliche Dimensionen im Vordergrund, d.h. die kurzfristig Erschließung zusätzlicher Einnahmen für den kommunalen Haushalt. Eine Anteilsveräußerung lässt bislang hohe Verkaufserlöse erwarten, da die überregional tätigen privaten Versorgungsunternehmen aus strategischen Gründen erhebliche Preise zu zahlen bereit sind.[722] Der Verkaufserlös kann vom kommunalen Träger des öffentlichen EVU anschließend zur Verminderung der Neuverschuldung oder zur Tilgung alter Verpflichtungen eingesetzt werden.[723] Dies führt zu einer geringeren Kapitalbelastung der öffentlichen Haushalte durch Schuldentilgung.

Gegen dieses Argument wird häufig der Einwand des "Strohfeuereffektes" erhoben, welcher zur "Verschleuderung des Tafelsilbers" führe.[724] Zwar könnten die Schulden durch die kurzfristigen Verkaufserlöse vermindert werden, dies erhöhe jedoch auch den Kreditspielraum der Gemeinde und damit die Gefahr einer Neuverschuldung. Ferner erhöhe sich durch die Anteilsveräußerung nicht die Liquidität der Kommune, so dass Investitionen und Maßnahmen weiterhin aus Krediten finanziert werden müssten.[725] Zudem würden die Privatisierungserlöse häufig nicht für eine Konsolidierung des Haushaltes verwendet, sondern vielmehr zur Deckung konsumtiver Ausgaben.[726]

Im übrigen biete die Durchführung der Energieversorgung den Kommunen die Möglichkeit, kontinuierlich Defizite im Gemeindehaushalt durch

---

721 Siehe Gesellschaft für öffentliche Wirtschaft(Hrsg.): Privatisierungsdogma. A.a.O.. S. 4.

722 Vgl. Attig, Dieter: Zeit für Kooperationen. A.a.O.. S. 1.

723 Vgl. Helm, Thorsten Matthias: Rechtspflicht zur Privatisierung. A.a.O.. S. 44f..

724 Vgl. Prangenberg, Wolfgang: Unternehmen Stadtwerke. Optionen für die Zukunft. A.a.O.. S. 124.

725 Vgl. Attig, Dieter: Zeit für Kooperationen.A.a.O.. S. 1.

726 Vgl. Richter, Klaus: Privatisierung kommunaler Aufgaben und Leistungen – ein systematischer Überblick –. In: Walcha, Henning und Klaus Hermanns(Hrsg.): Partnerschaftliche Stadtentwicklung. Privatisierung kommunaler Aufgaben und Leistungen. Köln 1996. S. 2. (=Aufgaben der Kommunalpolitik. Nr. 13.) [Künftig zitiert als: Privatisierung kommunaler Aufgaben und Leistungen]

154

laufende Gewinnabführungen der öffentlichen EVU zu verringern.[727] Daher bedeute eine Anteilsveräußerung einen Verzicht auf langfristige und kontinuierliche Einnahmen bzw. Gewinnzuführungen der profitablen öffentlichen EVU an den kommunalen Haushalt.[728]

Dieses Argument ist allerdings nur bedingt stichhaltig, da weitere positive Nebeneffekte einer Privatisierung nicht ausreichend berücksichtigt werden.[729] So gilt der Umstand einer geringeren Kapitalbelastung des Haushaltes selbst dann, wenn die in Zukunft teilweise entfallenden Gewinne berücksichtigt werden, welche die öffentlichen EVU bislang an den Haushalt abgeführt haben.[730]

Nach Grossekettler ist die Rendite öffentlicher Betriebe "typischerweise niedriger als der Zinssatz, welchen die öffentlichen Haushalte bei einer Verschuldung (zum Zwecke der Kapitalerhöhung Anm. d. Aut.) akzeptieren müssen."[731] In den öffentlichen EVU ist somit Kapital gebunden, welches zumeist unterhalb des Kapitalmarktzinses für öffentliche Anleihen verzinst wird.[732] Dies lässt im Falle eines Anteilsverkaufs neben einer einmaligen kurzfristigen Haushaltsentlastung darüber hinaus eine langfristige Entlastung des Haushalts erwarten. Ferner würde die Kommune im Falle einer höheren Produktionseffizienz des öffentlichen EVU auch höhere Steuereinnahmen sowie höhere Gewinnabführungen aus den eigenen Anteilen am Unternehmen erhalten.

Gegner einer Privatisierung halten diesem Argument entgegen, eine bloße Betrachtung aus haushaltswirtschaftlicher Sicht lasse die öffentlichen Aufgaben außer Acht, zu deren Erfüllung die öffentlichen Unternehmen

---

727 Siehe Kreikenbaum, Dieter: Kommunalisierung und Dezentralisierung. A.a.O.. S. 103f..

728 Vgl. Attig, Dieter: Zeit für Kooperationen. A.a.O.. S. 1.

729 Vgl. Helm, Thorsten Matthias: Rechtpflicht zur Privatisierung. A.a.O.. S. 45.

730 Siehe Grossekettler, Heinz: Privatisierung: bloßes Instrument der Haushaltssanierung oder ordnungspolitische Notwendigkeit?. Münster 2001. S. 4. (=Volkswirtschaftliche Diskussionsbeiträge. Nr. 331.) [Künftig zitiert als: Privatisierung]

731 Siehe Ebd.. S. 4.

732 Siehe Hamm, Walter: Vorteile einer umfassenden Privatisierung. A.a.O.. S. 83.

gegründet worden seien.[733] Der Zinsersparung bei einer Privatisierung seien daher die zur Sicherung der Erfüllung der öffentlichen Aufgabe erforderlichen Zuschüsse an den Privaten gegenüberzustellen, welche in der Regel höher zu veranschlagen seien.[734] Diesem Argument ist entgegenzuhalten, dass, unabhängig von der generellen Fragwürdigkeit des Vorliegens einer öffentlichen Aufgabe, bereits private Unternehmen im Markt agieren, welche die Aufgabe der Stromversorgung bislang ohne Zuschüsse in ausreichender Qualität wahrnehmen.

Allerdings besteht im Rahmen einer Teilprivatisierung die Gefahr einer zusätzlichen Haushaltsbelastung, falls die Möglichkeit des internen Finanzausgleichs im Rahmen des kommunalen Querverbunds beschränkt wird.[735] Bislang werden mit den Gewinnen der wirtschaftlich stärkeren Sparten (z.B. Strom) die wirtschaftlich schwächeren Geschäftsbereiche quersubventioniert (z.B. ÖPNV).[736] Sofern die Möglichkeit einer internen Quersubventionierung im Zuge einer Anteilsveräußerung entfällt, müssen die Verluste der defizitären Sparten durch die kommunalen Eigner gedeckt werden.[737]

Häufig sind private Investoren lediglich an einer Beteiligung an der lukrativen, gewinnbringenden Stromsparte eines öffentlichen EVU interessiert (sog. rose-picking). Die defizitären, für private Investoren unattraktiven Sparten würden in diesem Fall vollständig in öffentlicher Hand verbleiben. Eine Querfinanzierung nach dem bisherigen Modell des kommunalen Querverbundes wäre jedoch weitgehend ausgeschlossen.[738] Eine Teilprivatisierung würde somit langfristig zu einer wachsenden Belastung der kommunalen Haushalte bei gleichzeitig sinkenden Einnahmen aus der Geschäftstätigkeit des öffentlichen EVU führen.[739] In diesem Zu-

---

733 Siehe Gesellschaft für öffentliche Wirtschaft(Hrsg.): Privatisierungsdogma. A.a.O.. S. 14.

734 Siehe Ebd.. S. 14.

735 Vgl. Hamm, Walter: Vorteile einer umfassenden Privatisierung. A.a.O.. S. 83f..

736 Vgl. Attig, Dieter: Zeit für Kooperationen. A.a.O.. S. 1.

737 Siehe Püttner, Günter: Kommunale Betriebe und Mixed Economy. A.a.O.. S. 550f..

738 Vgl. Prangenberg, Wolfgang: Unternehmen Stadtwerke. Optionen für die Zukunft. A.a.O.. S. 123f..

739 Vgl. Gesellschaft für öffentliche Wirtschaft(Hrsg.): Privatisierungsdogma. A.a.O.. S. 10.

sammenhang besteht jedoch die Möglichkeit einer gemeinsamen Ausschreibung gewinn- und verlustbringender Geschäftsbereiche sowie ver-
traglicher Regelungen zur Gewährleistung der internen Quersubventionierung.[740]

4.3.1.3 Ordnungspolitische Motive

Die Wirtschaftsordnung der sozialen Marktwirtschaft ist ein ordnungspolitisches Leitbild mit dem Ziel, auf der Basis einer wettbewerblich-
organisierten Wirtschaft die freie Initiative mit einem durch marktwirtschaftliche Leistung gesicherten sozialen Fortschritt zu verbinden.[741] Vor-
rangige Aufgabe der Wirtschaftspolitik ist daher aus ordnungspolitischer
Sicht die Förderung und Sicherung des Wettbewerbs; wirtschaftliche Betätigungen sind weitestgehend dem Markt zu überlassen.[742]

Der Staat soll, unabhängig von der Erfüllung hoheitlicher Aufgaben (z.B.
Verteidigung), nur dann selbst tätig werden, wenn Marktversagen auftritt
und Privatunternehmen die Versorgung mit bestimmten Gütern nicht oder
nicht in ausreichendem Maße gewährleisten können. Auf diese Weise soll
eine Verringerung der mit politischen Einflussnahmen auf das Güter- und
Leistungsangebot oftmals verbundenen Fehlallokationen erreicht und
Freiheitsgefährdungen durch den "modernen Interventions- und expan-
dierenden Sozialstaat" abgewehrt werden.[743]

Eine Privatisierung der öffentlichen EVU stellt aus ordnungspolitischer
Sicht daher einen unverzichtbaren Beitrag zum übergeordneten Ziel der
Deregulierung und Liberalisierung der Wirtschaft dar.[744]

Vor der Liberalisierung wurde die Tätigkeit öffentlicher Unternehmen in
der Energieversorgung mit einem natürlichen Monopol in der Elektrizitätsversorgung begründet, was eine öffentliche Aufgabenerfüllung notwendig erscheinen ließ.[745] Im Zuge der Liberalisierung des Strommarktes

---

740 Vgl. Hamm, Walter: Vorteile einer umfassenden Privatisierung. A.a.O.. S. 88.

741 Vgl. Altmann, Jörn: Wirtschaftspolitik. A.a.O.. S. 242.

742 Vgl. Eickhof, Norbert: Öffentliche Unternehmen aus volkswirtschaftlicher Per-
     spektive. A.a.O.. S. 67.

743 Helm, Thorsten Matthias: Rechtspflicht zur Privatisierung. A.a.O. S. 52

744 Vgl. Helm, Thorsten Matthias: Rechtspflicht zur Privatisierung. A.a.O.. S. 51.

745 Vgl. Kreikenbaum, Dieter: Kommunalisierung und Dezentralisierung. A.a.O.. S.
     80f..

hat sich das natürliche Monopol jedoch allenfalls im Netzbereich als exi-
stent erwiesen.[746] Nach ordnungspolitischer Auffassung liegt daher keine
hinreichende ökonomische Rechtfertigung mehr für eine Bereitstellung
des Energieangebotes durch öffentliche Unternehmen vor; eine Privatisierung der öffentlichen Unternehmen scheint geboten.

Verfechter der öffentlichen Wirtschaft halten diesem Argument entgegen,
dass ein rein ordnungspolitisches Denkschema der Realität marktwirt-
schaftlich verfasster Systeme nicht gerecht werde.[747] Öffentliche EVU
sind danach als gleichberechtigte Wettbewerbsteilnehmer in einer
Marktwirtschaft denkbar, da nicht das Eigentum, sondern die durch die
Rechtordnung begrenzte Wettbewerbsfreiheit primäres Kriterium einer
Marktwirtschaft sei.[748]

Im übrigen erfüllten die Unternehmen eine öffentliche Aufgabe, die bei
einer ausschließlicher Orientierung am Prinzip der Gewinnmaximierung
nicht zu erfüllen sei. Es gelte "zu berücksichtigen, dass öffentliche Unternehmen in erster Linie sachzielorientiert sind und die Gewinnerzielung
nicht Hauptziel ihrer Betätigung ist."[749] Das Sozialstaatsprinzip ver-
pflichte die Unternehmen als öffentliche Aufgabenträger zudem, die örtliche Energieversorgung als für den Bürger notwendige Daseinsvorsorge
zu gewährleisten.[750]

Dem Argument der Erfüllung einer öffentlichen Aufgabe ist entgegenzuhalten, dass die Existenz einer öffentlichen Aufgabe nicht zwingend einer
Erledigung durch öffentliche Unternehmen bedarf.[751] Vielmehr ist von
einer Trennung zwischen der Bereitstellungsfunktion sowie der Herstel-
lungsfunktion eines Gutes auszugehen. Daher ist eine Durchführung der

---

746 Siehe Eickhof, Norbert: Öffentliche Unternehmen aus volkswirtschaftlicher Per-
     spektive. A.a.O.. S. 70f..

747 Siehe Gesellschaft für öffentliche Wirtschaft(Hrsg.): Privatisierungsdogma.
     A.a.O.. S. 5f..

748 Siehe Lange, Thomas: Staatliches/Öffentliches Vermögen. In: Andersen, Uwe
     und Wichard Woyke (Hrsg.): Handwörterbuch des politischen Systems der
     Bundesrepublik Deutschland. 3. Auflage. Bonn 1997. S. 523.

749 Vgl. Gesellschaft für öffentliche Wirtschaft(Hrsg.): Privatisierungsdogma.
     A.a.O.. S. 4.

750 Genau diskutiert bei Schmid, Hansdieter: Wirtschaftliche Betätigung der Kom-
     munen. A.a.O.. S. 315.

751 Vgl. Helm, Thorsten Matthias: Rechtspflicht zur Privatisierung. A.a.O.. S. 57.

öffentlichen Aufgabe der Elektrizitätsversorgung durch private Unternehmen unter öffentlicher Aufsicht grundsätzlich möglich.[752]

Zudem sind seit der Liberalisierung auch privatwirtschaftliche Unternehmen in der öffentlichen Stromversorgung tätig, welche die Aufgabe der Stromversorgung ohne Qualitätsunterschiede zu gleichen Preisen wahrnehmen.[753] Es ist daher kein Grund ersichtlich, welcher eine Erfüllung der Stromversorgung durch öffentliche Unternehmen rechtfertigt. Weiterhin ist die Sachzielorientierung vieler öffentlicher EVU durchaus kritisch zu beurteilen. Die zunehmende Ausweitung der Geschäftsfelder zur Stärkung der eigenen Wettbewerbsfähigkeit lässt die Gewinnerzielung als Unternehmenszweck gegenüber der Sachzielorientierung in den Vordergrund treten.

Gegner der ordnungspolitischen Auffassung vertreten ferner die Auffassung, dass eine zunehmende Privatisierung öffentlicher EVU zu einer weiteren horizontalen und vertikalen Konzentration in der Unternehmenslandschaft führe. Dies bedinge eine mittelfristige Obligopolisierung des Strommarktes und lasse anschließend den Erlass neuer wettbewerbsrechtliche Normen zur Regulierung erforderlich werden.[754] Eine Vielzahl eigenständiger Akteure sichere und belebe dagegen die wettbewerbliche Ordnung des liberalisierten Strommarktes und gewährleiste dauerhaft niedrige Strompreise für die Endverbraucher.[755] Dieses Argument scheint jedoch äußerst fragwürdig, da vor allem die öffentlichen EVU in der Vergangenheit den Wettbewerb im Tarifabnehmersegment durch das Erschweren eines Anbieterwechsels sowie Durchleitungsverweigerungen nahezu blockiert haben.

Insgesamt lässt sich die ordnungspolitische Privatisierungsmotivation als stark ideologiebehaftet kennzeichnen. Eine rein ordnungspolitisch motivierte Privatisierung öffentlicher EVU ist daher äußerst schwierig zu vermitteln, zumal eine Unterstützung durch die Mitarbeiter allein aus die-

---

752 Siehe Grossekettler, Heinz: Privatisierung. A.a.O.. S. 9ff..

753 Vgl. Eickhof, Norber: Öffentliche Unternehmen aus volkswirtschaftlicher Perspektive. In: A.a.O.. S. 74.

754 Vgl. Gottschalk, Wolf: Praktische Erfahrungen und Probleme mit Public Private Partnership (PPP) in der Versorgungswirtschaft. In: Budäus, Dietrich und Peter Eichhorn(Hrsg.): Public Private Partnership. Neue Formen öffentlicher Aufgabenerfüllung. Baden-Baden 1997. S.164. (=Schriftenreihe der Gesellschaft für öffentliche Wirtschaft. Nr. 41.)

755 Vgl. Attig, Dieter: Zeit für Kooperationen. A.a.O.. S. 1.

ser Motivation heraus nicht zu erwarten ist.[756] In der Regel erfolgt eine Entscheidung für eine Teilprivatisierung daher aufgrund rationaler Überlegungen (z.B. Verkaufserlös), weniger aus Gründen der ideologischen Überzeugung.

Gleichwohl dürfte sich in Zukunft die Frage nach der grundsätzlichen Legitimation öffentlicher Unternehmen in einem wettbewerblich organisierten Markt verschärfen. Die seit der Liberalisierung erfolgten Privatisierungen im Versorgungssektor haben deutlich werden lassen, dass eine wettbewerbliche Organisation der Märkte durchaus möglich ist, ohne das Marktversagen auftritt.[757] Die Kommunen werden ihre wirtschaftliche Betätigung daher nicht länger mit dem bloßen Verweis auf die öffentliche Daseinsvorsorge und die Funktion der Unternehmen als Instrument öffentlicher Infrastrukturpolitik rechtfertigen können.[758]

4.3.2 Privatisierungskonzeption

Ist die Entscheidung für eine Privatisierung eines öffentlichen EVU gefallen, so muss zunächst durch kommunalen Träger und Unternehmensführung ein strategisches Privatisierungskonzept erstellt werden. Das Privatisierungskonzept erläutert die mit der Veräußerung angestrebten Zielsetzungen und legt den Umfang der zu veräußernden Unternehmensanteile fest. Daneben enthält es Vorgaben zur Art der Veräußerung (Auktion, Börsengang, usw.)[759]

Die im Privatisierungskonzept aufgeführten Zielsetzungen dienen zur Ableitung von Bewertungskriterien, welche zur Beurteilung potenzieller Investoren herangezogen werden können.[760] Die Formulierung der Zielsetzungen erfolgt dabei im Rahmen eines Meinungsbildungsprozesses, an dem außer kommunalem Eigentümer und Unternehmensführung weitere

---

756 Vgl. Richter, Klaus: Privatisierung kommunaler Aufgaben und Leistungen. A.a.O.. S. 4.

757 Vgl. Helm, Thorsten Matthias: Rechtspflicht zur Privatisierung. S. 27f.. A.a.O..

758 Vgl. Ebd.. S. 40.

759 Vgl. dazu Zühlke, Reiner: Der Ablauf einer erfolgreichen Privatisierung. In: Becker, Peter, Christian Held u.a. (Hrsg.): Energiewirtschaft im Aufbruch. Analysen-Szenarien-Strategien. Köln 2001. S. 364. [Künftig zitiert als: Der Ablauf einer erfolgreichen Privatisierung]

760 Siehe Zühlke, Reiner: Der Ablauf einer erfolgreichen Privatisierung. A.a.O.. S. 364.

Interessengruppen beteiligt sind (siehe Abb.23).[761] Da die Ziele der einzelnen Interessengruppen sich überschneiden bzw. widersprechen können, ist durch die Unternehmensführung eine Gewichtung der Ziele vorzunehmen.[762]

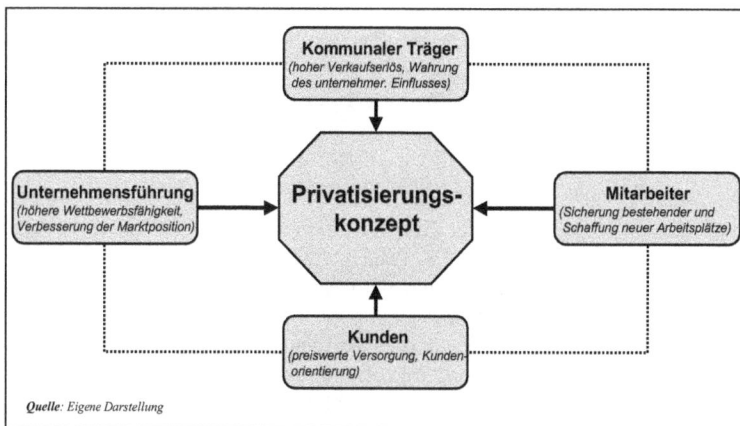

Quelle: Eigene Darstellung

Abb. 23: Interessengruppen bei einer Privatisierung

Die Kommune strebt als bisheriger Eigentümer vor allem einen hohen Verkaufserlös sowie die Sicherung des Fortbestandes des öffentlichen EVU an. Daneben stellt die Wahrung des unternehmerischen Einflusses eine wichtige Zielsetzungen des kommunalen Trägers dar.[763] Der kommunale Träger legt ferner im Rahmen kommunalpolitischer Vorgaben die grundlegenden Einschränkungen der Privatisierung fest. Es handelt sich dabei zumeist um beschäftigungswirksame, regionalwirtschaftliche, ökologische und die Versorgungsqualität betreffende Verpflichtungen für die

---

761 Vgl. Gabelmann, Thomas und Frank Karbenn: Privatisierung kommunaler EVU-Neuausrichtung mit vielen Handlungsoptionen. In: EW. Heft 21/2000. S. 10.

762 Siehe Brede, Helmut: Grundzüge der öffentlichen Betriebswirtschaftslehre. A.a.O.. S. 49f..

763 Vgl. Gabelmann, Thomas und Frank Karbenn: Privatisierung kommunaler EVU-Neuausrichtung mit vielen Handlungsoptionen. A.a.O.. S. 10.

161

Käuferseite.[764] Auch der Erhalt des kommunalen Querverbundes bzw. der internen Quersubventionierung zwischen gewinn- und verlustbringenden Geschäftssparten ist in diesem Zusammenhang eine maßgebliche Vorgabe.[765]

Zielsetzung der Unternehmensführung des öffentlichen EVU ist die Schaffung einer strategische Partnerschaft mit dem privaten Investor. Die Erschließung von Synergiepotentialen sowie ein Transfer von wettbewerbsrelevantem Know-how sollen eine Erhöhung der Leistungsfähigkeit sowie eine bessere Positionierung im Markt bewirken, um die Wettbewerbsfähigkeit im liberalisierten Strommarkt dauerhaft zu gewährleisten.[766]

Das primäre Interesse der Beschäftigten bzw. des Betriebsrates des öffentlichen EVU liegt in der langfristigen Sicherung bestehender sowie der Schaffung neuer Arbeitsplätze.[767] Vielerorts stehen die Arbeitnehmer einer Privatisierung aus Angst vor einem Arbeitsplatzverlust grundsätzlich ablehnend gegenüber. So erklärte der Vorsitzende der Hamburger Dienstleistungsgewerkschaft ver.di, Wolfgang Rose, öffentliche Unternehmen dürften "nicht an private Profiteure verscherbelt werden, die nur an ihren Gewinn denken und Arbeitsplätze vernichten."[768] Der Abbau derartiger Vorurteile ist bei einer anstehenden Teilprivatisierung von hoher Bedeutung, um öffentlichen Widerstand sowie passiven Widerstand der Mitarbeiter zu vermeiden und den Erfolg der Anteilsveräußerung nicht zu gefährden.

Die Kunden eines öffentlichen EVU erwarten von einer Privatisierung dagegen vor allem Preissenkungen, eine erhöhte Kundenorientierung

---

764 Siehe Ebd.. S. 10. Vgl. außerdem: Zühlke, Reiner: Der Ablauf einer erfolgreichen Privatisierung. A.a.O.. S. 364.

765 Vgl. Wagner, Oliver und Kora Kristof: Strategieoptionen kommunaler Energieversorger im Wettbewerb. A.a.O.. S. 28f..

766 Vgl. Karbenn, Frank: Im Team stark. Privatisierung kommunaler Energieversorger. In: Handelsblatt. Nr. 99 vom 23.05.2001. S. b03.

767 Vgl. Brede, Helmut: Grundzüge der öffentlichen Betriebswirtschaftslehre. A.a.O.. S. 47.

768 Wolfgang Rose, Vorsitzender der Dienstleistungsgewerkschaft ver.di in Hamburg. Zitiert in o.V.: Privatisierung öffentlicher Unternehmen in Hamburg: Klare Mehrheit ist dagegen. Den Besitz der Bürger nicht verscherbeln. Abgerufen unter: Http://www.verdi-hamburg.de. Abgerufen am: 04.06.2002.

bzw. Servicequalität sowie ein erweitertes Angebotsportfolio an Produkten und Dienstleistungen.[769]

Nachdem Zielsetzungen sowie etwaige Beschränkungen definiert worden sind, ist vom kommunalen Träger der Umfang der Privatisierung festzulegen. Neben einer Privatisierung des kompletten Unternehmens bietet sich in diesem Zusammenhang auch die Möglichkeit, lediglich einzelne Geschäftsbereiche (z.b. ausschließlich die Stromversorgung) zu privatisieren.[770] Im Hinblick auf den kommunalen Querverbund ist dabei insbesondere die Frage von Bedeutung, ob auch im Falle einer Privatisierung einzelner Geschäftsbereiche eine Aufrechterhaltung des steuerlichen Querverbunds möglich bleibt. So dürften die hierfür notwendigen steuerrechtlichen Voraussetzungen im Falle einer Mehrheitsbeteiligung privater Investoren entfallen.[771]

Die Entscheidung über die Höhe der zu veräußernden Anteile ist deshalb von besonderer Bedeutung. Dabei ist grundsätzlich davon auszugehen, dass es sich um eine Minderheitsbeteiligung (unter 50%) handelt, um den kommunale Einfluss auf die Geschäftspolitik des öffentlichen EVU zu erhalten und auch weiterhin eine Quersubventionierung defizitärer Geschäftsbereiche zu ermöglichen. Eine Mehrheitsbeteiligung privater Investoren ist hingegen sorgfältig zu prüfen, da sie fundamentale geschäftspolitische Zielvorstellungen des kommunalen Trägers beeinträchtigen könnte. Der ehemalige Präsident des VKU, Schöneich, stellte hierzu fest, dass sich öffentliche EVU durch strategische Partnerschaften grundsätzlich zu "schlagkräftigen Einheiten" entwickelt hätten.[772] Er warnte jedoch vor einer Mehrheitsbeteiligung privater Unternehmen, da diese ihren Einfluss auf die Geschäftspolitik nutzen könnten, um die kommunalen Unternehmen mittelfristig auf die Rolle eines "regionalen Verkaufsbüros" zu reduzieren.[773]

---

769 Vgl. Gabelmann, Thomas und Frank Karbenn: Privatisierung kommunaler EVU
     – Neuausrichtung mit vielen Handlungsoptionen. A.a.O.. S. 10.

770 Vgl. Roth, Karl: Auf dem Weg zu einer neuen Struktur in der Versorgungswirtschaft. A.a.O.. S. 244.

771 Siehe Gabelmann, Thomas und Frank Karbenn. Privatisierung kommunaler
     EVU – Neuausrichtung mit vielen Handlungsoptionen. A.a.O.. S. 12.

772 Vgl. VKU(Hrsg.): Mehr Unternehmen. A.a.O.. S. 2.

773 Vgl. Ebd.. S. 2.

Die Entscheidung über die Höhe der zu verkaufenden Anteile entwickelt somit langfristige Konsequenzen für die strategische Ausrichtung des öffentlichen EVU und ist genau zu überdenken. In diesem Zusammenhang ist vom kommunalen Eigentümer zwischen der Höhe des erzielbaren Veräußerungsgewinns, welcher neben dem Unternehmenswert von der Beteiligungshöhe abhängt, und der Möglichkeit künftiger politischer Einflussnahme auf die Geschäftstätigkeit abzuwägen. Dabei ist zu berücksichtigen, dass sich durch zukünftige Kapitalerhöhungen, welche die Kommune finanziell nicht mittragen kann, die Beteiligungsverhältnisse weiter zu ihren Ungunsten verschieben können.[774]

Ferner ist durch die Unternehmensführung zu entscheiden, ob ein oder mehrere Investoren beteiligt werden sollen. Eine Einbindung mehrerer Investoren verringert dabei die Abhängigkeit von einem Partner und stärkt so die unternehmerische Selbstständigkeit des öffentlichen EVU. Zudem wird das Kapital- und Investitionsrisiko durch eine Aufteilung auf mehrere Akteure verringert.[775] Gleichzeitig ist jedoch ist bei einer Beteiligung mehrerer Investoren ein geringerer Verkaufserlös zu erwarten. Zudem erschwert eine Beteiligung mehrerer Investoren die Strategiefindung, was einen negativen Einfluss auf die strategische Ausrichtung des öffentlichen EVU im Wettbewerb haben könnte.[776]

Sobald die grundlegenden Bedingungen der Privatisierung im Privatisierungskonzept niedergelegt worden sind, werden die zu Veräußerung stehenden Unternehmensanteile öffentlich ausgeschrieben. Anschließend wird im Rahmen eines Bieterwettbewerbs ein geeigneter Investor für das öffentliche EVU ermittelt.[777]

4.3.3 Investorenwahl

Um einen geeigneten Investor für das öffentliche EVU zu finden, ist zunächst die Entwicklung eines Investorenprofils vonnöten. Das Profil beschreibt die zukünftige Unternehmensentwicklung und leitet daraus Anforderungen an den potentiellen Investor ab. Dabei ist genau zu analysie-

---

774 Siehe Prangenberg, Wolfgang: Unternehmen Stadtwerke. Optionen für die Zukunft. A.a.O.. S. 124.

775 Siehe Ebd.. S. 124.

776 Siehe Ebd.. S. 124.

777 Siehe Oesterwind, Dieter: Langfristige Weichenstellungen sind notwendig. In: Handelsblatt vom 13 vom 19.01.2000. S. b05.

ren, welche strategische Unternehmensausrichtung in Zukunft verfolgt werden soll, d.h. welche Geschäftsfelder das Kerngeschäft bilden und welche Vorstellungen hinsichtlich Marktdurchdringung bzw. Expansion in neue Märkte bestehen.[778]

Im allgemeinen streben die öffentlichen EVU mit einer strategischen Partnerschaft die Erschließung von Synergien, den Transfer von Know-how sowie eine Zuführung von Investitionskapital an.[779] Daneben streben die Unternehmen im Rahmen der Partnerschaft eine Stärkung ihrer Wettbewerbsfähigkeit durch die Ausweitung des Angebotsportfolios sowie den Aufbau einer überregionalen Marktpräsenz an.[780]

Das Investorenprofil sollte sich konzeptionell an der Erschließung derartiger Vorteile orientieren, was den Investorenkreis im Regelfall auf strategische Investoren aus der Energiebranche beschränkt, (z.B. Vorlieferanten, ausländische Energieversorger, usw.).[781] Falls ein öffentliches EVU lediglich die Erschließung finanzieller Ressourcen für Investitionszwecke anstrebt, sind daneben jedoch auch Kreditinstitute oder Beteiligungsgesellschaften als Investoren denkbar.[782]

Bei der Wahl eines strategischen Investors ist grundsätzlich zu prüfen, welcher Investor das größte Ressourcen- sowie das größte Wachstums-

---

778 Siehe Prangenberg, Wolfgang: Unternehmen Stadtwerke. Optionen für die Zukunft. A.a.O.. S. 124.

778 Siehe Ebd.. S. 124.

778 Siehe Gabelmann, Thomas und Frank Karbenn. Privatisierung kommunaler EVU – Neuausrichtung mit vielen Handlungsoptionen. A.a.O.. S. 12.

778 Siehe Ebd.. S. 12.

778 Vgl. Ruhland, Frank: Anforderungen an Lieferantenpartnerschaften aus Sicht eines Energie-Einzelhändlers. A.a.O.. S. 351.

779 Für eine repräsentative Auflistung der Vorteile einer Teilprivatisierung siehe Prangenberg, Wolfgang: Unternehmen Stadtwerke. Optionen für die Zukunft. A.a.O.. S. 124.

780 Vgl. Gabelmann, Thomas und Frank Karbenn; Privatisierung kommunaler EVU – Neuausrichtung mit vielen Handlungsoptionen. A.a.O.. S. 12.

781 Vgl. Roth, Karl: Auf dem Weg zu einer neuen Struktur in der Versorgungswirtschaft. A.a.O.. S. 246.

782 Vgl. Kapp, Thomas, Auge-Dickhut, Stefanie und Wilhelm Schierle: Beteiligung von Dritten an den Stadtwerken. A.a.O.. S. 51.

potential in eine Beteiligung einbringt. Daneben ist bei der Investorenwahl zu berücksichtigen, welche strategische Ausrichtung ein potentieller
Investor im Wettbewerb verfolgt.[783] Dabei ist eine Unterscheidung in Investoren möglich, welche das öffentliche EVU bei der Absicherung des
lokalen Versorgungsgebietes unterstützen (defensive Strategie) oder einen
offensiven Marktauftritt auch außerhalb des örtlichen Versorgungs-
bereiches fördern (offensive Strategie).[784]

Verfolgt das öffentliche EVU eine defensive Strategie im Markt, ist bei
der Investorenwahl die Optimierung der eigenen Geschäftstätigkeit ein
entscheidendes Auswahlkriterium. Dabei wird vor allem die Ausnutzung
vorhandener Synergien sowie eine Optimierung der Beschaffungs-
konditionen angestrebt. Als geeigneter Investorenkreis erscheinen in diesem Fall unmittelbar an das örtliche Versorgungsgebiet angrenzende Unternehmen, da die räumliche Nähe eine Erschließung von Synergiepotentialen begünstigt.[785]

Bei der Auswahl eines derartigen Investors ist allerdings zu berücksichtigen, dass dieser i.d.R. verbindliche Bedingungen für den Bezug von
Strom vorgibt, um den Auslastungsgrad seiner Erzeugungsanlagen zu optimieren.[786] So bildet der Abschluss eines bilateralen Stromliefervertrages
zwischen der RWE Plus und dem jeweiligen Stadtwerk eine Aufnahme-
voraussetzung beim "Netzwerk Partner 2000". Das verbindliche Bezugs-
volumen umfasst dabei mindestens 75% des für das öffentliche EVU
notwendigen Gesamtbedarfs an Strom.[787] Derartige Verträge schränken
die zukünftige Handlungsfreiheit des öffentlichen EVU in hohem Maße
ein.

---

783 Siehe Schneider, Erwin und Heinz Jürgen Schürmann: Stadtwerke suchen regi-
     onale und bundesweite Allianzen. Kommunale Versorger sind gut in den libe-
     ralen Markt gestartet. In: Handelsblatt. Nr. 028 vom 09.02.2000. S. 16.

784 Vgl. Roth, Karl: Auf dem Weg zu einer neuen Struktur in der Versorgungs-
     wirtschaft. A.a.O.. S. 246.

785 Vgl. Ebd.. S. 246.

786 VKU(Hrsg.): Pressekonferenz des Verbands kommunaler Unternehmen e.V. am
     20. Juni 2001 in Berlin. Statement von OB Gerhard Widder, Präsident des VKU.
     A.a.O.. S. 6f..

787 Zu den genauen Bedingungen siehe Pasture, Marc R.: Das Netzwerk Partner
     2000. Mit neuer Struktur noch leistungsfähiger. In: ET. Heft 10/2002. S. 682.

Darüber hinaus ist mittelfristig aufgrund des wachsenden Kostendrucks mit einer Verschmelzung der Vertriebsaktivitäten von öffentlichem EVU und privatem Investor zu rechnen. Die Kunden des öffentlichen EVU werden in diesem Fall in eine Vertriebskooperation mit dem privaten Investor eingebracht, welcher so Zugriff auf die wettbewerbsrelevanten Kundendaten erhält.

Im Ergebnis führt eine derartige Beteiligung damit zu einer Verkürzung der Wertschöpfungskette des öffentlichen EVU. Das Unternehmen beschränkt sich künftig auf die Bereitstellung der Netzinfrastruktur und ggf. auf den örtlichen Vertrieb von einheitlichen Produkten.[788] Gleichzeitig besteht durch den einseitigen Know-how Transfer (Kundendaten) die Gefahr, langfristig die unternehmerische Selbstständigkeit vollständig zu verlieren und zum bloßen Vertriebskanal eines übergeordneten Unternehmens zu degradieren.[789]

Verfolgen die öffentlichen EVU dagegen eine offensive Marktstrategie, wird eine Erweiterung der Wertschöpfungskette angestrebt. Die Unternehmen haben hierzu den Großhandel mit Strom als neues Geschäftsfeld erschlossen und ihr Angebot an energienahen bzw. energiefernen Dienstleistungen erweitert. Im Vertrieb verfolgen diese öffentlichen EVU neben einer Stärkung ihrer lokalen Marktpräsens die Erschließung neuer Absatzgebiete außerhalb des bestehenden örtlichen Versorgungsgebietes. Diese Geschäftsentwicklung sollte durch einen strategischen Investor gefördert werden.[790]

So ist eine Abwicklung des Stromhandels sowie der kostenoptimalen Strombeschaffung über die Handelsabteilung der Investors denkbar, um auf diese Weise Synergien im Bereich des Portfolio- und Risikomanagements zu realisieren.[791] Im Vertrieb bieten sich Unterstützungspotentiale in den Bereichen Key-Accounting, Marketing, Produkt-

---

788 Vgl. Goethe, Reinhard: Wie Stadtwerke sich für den Wettbewerb fit machen. Die Allianz von Huhn und Schwein?. A.a.O.. S. 60.

789 Vgl. Moraing, Markus: Neue Kooperationsstrategien der Stadtwerke. A.a.O.. S. 127.

790 Vgl. Roth, Karl: Auf dem Weg zu einer neuen Struktur in der Versorgungswirtschaft. A.a.O.. S. 246.

791 Vgl. Ebd.. S. 247.

entwicklung und Abrechnung.[792] Eine derartige Beteiligung würde es dem öffentlichen EVU damit erleichtern, Neukunden außerhalb des angestammten Versorgungsgebietes zu akquirieren, um Kundenverluste im eigenen Netzgebiet zu kompensieren. Hierbei sind allerdings Interessenkonflikte zwischen potentiellem Investor und öffentlichem EVU zu befürchten, sofern der Investor selbst über einen überregionalen Marktauftritt verfügt. In diesem Fall ist daher zunächst die Entwicklung einer gemeinsamen Vertriebsstrategie erforderlich.[793]

Vor dem Abschluss der Privatisierungsverhandlungen und der endgültigen Auswahl eines Investors sind schließlich die spezifischen Interessen der an einer Beteiligung interessierten Unternehmens zu analysieren.[794] Die Spannweite der verfolgten Zielsetzungen kann hierbei von der Sicherung des Stromabsatzes bis hin zu einer marktüblichen Umsatzrendite des eingesetzten Kapitals reichen (siehe Abb. 24).[795]

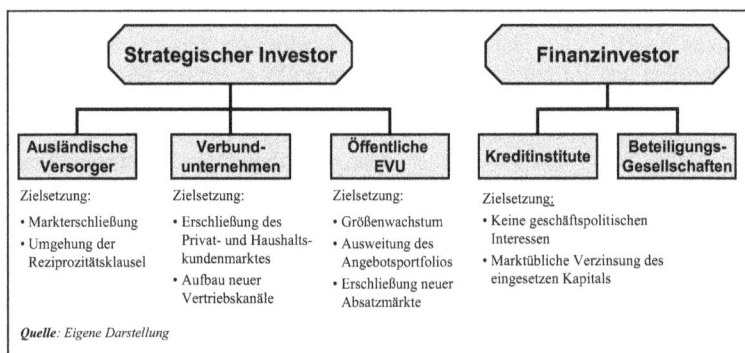

Abb. 24: Zielsetzungen von Investorengruppen bei einer Privatisierung

---

792   Siehe Karbenn, Frank: Im Team stark. Privatisierung kommunaler Energieversorger. A.a.O.. S. b03.

793   Vgl. Kühne, Gunther: Rechtsfragen der Kooperation. A.a.O.. S. 84.

794   Vgl. Schulz, Walter: Wer gefährdet wen im Energiemarkt. A.a.O.. S. 121.

795   Siehe Roth, Karl: Auf dem Weg zu einer neuen Struktur in der Versorgungswirtschaft. A.a.O.. S. 244.

Hauptmotiv der Verbundunternehmen ist die Erschließung neuer Absatzmärkte im Endkundengeschäft, insbesondere im Privat- und Haushalts-
kundensegment.[796] Die öffentlichen EVU bieten hierfür durch ihre lokale
Präsens sowie die langjährigen Kundenbeziehungen optimale Voraussetzungen.[797] So ist im "Partner 2000" Angebot der RWE Plus zu lesen:
"Die Stadtwerke steuern ihre lokalen Netze bei sowie ihre über Jahrzehnte gewachsenen guten Kundenkontakte vor Ort, ihr gutes Image bei
den Endkunden und eine breite Produktpalette".[798] Die auf der Verbundebene tätigen Energiekonzerne verfolgen somit die Zielsetzung, über
Stadtwerkbeteiligungen Vertriebskanäle zu erschließen, da dass Werben
um Einzelkunden bedeutend höhere Kosten verursacht.[799]

Für ausländische Marktteilnehmer, wie die schwedische Vattenfall, ist die
Beteiligung an kommunalen EVU dagegen ein wichtiger Bestandteil ihrer
Markterschließungsstrategie.[800] Inzwischen beteiligen sich auch immer
häufiger öffentliche EVU an den Privatisierungsausschreibungen (z.B.
SWM, Stadtwerke Düsseldorf, usw.). Diese verfolgen durch eine strategi-
sche Beteiligung zumeist die Zielsetzungen des Größenwachstums, einer
Ausweitung ihres Angebotsportfolios sowie der Erschließung neuer Ab-
satzmärkte und Marktsegmente.

Die Zielsetzungen der einzelnen Investorengruppen sind sowohl bei der
Investorenwahl als auch bei der Vertragsgestaltung der strategischen Kooperation unbedingt zu berücksichtigen.[801] Eine Fehleinschätzung der

---

796 Vgl. Moraing, Markus: Neue Kooperationsstrategien der Stadtwerke. A.a.O.. S.
     128.

797 Karbenn, Frank: Im Team stark. Privatisierung kommunaler Energieversorger.
     A.a.O.. S. b03.

798 O.V. Der Partner 2000-Vertrag: Ein starker Partner bietet Sicherheit. In:
     Https://rweprofi-
     partner.de/struktur/partner_2001/m.1_partner_2000_konzept.jsp. Abgerufen am:
     02.06.2002.

799 Vgl. Däuper, Olaf: Neue Anforderungen an die Fusionskontrolle in der Energie-
     wirtschaft. Auswirkungen der aktuellen Entscheidungspraxis des Bundeskartell-
     amts auf die Marktstruktur in der Energiewirtschaft. A.a.O.. S. 458.

800 Vgl. Dudenhausen, Roman, Andreas Döhrer und Ulrike Gravert-Jenny::Strom-
     und Gashandel in Stadtwerken. A.a.O.. S. 303.

801 Vgl. Gottschalk, Wolf: Praktische Erfahrungen und Probleme mit Public Private
     Partnership (PPP) in der Versorgungswirtschaft. A.a.O.. S. 165f..

spezifischen Interessen an einer Beteiligung kann mittelfristig zu einer Gefährdung der Wettbewerbsfähigkeit führen und die zukünftige strategische Geschäftsentwicklung des öffentlichen EVU nachhaltig beeinträchtigen.[802] In diesem Fall träfe die, zugegebenermaßen recht plakative, Kritik Beckers an Privatisierungen zu: "Das kommunale Unternehmen wird nicht ermordet, sondern begeht Selbstmord."[803]

---

802 Siehe Roth, Karl: Auf dem Weg zu einer neuen Struktur in der Versorgungswirtschaft. A.a.O.. S. 244.

803 Siehe Becker, Peter: Rechtsfragen langfristiger Lieferverträge zwischen Energieversorgern im Wettbewerb. In: ZNER. Heft 1/1997. S. 15f..

5. Fazit und Ausblick

Der 29. April 1998 markierte für die deutsche Stromwirtschaft das wichtigste Datum ihrer rund einhundertjährigen Geschichte. Der deutsche Strommarkt wurde mit dem Inkrafttreten des neuen Energiewirtschaftsrechts vollständig dereguliert und ohne Übergangsregelungen für den Wettbewerb geöffnet.[804] Die Öffnung des Strommarktes hat die Marktordnung der deutschen Energiewirtschaft deutlich verändert. An die Stelle von geschlossenen Versorgungsgebieten und Demarkationsverträgen sind der freie Netzzugang sowie neue in- und ausländische Anbieter getreten.[805]

Trotz umstrittener Regelungen und andauernder Liberalisierungsprobleme (Regelung des Netzzugangs durch Verbändevereinbarung, Durchleitungsverweigerungen, hohe bzw. unklare Netznutzungsentgelte) hat sich der Wettbewerb erheblich schneller entwickelt, als ursprünglich erwartet.[806] Der deutsche Strommarkt ist heute der wettbewerbsintensivste Markt Europas.[807]

Die künftige Entwicklung des Wettbewerbs ist allerdings aufgrund der hohen Konzentrationstendenzen im deutschen Strommarkt fraglich. Bislang hat die Bundesregierung die Etablierung einer Regulierungsbehörde abgelehnt, welche eine Überprüfung von Preisen, Tarifen und Abgaben vornehmen könnte, um so die Existenz von Wettbewerb zu gewährleisten.[808] Mittelfristig scheint die Einrichtung einer Regulierungs-

---

804 Vgl. Hartung, Roland: Perspektiven der Stadtwerke in Deutschland. A.a.O.. S. 298.

805 Vgl. Schulz, Eckhard: Bewegung in der Energiewirtschaft-Ein Markt im Umbruch. A.a.O.. S. 61.

806 Siehe Becker, Rolf H.: Strategische Handlungsalternativen für deutsche Stadtwerke. Langfristige Weichenstellungen sind notwendig. A.a.O.. S. b05.

807 Vgl. Schulz, Eckhard: Bewegung in der Energiewirtschaft-Ein Markt im Umbruch. A.a.O.. S. 61.

808 Vorbild bei der Gründung einer derartigen Behörde ist dabei der Telekommunikationsmarkt. Unklar ist, ob die Kompetenzen bei der bereits bestehenden Regulierungsbehörde für Post und Telekommunikation oder beim Bundeskartellamt anzusiedeln wären.

instanz aufgrund der bestehenden Marktsituation jedoch nahezu unumgänglich.

Die schnelle Entwicklung des Wettbewerbs hat anfänglich zu einem deutlichen Rückgang der Strompreise geführt, insbesondere bei den Industriekunden. Das Ziel der Bundesregierung, die Energiekostenbelastung der deutschen Wirtschaft durch die Liberalisierung des Marktes zu senken, konnte somit größtenteils erreicht werden.[809] Gleichwohl wurden die anfänglichen Preissenkungen, zumindest im Bereich der Tarifabnehmer, in der Folge durch zusätzliche staatliche Abgabenbelastungen sowie steigende Preise der Versorgungsunternehmen überkompensiert.[810] Inzwischen herrscht daher für viele der ca. 39 Millionen Tarifabnehmer, auf die etwa ein Viertel des Stromverbrauchs entfällt, ein höheres Strompreisniveau als vor der Liberalisierung des deutschen Strommarktes.[811]

Auf der Unternehmensseite hat die Liberalisierung und Deregulierung des deutschen Strommarktes bei nahezu allen Marktteilnehmern einen tiefgreifenden Wandlungsprozess ausgelöst.[812] Insbesondere die wirtschaftlichen Rahmenbedingungen der öffentlichen EVU haben sich durch den anfänglich hohen Wettbewerbsdruck und sinkende Margen einschneidend verändert. Allgemeingültige Aussagen über die Wettbewerbsfähigkeit der öffentlichen Unternehmen sind jedoch aufgrund unterschiedlicher Unternehmensgrößen und -strukturen unmöglich. Da der Wettbewerb mit unterschiedlicher Intensität auf die einzelnen Wertschöpfungsstufen der Unternehmen einwirkt, ist deren Wettbewerbsfähigkeit vielmehr von der individuellen Positionierung im Markt abhängig.[813]

So konnten reine Verteilerunternehmen in den ersten Jahren der Liberalisierung durch gesunkene Strombeschaffungspreise hohe Gewinne realisieren, während Unternehmen mit hoher Eigenerzeugungskapazität Ver-

---

809   Vgl. Hake, Jürgen-F., Stefan Vögele und Stefan Rath-Nagel: Wettbewerbs- und Unternehmensstrukturen in europäischen Elektrizitätsmärkten. A.a.O.. S. 613.

810   Vgl. Ebd.. S. 610.

811   Siehe Sturbeck, Werner: Energiemarkt im Wandel. Die strompreise steigen weiter. A.a.O.. S. 13.

812   Vgl. Lange, Jürgen: Zukunft kommunaler Unternehmen im Spannungsfeld der Liberalisierung. A.a.O.. S. 67.

813   Vgl. Lührmann, Harald und Ulrich Siegel: Stadtwerke – die Zukunft liegt im Verteilungsgeschäft. A.a.O.. S. 169.

luste hinnehmen mussten.[814] Das vielfach prognostizierte "Stadt-werkesterben" ist in diesem Zusammenhang jedenfalls ausgeblieben.[815] Dennoch ist zu erwarten, dass die meisten EVU aufgrund ihrer zu ge-ringen Größe nicht in der Lage sein werden, einem anhaltenden Ver-drängungswettbewerb über den Strompreis standzuhalten. Daneben bil-den unkalkulierbare Stromerzeugungspreise sowie die Liberalisierung weiterer Teilbereiche des kommunalen Querverbunds (ÖPNV, Gas) zu-sätzliche Risiken für die Wettbewerbsfähigkeit der öffentlichen EVU.

Seit Beginn der Liberalisierung verfolgen die öffentlichen EVU daher die Strategie, sich vom traditionellen Stromversorgungsunternehmen zum kundenorientierten Energiedienstleistungsunternehmen zu wandeln.[816] Die Unternehmen verfügen dabei aufgrund ihrer räumlichen Kundennähe sowie des bereits vorhandenen Angebotsportfolios (kommunaler Quer-verbund) über hervorragende Voraussetzungen für die Umsetzung einer dienstleistungsorientierten Strategie.[817]

Beide Faktoren haben es den Unternehmen erleichtert, auf die spezifi-schen Bedürfnisse ihrer Kunden dynamisch einzugehen und kundenori-entierte Produkte und Dienstleistungen zu entwickeln.[818] Die strategische Neuausrichtung der Geschäftätigkeit soll insgesamt zu einer Stärkung der Wettbewerbsfähigkeit führen und damit die Überlebensfähigkeit der öffentlichen EVU im liberalisierten Strommarkt langfristig sicherstellen.

Die Unternehmen haben dazu mit dem Ausbau vorhandener sowie der Erschließung neuer, gewinnversprechender Geschäftsfelder begonnen.[819]

---

814 Vgl. Fingerhut, Rainer und Thomas Scheuse: Totgesagt leben länger. Über Ko-operationsformen in der Kommunalwirtschaft. Die Dienstleistungsgesellschaft als Zukunft der Stadtwerke?. Abgerufen unter: Http://www.Demo-online.de. Abgerufen am: 13.02.2002. S. 1.

815 Prognos AG: Trendletter Versorgung A.a.O.. S. 1. Vgl. ferner: Lührmann, Ha-rald: Stadtwerke – die Zukunft liegt im Verteilungsgeschäft. A.a.O.. S. 441.

816 Vgl. Schulz, Eckhard: Bewegung in der Energiewirtschaft-Ein Markt im Um-bruch. A.a.O.. S. 61.

817 Vgl. Aselmann, Wilhelm und Thomas Aselmann: Der neue Energiemarkt: Chancen und Herausforderungen. A.a.O.. S. 322.

818 Vgl. Lange, Jürgen: Zukunft kommunaler Unternehmen im Spannungsfeld der Liberalisierung. A.a.O.. S. 67.

819 Siehe Leutner, Barbara und Carsten Schmitt: Gemeinsam in den Wettbewerb. A.a.O.. S. 31.

Neben dem Stromhandel gewinnt dabei vor allem das Angebot energienaher Dienstleistungen (z.b. Contracting, Facility Management) an Bedeutung. Diese können von den Unternehmen als Differenzierungskriterium im Wettbewerb genutzt und vermarktet werden, während das
Gut "Strom" aus Kundenperspektive lediglich ein "low-interest"-Produkt
darstellt, also kaum eine Wettbewerbsdifferenzierung erlaubt.[820] Daneben
haben einige Unternehmen ihr Angebotsportfolio um energieferne
Dienstleistungen, wie etwa die Telekommunikation, ergänzt.[821]

Vor der Erschließung neuer Geschäftsfelder ist von den Unternehmen eine Analyse der Chancen und Risiken des angestrebten Geschäftsfeldes
durchzuführen. In diesem Zusammenhang ist von Bedeutung, welche
Entwicklungspotentiale das Geschäftsfeld in Zukunft bietet und ob spezi-
fische Risiken eine Markterschließung beeinträchtigen könnten. Daneben
ist festzustellen, ob das fragliche Geschäftsfeld das bisherige Angebotsportfolio des Unternehmens sinnvoll ergänzt und auf Dauer zu einer
Erhöhung der Wertschöpfung beiträgt.[822]

Ein erfolgreiches Dienstleistungsangebot erfordert in der momentanen
Wettbewerbssituation vor allem konkurrenzfähige Preise. Um diese anbieten zu können, ist eine effiziente Kostenstruktur der Unternehmen erforderlich. Die öffentlichen EVU haben daher ihre internen Kosten durch
die Einführung eines effektiven Kostenmanagements, strenge Rationali-
sierungen im personellen und materiellen Bereich (Outsourcing) sowie
die Ausnutzung aller durch den Querverbund möglichen Synergieeffekte
auf ein konkurrenzfähiges Niveau gesenkt.[823] Zusätzlich ist vielfach von
den Unternehmen eine prozessorientierte und dezentrale Aufbauorganisation eingeführt worden, um dynamisch und flexibel am Markt
agieren zu können. Die internen Umstrukturierungsmaßnahmen wurden
zudem durch eine wettbewerbsorientierte Personalentwicklung ergänzt.

In diesem Zusammenhang ist vor allem auf die Bedeutung der internen
Kommunizierung des Unternehmensleitbildes (kundenorientiertes Ener-

---

820 Siehe Dommann, Dieter: Alle reden von Dienstleistung, aber keiner will dienen.
A.a.O.. S. 868.

821 Vgl. Meyer-Renschhausen, Martin und Manfred Sieling: Anpassungsstrategien
der kommunalen EVU. A.a.O.. S. 130.

822 Siehe Schorsch, Christof: Neue Geschäftsfelder – Themen und Erfahrungen von
Stadtwerken. A.a.O.. S. 9.

823 Vgl. O.V.: Qualitätsmanagement im Back Office. ÜWG: Schlank bleiben und
kommod in Nischen wachsen – Schwachpunkt Netzzugang. A.a.O.. S. 5.

giedienstleistungsunternehmen) zu verweisen. Nach Kaplan und North ist die Fähigkeit, eine Strategie umzusetzen, wichtiger als die Qualität der Strategie an sich. Es gelte daher, die Strategie den Mitarbeitern als ‚Everyone´s Everyday Job' zu vermitteln.[824] Um einen erfolgreichen Wandel zum Energiedienstleistungsunternehmen zu vollziehen, muss also der Wettbewerbs- und Dienstleistungsgedanke den Mitarbeitern im Rahmen der Unternehmenskultur kommuniziert und in ihre operativen Tätigkeiten integriert werden. Die Unternehmenskultur ist damit neben dem Leitbild des Unternehmens von maßgeblicher Bedeutung für eine erfolgreiche Implementierung der strategischen Neuausrichtung.

Trotz unternehmensinterner Strukturanpassungsprozesse sowie der Ausweitung der Geschäftstätigkeit auf neue Bereiche ist die Wettbewerbsfähigkeit vieler öffentlicher EVU dennoch mittelfristig aufgrund einer zu geringen Unternehmensgröße gefährdet.[825] Nach Auffassung der DGM wird sich kaum ein Unternehmen alleine sinnvoll im Wettbewerb positionieren können.[826] Die verfügbaren personellen und materiellen Ressourcen sowie das unternehmensinterne Know-how vieler öffentlicher EVU sind zu gering, um ein konkurrenzfähiges Angebotsportfolio mit eigenen Kompetenzen aufzubauen und zu vertreiben.

Nach Aussage Moraings ist deshalb in den letzten Jahren ein deutlicher Trend zur Abkehr von "stand-alone" Strategien hin zu Kooperationen mit den verschiedensten Akteuren zu verzeichnen.[827] Die Entstehung von Kooperationen wurde dabei durch den zunehmenden Wettbewerbs- und Kostendruck im liberalisierten Strommarkt sowie die Ausweitung der Wertschöpfungsprozesse zusätzlich begünstigt.[828]

Den öffentlichen EVU bieten sich dabei Kooperationsmöglichkeiten auf verschiedenen Ebenen. So können die Unternehmen auf horizontaler E-

---

824 Siehe Kaplan, Robert S. und David P. North: Die strategiefokussierte Organisation. A.a.O.. S. 3.

825 Vgl. Attig, Dieter: Stadtwerke im liberalisierten Energiemarkt. A.a.O.. S. 299.

826 Vgl. Deutsche Gesellschaft für Mittelstandsberatung: Kooperation, Verkauf, "Allein auf weiter Flur" – Strategien für die Ver- und Entsorgungswirtschaft. A.a.O.. S. 5.

827 Siehe Moraing, Markus: Neue Kooperationsstrategien der Stadtwerke. A.a.O.. S. 121f..

828 Siehe Lange, Jürgen: Zukunft kommunaler Unternehmen im Spannungsfeld der Liberalisierung. A.a.O.. S. 67.

bene mit anderen öffentlichen Unternehmen kooperieren (z.B. in der Strombeschaffung bzw. im Stromhandel), um Know-how für eine Ausweitung des Produkt- und Dienstleistungsangebotes zu erschließen, gemeinsame Synergien zu nutzen und so die eigene Positionierung im Wettbewerb zu verbessern.[829] Daneben bestehen Kooperationsmöglichkeiten mit branchenfremden Unternehmen, um bestimmte Formen von Dienstleistungen optimal bereitstellen zu können.

In den letzten Jahren ist zudem ein Trend zu Kapitalbeteiligungen privater Investoren im Rahmen einer strategischen Partnerschaft zu erkennen (Teilprivatisierung). Die Beteiligung eines privaten Unternehmens aus dem energienahen Sektor kann vorteilhaft sein, um dem öffentlichen EVU zusätzliches Investitionskapital und Know-how zu erschließen sowie das Geschäftsrisiko der Partner zu reduzieren.[830] Vor dem Hintergrund der desolaten Haushaltslage vieler Kommunen stellt der erzielbare Privatisierungserlös einen zusätzlichen Anreiz dar.[831] Die theoretische Abgrenzung zwischen öffentlichem und privatem Sektor verschwimmt daher in der Praxis zusehens, eine klare Trennung dürfte in Zukunft unmöglich werden.

Kooperationen können insgesamt eine deutliche Stärkung der Wettbewerbsfähigkeit öffentlicher EVU bewirken, sind jedoch immer mit einem Verlust an politischer Steuerungsfähigkeit der Unternehmen verbunden.[832] Die Kommunen sind daher gefordert, ein effizientes Beteiligungsmanagement einführen, um die Eigenständigkeit des öffentlichen EVU dauerhaft zu gewährleisten.[833]

---

829 Vgl. Schürmann, Heinz Jürgen: Turbulente Zeiten für die Energiewirtschaft. A.a.O.. S. 72. Vgl. daneben Attig, Dieter: Stadtwerke im liberalisierten Energiemarkt. A.a.O.. S. 300.

830 Vgl. Moraing, Markus: Neue Kooperationsstrategien der Stadtwerke. A.a.O.. S. 126.

831 Vgl. Becker, Rolf: Strategische Handlungsalternativen für deutsche Stadtwerke. Langfristige Weichenstellungen sind notwendig. A.a.O.. S. b05.

832 Vgl. Riechmann, Volker: Möglichkeiten erwerbswirtschaftlicher Betätigung der Stadtwerke unter Wettbewerbsbedingungen. A.a.O.. S. 95f..

833 Siehe Leutner, Barbara und Carsten Schmitt: Gemeinsam in den Wettbewerb. A.a.O.. S. 36. Siehe ferner Machura, Stefan: "Was begrenzt, begründet auch". A.a.O.. S. 99.

Von entscheidender Bedeutung für eine dauerhaft erfolgreiche Kooperation ist zudem die Wahl geeigneter Kooperationspartner. Es ist vor der Bildung einer Kooperation zu überprüfen, ob die strategischen Zielsetzungen potentieller Kooperationspartner mit der des öffentlichen EVU in Einklang stehen.[834] Daneben ist für den Erfolg einer Kooperation von Bedeutung, ob Unternehmensphilosophie und -kultur der Unternehmen miteinander harmonieren.[835] Um die interne Effizienz einer Kooperation zu gewährleisten, sollten ferner die Entscheidungskompetenzen der Kooperationspartner klar voneinander abgegrenzt sein.[836]

Bei einer Teilprivatisierung gilt es außerdem zu beachten, dass Anteilsveräußerungen nur schwer rückgängig zu machen sind und eine hohe Bindungsdauer und -intensität aufweisen. Neben dem Verkaufserlös und der Höhe der zu veräußernden Anteile ist daher durch geeignete Geschäftsverträge sicherzustellen, dass das öffentliche EVU nicht durch den einseitigen Transfer von Know-how sowie die Bündelung der Vertriebsaktivitäten langfristig zum bloßen Vertriebskanal eines Verbundunternehmens degradiert wird.[837]

Die Unternehmensführung bzw. der kommunale Eigentümer der öffentlichen EVU muss somit sorgfältig abwägen, welche Art von Kooperationsmaßnahmen zu ergreifen sind. Dabei ist zu berücksichtigen, dass durchaus mehrere Formen der Kooperation miteinander kombinierbar sind. So könnte ein öffentliches EVU mit einer vertikalen Kapitalbeteiligung gleichzeitig eine horizontale Vertriebskooperation mit anderen öffentlichen EVU eingehen und auf diagonaler Ebene mit branchenfremden Unternehmen kooperieren, um energienahe Dienstleistungen anzubieten. Welche Kooperationslösung anzustreben ist, muss dabei anhand der un-

---

834 Vgl. Moraing, Markus: Neue Kooperationsstrategien der Stadtwerke. A.a.O.. S. 128.

835 Vgl. Aselmann, Wilhelm und Thomas Aselmann: Der neue Energiemarkt: Chancen und Herausforderungen. A.a.O.. S. 324. Ferner: Vgl. Moraing, Markus: Neue Kooperationsstrategien der Stadtwerke. A.a.O.. S. 124f..

836 Vgl. Moraing, Markus: Neue Kooperationsstrategien der Stadtwerke. A.a.O.. S. 128.

837 Vgl. dazu VKU(Hrsg.): Pressekonferenz des Verbands komunaler Unternehmen e.V. am 20. Juni 2001 in Berlin. Statement von OB Gerhard Widder, Präsident des VKU. A.a.O.. S. 6. Vgl. ebenfalls: Moraing, Markus: Neue Kooperationsstrategien der Stadtwerke. A.a.O.. S. 129.

ternehmensspezifischen Besonderheiten sowie der Ausrichtung des EVU im Wettbewerb entschieden werden.

Unabhängig von Kooperationen verspricht in naher Zukunft das "Konzept der Dienstleistungen aus einer Hand" hohe Erfolgsaussichten für die öffentlichen EVU.[838] Nach mehrheitlicher Überzeugung werden sich nach einer Phase der Preiskonsolidierung zunehmend kombinierte Dienstleistungsangebote zu Diifferenzierungsmerkmalen im Wettbewerb entwickeln.[839] Künftig dürfte daher ein vielfältiges Angebotsportfolio energienaher und -ferner Dienstleistungen an Bedeutung gewinnen, welches in Kombination mit der eigentlichen Energieversorgung individuell auf die spezifischen Kundenbedürfnisse zugeschnitten wird.[840]

Vor allem im Privat- bzw. Haushaltskundenmarkt besteht nach einer repräsentativen Bevölkerungsumfrage ein hohes Interesse an Multi-Utility Produkten.[841] Die öffentlichen EVU besitzen dabei durch ihre räumliche Lage, den kommunalen Querverbund sowie die hohe Kundenbindung im Privatkundenbereich exzellente Ausgangsvoraussetzungen für die Umsetzung einer Multi Utility bzw. Multi Service-Strategie.[842]

Um die Wettbewerbsfähigkeit der öffentlichen Unternehmen dauerhaft zu sichern, könnte sich daher ein Übergang vom Angebot isolierter Einzelleistungen hin zum Angebot integrierter Problemlösungen als erfolgversprechend erweisen. Das öffentliche Unternehmen nimmt dabei künftig eine Stellung als Broker für den Kunden wahr, indem es sowohl die gewünschten Dienstleistungen bereitstellt, als auch die Beschaffung der dafür erforderlichen Medien (Strom, Gas, Wasser) ermöglicht (Prinzip des "one stop shopping"). Die Leistungen werden anschließend für den Kunden zu individuellen Produktpaketen gebündelt und abgerechnet.

Die strategische Verknüpfung eines Multi Utility-Angebotes mit dem Vertriebskonzept der Produktbündelung kann somit insgesamt zu stei-

---

838 Vgl. Laker, Michael: Multi-Utility: Vielfalt aus einer Hand. A.a.O.. S. b03.

839 Siehe bei: Drake, Frank-Detlef, Tobias Ohler und Thomas Röthel: Vom Preiskrieg zum Servicewettbewerb. A.a.O.. S. 291. Vgl. daneben: Brinker, Werner: Liberalisierung – Folgen für die regionale Energiewirtschaft. A.a.O.. S. 311.

840 Vgl. Wagner, Oliver und Kora Kristof: Strategieoptionen kommunaler Energieversorger im Wettbewerb. A.a.O.. S. 25.

841 Vgl. Stern (Hrsg.): Trendprofile 09/2001. A.a.O.. S. 8.

842 Vgl. Lührmann, Harald und Ulrich Siegel: Stadtwerke – die Zukunft liegt im Verteilungsgeschäft. A.a.O.. S. 441.

genden Umsatzerlösen führen und eine Erhöhung der Kundenbindung bewirken. Auf diese Weise kann die Multi Utility-Strategie einen wesentlichen Beitrag zur Sicherung der Wettbewerbsfähigkeit der öffentlichen EVU im liberalisierten Strommarkt leisten.[843]

Die eigentliche Herausforderung für die öffentlichen EVU wird in diesem Zusammenhang darin bestehen, die klassischen Versorgungsleistungen (Strom, Gas, Wasser) mit innovativen, energienahen und -fernen Dienstleistungen zu kombinieren und verschiedendenste Kooperationspartner zur Umsetzung der angebotenen Leistungen zu koordinieren.[844] Das klassische kommunale Mehrsparten-Versorgungsunternehmen der monopolistischen Vergangenheit entwickelt sich auf diese Weise zum wettbewerbs- und kundenorientierten Multi-Service-Unternehmen der Zukunft.

---

843 Vgl. Köhler, Armin: Multi-Utility. Neue Erfolgsstrategie oder alter Wein in neuen Schläuchen?. A.a.O.. S. 52.

844 Vgl. Brinker, Werner: Liberalisierung – Folgen für die regionale Energiewirtschaft. A.a.O.. S. 311.

6. Literatur

Rechtsquellen:

BDI, VIK, VDEW, VDN, ARE und VKU (Hrsg.): Verbändevereinbarung über Kriterien zur Bestimmung von Netznutzungsentgelten für elektrische Energie und über Prinzipien der Netznutzung vom 13. Dezember 2001. [Zitiert als: VV II Plus]

Bundesgerichtshof: Urteil vom 26.05.1961. -ZR 177/60-. In: DVBl 1962. S.102-104.

Bundestarifordnung Elektrizität (BTOElt) vom 18. Dezember 1989. In: BGBl I. S. 2255.

Bundesverwaltungsgericht: Urteil des 7. Senats vom 18. Mai 1995. 7 C 58.94. In: BVerwGE 98. S. 273-280.

Deutsche Gemeindeordnung vom 30. Januar 1935. In: RGBl I. S. 49. [Zitiert als: DGO]

Gesetz gegen Wettbewerbsbeschränkungen (GWB) vom 26. August 1998. In: BGBl I. S. 2546. [Zitiert als: GWB]

Gesetz über die Einspeisung von Strom aus erneuerbaren Energien in das öffentliche Netz (Stromeinspeisungsgesetz) vom 7.12.1990. BGBl. I. S. 2633.

Gesetz über die Elektrizitäts- und Gasversorgung (Energiewirtschaftsgesetz – EnWG). Zugleich Art. 1 des Gesetzes zur Neuregelung des Energiewirtschaftsrechts vom 24. April 1998. BGBl I. Nr. 23. S. 730-736. [Zitiert als: EnWG]

Gesetz zur Förderung der Energiewirtschaft vom 13. Dezember 1935 (EnWG). RGBl I. S. 1451. Zuletzt geändert durch das Zuständigkeitslockerungsgesetz vom 10. März 1975. In: BGBl I. S. 685.

Gesetz zur Neuregelung des Energiewirtschaftsrechts vom 24. April 1998. BGBl I. Nr. 23. S. 730-736.

OLG Hamm: Urteil vom 23.09.1997. -4U99/97-. In: NJW 1998. S. 3504-3505.

Richtlinie 90/377/EWG des Rates vom 29.06.1990 zur Einführung eines gemeinschaftlichen Verfahrens zur Gewährleistung der Transparenz der vom industriellen Endverbraucher zu zahlenden Gas- und Strompreise. In: ABl Nr. L 185. S. 16.

Richtlinie 90/547/EWG des Rates vom 29.10.1990 über den Transit von Elektrizitätslieferungen über große Netze. In: ABl Nr. L313. S. 30.

Richtlinie 96/92/EG des Europäischen Parlamentes und des Rates vom 19.12.1996 betreffend gemeinsame Vorschriften für den Elektrizitätsbinnenmarkt. In: ABl EG Nr. L 27. S. 20.

Richtlinie 2000/52/EG der Kommission vom 26.07.2000 zur Änderung der Richtlinie 80/723/EWG über die Transparenz der finanziellen Beziehungen zwischen den Mitgliedsstaaten und den öffentlichen Unternehmen. In: ABl EG Nr. L 193. S. 75-78.

Verordnung über Konzessionsabgaben für Strom und Gas vom 09. Januar 1992. In: BGBl I. S. 12.

Reden und sonstige Dokumente:

BMWI (Hrsg.): Nachhaltige Energiepolitik für eine zukunftsfähige Energieversorgung. Energiebericht. Berlin 2001. [=Zitiert als: Energiebericht]

CEEP Kommission "Kommunale Unternehmen" (Hrsg.): Öffentliche kommunale Dienstleistungen und die Öffnung der Märkte: Die Rolle der öffentlichen kommunalen Unternehmen. Eine erneuerte Plattform der CEEP-Kommission "Kommunale Unternehmen". CEEP.00/EL.02-3 vom 12.09.00.

Deutsche Bundesbank(Hrsg.): Monatsbericht Dezember 2000. Frankfurt a.M. 2000.

Deutscher Bundestag (Hrsg.): Daseinsvorsorge in der sozialen Marktwirtschaft. Antwort der Bundesregierung auf die Große Anfrage der Abgeordneten Rainer Brüderle, Gudrun Kopp, Paul K. Friedhoff, weiterer Abgeordneter und der Fraktion der F.D.P. BT-Drucksache 14/6249 vom 06.06.2001. [Zitiert als: BT-Drs. 14/6249]

Deutscher Bundestag (Hrsg.): Begründung zum Regierungsentwurf eines Gesetzes zur Neuregelung des Energiewirtschaftsrechts (EnWG) vom 23.03.97. BT-Drucksache 13/7274. [Zitiert als: BT-Drs. 13/7274]

Haupt, Ulrike und **Wolfgang Pfaffenberger**: Wettbewerb auf dem deutschen Strommarkt-Drei Jahre nach der Liberalisierung. Beitrag für die 2. Internationale Energiewirtschaftstagung an der TU-Wien. Bremen 2001. [Zitiert als: Wettbewerb auf dem deutschen Strommarkt]

Klinger, Heinz: Aufbruch in den Wettbewerb. VDEW zum neuen Energiewirtschaftsgesetz. VDEW-Pressekonferenz, Bonn, 19. Mai 1998. Abgerufen unter: Http://www.vdew.de. Abgerufen am: 20.04.2002.

Kroneberg, Jürgen: Wettbewerbsfaktor Stromnetze. Betreiber deutscher Stromnetze fordern Harmonisierung im gesamten EU-Markt. Pressekonferenz VDN beim VDEW, Berlin, 19. November 2001. Abgerufen unter: Http://www.vdew.de. Abgerufen am: 02.02.2002.

Marquis, Günter: VDEW fordert nachhaltige Energiepolitik. Standort Deutschland im EU-Strommarkt. VDEW-Pressekonferenz, Berlin, 28. November 2000. Abrufbar unter: Http://www.vdew.de. Abgerufen am: 20.04.2002. [Zitiert als: VDEW fordert nachhaltige Energiepolitik]

Monopolkommission(Hrsg.): 11. Hauptgutachten der Monopolkommission 1994/95. BT-Drucksache 13/5309.

Müller, Werner: Rede vom 07.02.2002. Abgerufen unter: Http://www.bmwi.de. Abgerufen am: 04.03.2002.

Umweltbundesamt (Hrsg.): Energiespar-Contracting als Beitrag zu Klimaschutz und Kostensenkung. Ratgeber für Energiespar-Contracting in öffentlichen Liegenschaften. Berlin 2000. [Zitiert als: Energiespar-Contracting als Beitrag zu Klimaschutz und Kostensenkung]

VKU(Hrsg.): Mehr Unternehmen. Düsseldorfer Erklärung des Verbandes kommunaler Unternehmen e.V.. VKU-Verbandstagung am 09./10. Oktober 2001 in Düsseldorf. Köln 2001. [Zitiert als: Mehr Unternehmen]

VKU(Hrsg.): Pressekonferenz des Verbandes kommunaler Unternehmen e.V. am 20. Juni 2001 in Berlin. Statement von OB Gerhard Widder, Präsident des VKU. Abgerufen unter: Http://www.vku.de. Abgerufen am: 01.05.2002.

Monographien:

Altmann, Jörn: Wirtschaftspolitik. 6. Auflage. Stuttgart, Jena 1995.

Börner, Achim-Rüdiger: Der Energiemarkt und die geschlossenen Versorgungsgebiete der Strom- und Gaswirtschaft im Übergang zum Wettbewerb. Baden-Baden 1996. (= Zeitschrift für öffentliche und gemeinwirtschaftliche Unternehmen: Beiheft 20.)

Brede, Helmut: Grundzüge der öffentlichen Betriebswirtschaftslehre. München, Wien 2001.

Cronauge, Ulrich: Kommunale Unternehmen. Eigenbetriebe-Kapitalgesellschaften-Zweckverbände. 3. Auflage. Berlin 1997.

Damkowski, Wulf und **Claus Precht: Public Management.** Neuere Steuerungskonzepte für den öffentlichen Sektor. Stuttgart, Berlin, Köln 1995.

Grossekettler, Heinz: Privatisierung: bloßes Instrument der Haushaltssanierung oder ordnungspolitische Notwendigkeit ?. Münster 2001. (=Volkswirtschaftliche Diskussionsbeiträge. Nr. 331.) [Zitiert als: Privatisierung]

Haux, Jörg F.: Handbuch Beteiligungsmanagement. München 2001.

Heilemann, Ullrich und **Bernhard Hillebrand**: Liberalisierung der Strom- und Gasmärkte-Erwartungen und erste Ergebnisse. Essen 2001. (=RWI-Papiere. Nr. 73.) [Zitiert als: Liberalisierung der Strom- und Gasmärkte]

Heinz, Rainer: Kommunales Management. Überlegungen zum KGSt-Ansatz. Stuttgart 2000. [Zitiert als: Kommunales Management]

Helm, Thorsten Matthias: Rechtspflicht zur Privatisierung. Privatisierungsgebote im deutschen und europäischen Recht. Baden-Baden 1999. (=Wirtschaftsrecht und Wirtschaftspolitik. Bd. 160) [Zitiert als: Rechtspflicht zur Privatisierung]

Hölker, Franz-Josef: Die Konzentration der Energiewirtschaft: Kritik der Ordnungspolitik im Energiesektor der Bundesrepublik. Frankfurt a.M., New York 1985. (=Campus: Forschung. Bd. 436.)

Kaplan, Robert S. und **David P. North**: Die strategiefokussierte Organisation. Führen mit der Balanced Scorecard. Stuttgart 2001. [Zitiert als: Die strategiefokussierte Organisation]

Gesellschaft für öffentliche Wirtschaft(Hrsg.): Privatisierungsdogma widerspricht sozialer Marktwirtschaft. Stellungnahme des Wissenschaftlichen Beirats der Gesellschaft für öffentliche Wirtschaft. Berlin 1994. (=Beiträge zur öffentlichen Wirtschaft. Nr. 13.) [Zitiert als: Privatisierungsdogma]

184

Krebs, Andrea: Rechtliche Grundlagen und Grenzen kommunaler Elektrizitätsversorgung. Köln 1996. (= Schriftenreihe des Freiherr-Vom-Stein-Institutes. Bd. 25.)

Kreikenbaum, Dieter: Kommunalisierung und Dezentralisierung der leitungsgebundenen Energieversorgung. Eine Analyse aus ordnungspolitischer Sicht. Frankfurt a. M. 1999. (= Europäische Hochschulschriften: Reihe 5, Volks- und Betriebswirtschaft. Bd. 2530.) [Zitiert als: Kommunalisierung und Dezentralisierung]

Kumkar, Lars und Axel D. Neu: Nach beschlossener Marktöffnung auch Wettbewerb in der Elektrizitätswirtschaft ?. Status quo und Perspektiven in Deutschland und Europa. Kiel 1997. [Zitiert als: Nach beschlossener Marktöffnung auch Wettbewerb]

Kumkar, Lars: Wettbewerbsorientierte Reformen der Stromwirtschaft. Eine institutionenökonomische Analyse. Tübingen 2000. (=Kieler Studien. 305.) [Zitiert als: Wettbewerbsorientierte Reformen der Stromwirtschaft]

Latkovic, Krunoslav: Elektrizitätsversorgungsunternehmen im Wandel – Ansatzpunkte und Probleme einer Umstrukturierung und Neuausrichtung des Stromgeschäfts. Essen 2000. (=Schriften zur Energiewirtschaftlichen Forschung und Praxis. 8.) [Zitiert als: EVU im Wandel]

Loesch, Achim von: Privatisierung öffentlicher Unternehmen. Ein Überblick über die Argumente. Baden-Baden 1983. (=Schriftenreihe der Gesellschaft für Öffentliche Wirtschaft und Gemeinwirtschaft. Nr. 23.)

Martens, Dirk, Friedrich-Karl Thiel und Harald Zanner: Die erfolgreiche Reorganisation öffentlicher Unternehmen – Energieversorgung, Verkehr, Verwaltung. Frankfurt a.M., New York 1995.

Müller, Leonhard: Handbuch der Elektrizitätswirtschaft. Technische, wirtschaftliche und rechtliche Grundlagen. 2. Auflage. Berlin, New York, Paris 2001. [Zitiert als: Handbuch der Elektrizitätswirtschaft]

Oesterhoff, Rolf: Zur Ordnungsdynamik der deutschen Elektrizitätswirtschaft in europäischer Perspektive. Münster 1997. (=Studien zur Politikwissenschaft: Abteilung B. Bd.86.)

Püttner, Günter: Kommunale Betriebe und Mixed Economy. In: Wollmann, Helmut und Roland Roth (Hrsg.): Kommunalpolitik. Politisches Handeln in den Gemeinden. 2. Auflage. Bonn 1998. [Zitiert als: Kommunale Betriebe und Mixed Economy]

Schmidt, Andreas: Stadtwerke auf neuen Märkten. Gemeinderechtliche Chancen umweltschonender Energiedienstleistungen. Frankfurt a. M. 2002. (=Kommunalwirtschaftliche Forschung und Praxis. Bd. 6.) [Zitiert als: Stadtwerke auf neuen Märkten]

Schmittknecht, Isabel: Einspar-Contracting - Zauberformel für die Finanzierung von kommunalen Klimaschutzmaßnahmen. Frankfurt a.M. 1998.

Theuvsen, Ludwig: Ergebnis- und Marktsteuerung Öffentlicher Unternehmen. Eine Analyse aus organisationstheoretischer Sicht. Stuttgart 2001.

VKU(Hrsg.): Kommunale Ver- und Entsorgungswirtschaft. Geschäftsbericht 2000_2001. Köln 2001. [Zitiert als: Geschäftsbericht 2000_2001]

Vogl, Rainer J., Manfred Gößl und Gerhard M. Feldmeier: Die Elektrizitätswirtschaft in der Bundesrepublik Deutschland. Wettbewerbsstruktur im Kontext europäischer Energiepolitik. Egelsbach, Frankfurt a.M., St. Peter Port 1997. (= Deutsche Hochschulschriften. 1122.) [Zitiert als: Elektrizitätswirtschaft in der BRD]

Wagner, Oliver und **Kora Kristof**: Strategieoptionen kommunaler Energieversorger im Wettbewerb. Energienahe, ökoeffiziente Dienstleistungen und kommunale Kooperationen. Wuppertal 2001. (=Wuppertal Papers. Nr. 115) [Zitiert als: Strategieoptionen kommunaler Energieversorger im Wettbewerb]

Wohlfahrt, Norbert und **Werner Zühlke**: Von der Gemeinde zum Konzern Stadt. Auswirkungen von Ausgliederungen und Privatisierungen für die politische Steuerung auf kommunaler Ebene. Dortmund 1999. (=ILS-Schriften. Nr. 154.)

Aufsätze in Fachzeitschriften und Sammelbänden:

Ahlfeld, Hartmut und **Thorsten Schumacher**: Fit für den Wettbewerb – EVU als Holding. In: Energiewirtschaftliche Tagesfragen. Heft 5/2001. S. 234-238.

AK Controlling: Controlling von Centern. In: Elektrizitätswirtschaft. Heft 1-2/1998. S. 16-26.

AK Personalmanagement(Hrsg.): Akzente der Personalentwicklung in Energieversorgungsunternehmen. In: Elektrizitätswirtschaft. Heft 12/ 1998. S. 14-16.

Aselmann, Wilhelm und **Thomas Aselmann**: Der neue Energiemarkt: Chancen und Herausforderungen für kommunale Energieversorgungsunternehmen. In: Becker, Peter, Christian Held u.a. (Hrsg.): Energiewirtschaft im Aufbruch. Analysen-Szenarien-Strategien. Köln 2001. S. 312-324. [Zitiert als: Der neue Energiemarkt: Chancen und Herausforderungen]

Attig, Dieter: Stadtwerke im liberalisierten Energiemarkt: Das Beispiel Aachen. In: Becker, Peter, Christian Held u.a. (Hrsg.): Energiewirtschaft im Aufbruch. Analysen-Szenarien-Strategien. Köln 2001. S. 299-311. [Zitiert als: Stadtwerke im liberalisierten Energiemarkt]

Attig, Dieter: Zeit für Kooperationen. Kommunale Netzwerke als Alternative zum Ausverkauf von Stadtwerken. In: Zeitung für Kommunale Wirtschaft. Heft 02/2002. S. 1. [Zitiert als: Zeit für Kooperationen]

Balzereit, Bernd und **Rudolf Schulten**: EVU im Wandel. Die Realisierung neuer Wege als Führungsaufgabe. In: Energiewirtschaftliche Tagesfragen. Heft 6/1995. S. 351-354.

Bauer, Albrecht: Energiecontracting – eine Möglichkeit zur Realisierung von Energieeinsparpotentialen. In: KfW(Hrsg.): KfW-Beiträge zur Mittelstands- und Strukturpolitik. Heft 10. Frankfurt a.M. 1999. S. 13-17.

Baumann, Peter und **Stephan Scholtissek**: Transformationspartnerschaften. Outsourcing beschleunigt Unternehmenswandel. In: Energiewirtschaftliche Tagesfragen. Heft 3/2002. S. 144-145.

Becker, Peter: Rechtlicher Regelungsbedarf beim Netzzugang. In: Becker, Peter, Christian Held u.a. (Hrsg.): Energiewirtschaft im Aufbruch. Analysen-Szenarien-Strategien. Köln 2001. S. 86-95.

Becker, Peter: Rechtsfragen langfristiger Lieferverträge zwischen Energieversorgern im Wettbewerb. In: Zeitschrift für neues Energierecht. Heft 1/1997. S. 12-16.

Bebenroth, Wilfried und **Rolf Rüdiger Cichowski**: Folgen der Liberalisierung. Anpassung ist gefragt. In: Elektrizitätswirtschaft. Heft 20-21/2001. S. 208-209.

Bozem, Karlheinz und **Carsten Rennhak**: Unbundling und Shared Services. In: Energiewirtschaftliche Tagesfragen. Heft 5/2002. S. 332-334.

Bretschneider, Ralph: Der liberalisierte Energieversorgungsmarkt: Wege zur betriebswirtschaftlichen Neuorientierung. In: Menold Herrlinger Rechtsanwälte und Ernst & Young (Hrsg.): Stadtwerke im liberalisierten Energieversorgungsmarkt. Betriebswirtschaftliche, rechtliche und steuerliche Rahmenbedingungen. Baden-Baden 2000. S. 13-28. [Zitiert als: Stadtwerke im liberalisierten Energieversorgungsmarkt]

Brinker, Werner: Liberalisierung - Folgen für die regionale Energiewirtschaft. In: Energiewirtschaftliche Tagesfragen. Heft 5/2000. S. 310-311.

Brinker, Werner: Regionale Unternehmen im Wandel. In: Elektrizitätswirtschaft. Heft 20-21/2001. S. 50-51.

Brinker, Werner: Kundenzufriedenheit durch Multi-Service. In: Energiewirtschaftliche Tagesfragen. Heft 5/2002. S. 320-323.

Bruckner, Helmut: Die Energiewirtschaft im Umbruch. Freier Markt und staatliche Förderprogramme. In: Kommunalwirtschaft. Heft 2/2001. S. 55-59. [Zitiert als: Die Energiewirtschaft im Umbruch]

Budäus, Dieter: Privatisierung öffentliche wahrgenommener Aufgaben – Grundlagen, Anforderungen und Probleme aus wirtschaftswissenschaftlicher Sicht. In: Gusy, Christoph(Hrsg.): Privatisierung von Staatsaufgaben: Kriterien – Grenzen – Folgen. Baden-Baden 1998. S. 12-36. (=Interdisziplinäre Studien zu Recht und Staat. Bd.8.)

Cronauge, Ulrich: Kommunale Wirtschaft zwischen Recht und Realität. In: Archiv für Kommunalwissenschaften. Heft 1/1999. S. 24-44.

Däuper, Olaf: Neue Anforderungen an die Fusionskontrolle in der Energiewirtschaft. Auswirkungen der aktuellen Entscheidungspraxis des Bundeskartellamts auf die Marktstruktur in der Energiewirtschaft. In: Wirtschaft und Wettbewerb. Heft 5/2002. S. 458-470.

Doering, Ulf: Die Zukunft liegt im integrierten Kundenbeziehungsmanagement. In: Energiewirtschaftliche Tagesfragen. Heft 1/2/2002. S. 64-65.

Dommann, Dieter: Alle reden von Dienstleistung, aber keiner will dienen. In: Elektrizitätswirtschaft. Heft 17/1997. S. 867-872.

Dommann, Dieter: Das Versorgungsunternehmen als Verbund von kundenorientierten Leistungszentren. In: Elektrizitätswirtschaft. Heft 19/1998. S. 18-20.

Drake, Frank-Detlef, Tobias Ohler und **Thomas Röthel:** Vom Preiskrieg zum Servicewettbewerb. In: Energiewirtschaftliche Tagesfragen. Heft 5/2000. S. 286-291.

Dudenhausen, Roman, Andreas Döhrer und **Ulrike Gravert-Jenny:** Strom- und Gashandel in Stadtwerken. In: Energiewirtschaftliche Tagesfragen. Heft 5/1999. S. 302-305. [Zitiert als: Strom- und Gashandel in Stadtwerken]

Ehlers, Dirk: Rechtsprobleme der Kommunalwirtschaft. In: Deutsches Verwaltungsblatt. 1998. S. 497-508.

Ehlers, Dirk: Das neue Kommunalwirtschaftsrecht in Nordrhein-Westfalen. In: Nordrhein-Westfälische Verwaltungsblätter. Heft 1/2000. S. 1-7.

Eichhorn, Peter: Öffentlicher Auftrag und Zielsystem für ein kommunales Unternehmen am Beispiel von Stadtentsorgungsbetrieben. In: Edeling, Thomas, Werner Jann u.a. (Hrsg.): Öffentliche Unternehmen. Entstaatlichung und Privatisierung ?. Opladen 2001. S. 113-124. [Zitiert als: Öffentlicher Auftrag und Zielsystem]

Eickhof, Norbert: Öffentliche Unternehmen aus volkswirtschaftlicher Perspektive. In: Edeling, Thomas, Werner Jann u.a.(Hrsg.): Öffentliche Unternehmen. Entstaatlichung und Privatisierung ?. Opladen 2001. S. 113-124. [Zitiert als: Öffentliche Unternehmen aus volkswirtschaftlicher Perspektive]

Ellwanger, Niels und **Roman Dudenhausen:** Energiehandel – Neues Geschäftsfeld oder Voraussetzung für das EVU der Zukunft. In: Becker, Peter, Christian Held u.a.: Energiewirtschaft im Aufbruch. Analysen-Szenarien-Strategien. Köln 2001. S. 169-178. [Zitiert als: Energiehandel – Neues Geschäftsfeld oder Voraussetzung]

Ellwanger, Niels und **Roman Dudenhausen:** Energiehandels-Strategien für kommunale Unternehmen. In: Energiewirtschaftliche Tagesfragen. Heft 8/1998. S. 501-505.

Fabry, Beatrice, Kaufmann, Roland und **Kristina Urban:** Rechtsformwahl für Stadtwerke. In: Menold Herrlinger Rechtsanwälte und Ernst & Young (Hrsg.): Stadtwerke im liberalisierten Energieversorgungsmarkt. Betriebswirtschaftliche, rechtliche und steuerliche Rahmenbedingungen. Baden-Baden 2000. S. 29-50.

Fritz, Wolfgang und **Siegfried König:** Der liberalisierte Strommarkt-eine Einführung. In: Kahmann, Martin und Siegfried König (Hrsg.):

Wettbewerb im liberalisierten Strommarkt. Regeln und Techniken. Berlin, New York, London 2001. [Zitiert als: Der liberalisierte Strommarkt-eine Einführung]

Freudigmann, Wolfgang, Hartmut Jungnickel, Wolfgang Ludendorff und **Norbert Schauer**: Beschaffungscontrolling. Ein Muß für den effizienten Einkauf. In: Elektrizitätswirtschaft. Heft 6/2000. S. 8-14. [Zitiert als: Beschaffungscontrolling]

Freund, Robert: Einspar-Contracting bei Gemeindegebäuden. In: Energiewirtschaftliche Tagesfragen. Heft 7/2002. S. 472-475.

Froneck, Stefan, Dieter Kaiser, Ingo Hannemann und **Thomas Menzler**: Systematische Kooperation auf ostwestfälisch. Projektbeispiel einer erfolgreichen Post Merger Integration. In: Energiewirtschaftliche Tagesfragen. Heft 5/2002. S. 337-340. [Zitiert als: Systematische Kooperation auf ostwestfälisch]

Gabelmann, Thomas und **Frank Karbenn**: Privatisierung kommunaler EVU-Neuausrichtung mit vielen Handlungsoptionen. In: Elektrizitätswirtschaft. Heft 21/2000. S. 10-14.

Gahl, Andreas: Marketingstrategien für kleinere und mittlere Stadtwerke. In: Becker, Peter, Christian Held u.a. (Hrsg.): Energiewirtschaft im Aufbruch. Analysen–Szenarien–Strategien. Köln 2001. S. 325-346. [Zitiert als: Marketingstrategien]

Gfüllner, Chistian und **Dieter Keller-Giessbach**: Hindernisse in der Umsetzung der e-Business-Ambitionen bei EVU. In: Energiewirtschaftliche Tagesfragen. Heft 10/2002. S. 691-693.

Godesar, Rolf: Deutsche Energiestrukturen der Zukunft-Sichtweise eines Newcomers. In: Energiewirtschaftliche Tagesfragen. Heft 9/2001. S. 551-555.

Goethe, Reinhard: Wie Stadtwerke sich für den Wettbewerb fit machen. Die Allianz von Huhn und Schwein?. In: Kommunalwirtschaft. Heft 2/2001. S. 59-60.

Gottschalk, Wolf: Praktische Erfahrungen und Probleme mit Public Private Partnership (PPP) in der Versorgungswirtschaft. In: Budäus, Dietrich und Peter Eichhorn(Hrsg.): Public Private Partnership. Neue Formen öffentlicher Aufgabenerfüllung. Baden-Baden 1997. S. 153-166. (=Schriftenreihe der Gesellschaft für öffentliche Wirtschaft. Nr. 41.)

Gottschalck, Wolf: Quo vadis Stadtwerke. In: Der Städtetag. Heft 7/1998. S. 528-530.

Greisinger, Timothy W. und **Wolfgang Möhl**: Präsenz im Internet-mehr als nur eine Imagefrage ?. Die strategische Bedeutung des e-business für die Versorgungs- und Energiewirtschaft. In: Elektrizitätswirtschaft. Heft 8/2000. S. 32-35. [Zitiert als: Präsens im Internet-mehr als nur eine Imagefrage ?]

Grenz, Ekkehard und **Hans-Ferdinand Müller**: Die Liberalisierung des Energiemarktes erfordert innovative Produktentwicklung. In: Elektrizitätswirtschaft. Heft 12/2000. S. 30.

Grützmacher, Stefan: Handling von Bündelkunden durch ein kommunales Vertriebsnetzwerk am Beispiel EnetKo. In: Zeitschrift für öffentliche und gemeinwirtschaftliche Unternehmen. Bd. 24. Heft 12/2001. S. 77-85. [Zitiert als: Handling von Bündelkunden]

Günter, Bernd: Kundenorientierte Marketing-Strategien im Energiesektor. In: Energiewirtschaftliche Tagesfragen. Heft 3/1998. S. 132-134.

Günther, Stefan und **Claudia Eßer-Scherbeck**: Portfoliomanagement für Stadtwerke. In: Energiewirtschaftliche Tagesfragen. Heft 5/2001. S. 252-255.

Hake, Jürgen-F., **Stefan Vögele** und **Stefan Rath-Nagel**: Wettbewerbs- und Unternehmensstrukturen in europäischen Elektrizitätsmärkten. In: Energiewirtschaftliche Tagesfragen. Heft 9/2002. S. 608-613.

Hamm, Walter: Vorteile einer umfassenden Privatisierung. In: FIW(Hrsg.): Sicherung des Wettbewerbs im kommunalen Bereich. Referate des Berliner Kolloquiums 1994 und einer Sonderveranstaltung 1994. Köln 1994. S. 81-88. (=FIW-Schriftenreihe. Nr. 162.)

Haslauer, Florian und **Fritz Kröger**: Wachsen, um zu überleben: die Konzentration der europäischen Stromindustrie. In: Energiewirtschaftliche Tagesfragen. Heft 1-2/2002. S. 30-32.

Hartung, Roland: Perspektiven der Stadtwerke in Deutschland. In: Energiewirtschaftliche Tagesfragen. Heft 5/1999. S. 298-300.

Hartung, Roland: Reformauswirkungen auf die kommunale Fernwärme. In: Energiewirtschaftliche Tagesfragen. Heft 4/1997. S. 197-200.

Haug, Jörg-Werner: Kommunale Perspektive im Energiemarkt. In: Elektrizitätswirtschaft. Heft 20-21/2001. S. 206.

Held. F.W.: Die Zukunft der Kommunalwirtschaft im Wettbewerb mit der privaten Wirtschaft. Änderungen des Gemeindewirtschaftsrechts in

Nordrhein-Westfalen. In: Nordrhein-Westfälische Verwaltungsblätter. Heft 6/2000. S. 201-206.

Helle, Christoph: Neuausrichtung des Kerngeschäfts und Erschließung neuer Geschäftsfelder für kommunale EVU vor dem Hintergrund der Liberalisierung des Energiemarktes. In: Bohne, Eberhard (Hrsg.): Kommunen im wirtschaftlichen Wettbewerb. Wiesbaden 1999. S. 105-113. [Zitiert als: Neuausrichtung für kommunale EVU]

Herbst, Dieter: Profilierung im deregulierten Strommarkt. Der Markt braucht eine starke Unternehmenspersönlichkeit. In: Elektrizitätswirtschaft. Heft 23/2000. S. 58-59. [Zitiert als: Profilierung im deregulierten Strommarkt]

Hertrich, Frank: Call-Center ist mehr als Telefon-Service-Outsourcing ja oder nein. In: Elektrizitätswirtschaft. Heft 19/2000. S. 40-42.

Hoeffler, Felix: Regulatorische Rahmenbedingungen für den deutschen Strommarkt. In: Energiewirtschaftliche Tagesfragen. Heft 5/2001. S. 240-243.

Hönlinger, Herbert: Stromversorger im Wettbewerb: Wandel der Unternehmenskultur und –ziele. In: Elektrizitätswirtschaft. Heft 7/1998. S. 9-11.

Jochum, Gerhard: Contracting durch EVU – Formen, Chancen und Risiken eines Instrumentes kooperativer Energiewirtschaft. In: Elektrizitätswirtschaft. Heft 17/1997. S. 909-911. [Zitiert als: Contracting durch EVU]

Jochum, Gerhard: Kooperative Energiewirtschaft in liberalisierten Energiemärkten. Zukunftsorientierte Unternehmensentwicklung. In: Elektrizitätswirtschaft. Heft 20-21/2001. S. 210-211.

Kapp, Thomas, Stefanie Auge-Dickhut und **Wilhelm Schierle**: Beteiligung von Dritten an den Stadtwerken. In: Menold Herrlinger Rechtsanwälte und Ernst & Young (Hrsg.): Stadtwerke im liberalisierten Energieversorgungsmarkt. Betriebswirtschaftliche, rechtliche und steuerliche Rahmenbedingungen. Baden-Baden 2000. S. 51-75. [Zitiert als: Beteiligung von Dritten an den Stadtwerken]

Kerschner, Susanne: Regionaler Aufbruch. In: Funkschau. Heft 19/99. S 34-37.

Kirchhoff, Jürgen, Harald Rapp und **Adolf Topp**: Heizkraftwirtschaft und Fernwärmeversorgung in Deutschland. Kraft-Wärme-Kopplung ökologisch sinnvoll. In: Elektrizitätswirtschaft. Heft 20-21/2001. S. 56-62.

Klawunn, Karl-Heinz: Partnerschaft mit Perspektiven. In: Energiewirtschaftliche Tagesfragen. Heft 5/2002. S. 312-313.

Klinger, Heinz: Stromversorger im Wettbewerb. In: Elektrizitätswirtschaft. Heft 15/1997. S. 784-786.

Kobe, Kartin, Berthold Hannes u.a.: E-Business in der Energiewirtschaft: Mehr Evolution als Revolution. In: Energiewirtschaftliche Tagesfragen. Heft 3/2002. S. 148-149.

Köhler, Armin: Multi-Utility. Neue Erfolgsstrategie oder alter Wein in neuen Schläuchen?. In: Elektrizitätswirtschaft. Heft 11/2001. S. 50.

Kramer, Melanie und **Kirsten Franke:** Instrumente zur Steigerung der Leistungsfähigkeit und Wertschöpfung im Personalmanagement. In: Energiewirtschaftliche Tagesfragen. Heft 12/2001. S. 798-801. [Zitiert als: Instrumente zur Steigerung der Leistungsfähigkeit und Wertschöpfung]

Krause, Manfred: Kooperation statt Verkauf - Überlebensstrategien von Stadtwerken. In: Fachzeitschrift für Alternative Kommunal Politik. Heft 3/2000. S. 56-58.

Kreusel, Jochen, Henning Trupke und **Gerhard Weismüller:** Netznutzungsmanagement-Erfahrung nach einem Jahr Verbändevereinbarung II. In: Elektrizitätswirtschaft. Heft 4/2002. S. 56-61. [Zitiert als: Netznutzungsmanagement]

Kuhlmann, Eberhard: Vom Demand-Side Management zum strategischen Marktmanagement im Strommarkt. In: Kahmann, Martin und Siegfried König(Hrsg.): Wettbewerb im liberalisierten Strommarkt. Regeln und Techniken. Berlin, New York 2001.

Kühne, Gunther und **Boris Scholtka:** Das neue Energiewirtschaftsrecht. In: Neue Juristische Wochenschrift. Heft 27/1998. S. 1904-1909.

Kühne, Gunther: Rechtsfragen der Kooperation in der Energiewirtschaft. In: Baur, Jürgen F. (Hrsg.): Die Energiewirtschaft im Gemeinsamen Markt. Rechtliche Probleme, Handlungsmöglichkeiten. Baden-Baden 1998. S. 79-95. (= Veröffentlichungen des Instituts für Energierecht an der Universität zu Köln. Bd. 85.) [Zitiert als: Rechtsfragen der Kooperation]

Kühnl, Carmen E.: Patentrezept für Corporate Identity ?. In: Energiewirtschaftliche Tagesfragen. Heft 6/1995. S. 362-371.

Kuxenko, Michael: Liberalisierung und Deregulierung im Energiewirtschaftsrecht. In: Die öffentliche Verwaltung. Heft 4/2001. S. 141-150.

Laker, Michael, Karl-Michael Nigge und **Georg Wübker**: Bündelung: Der Schlüssel zu einer erfolgreichen Multi Utility-Strategie. In: Energiewirtschaftliche Tagesfragen. Heft 4/2002. S. 220-225.

Lamb, Jochen und **Harald Kahlenberg**: Kommunalrechtliche Restriktionen beim Stromhandel. In: Energiewirtschaftliche Tagesfragen. Heft 1-2/2000. S. 70-72.

Lamprecht, Franz: Mit Offensivstrategien zum Wettbewerbserfolg. In: Energiewirtschaftliche Tagesfragen. Heft 4/1998. S. 230-231.

Lange, Jürgen: Zukunft kommunaler Unternehmen im Spannungsfeld der Liberalisierung. In: Kommunalwirtschaft. Heft 2/2001. S. 67-68.

Lange, Thomas: Staatliches / Öffentliches Vermögen. In: Andersen, Uwe und Wichard Woyke (Hrsg.): Handwörterbuch des politischen Systems der Bundesrepublik Deutschland. 3. Auflage. Bonn 1997. S. 522-524.

Leutner, Barbara und **Carsten Schmitt**: Gemeinsam in den Wettbewerb. Kooperation als Strategie für Städte und Stadtwerke. In: Der Städtetag. Heft 1/1999. S. 31-37. [Zitiert als: Gemeinsam in den Wettbewerb]

Lieske, Sören, Karsten Rogas und **Roger Sitter**: Leitbild Privatwirtschaft ?. Selbstverständnis des Stadtwerksmanagements in Zeiten von Deregulierung und Marktliberalisierung. In: Edeling, Thomas, Werner Jann und Dieter Wagner (Hrsg.): Reorganisationsstrategien in Wirtschaft und Verwaltung. Opladen 2001. S. 191-202. (=Schriftenreihe Interdisziplinäre Organisations- und Verwaltungsforschung. Nr. 5.)

Löbbe, Sabine: Prozessorientierte Unternehmensentwicklung – eine Chance für die Energiewirtschaft. Konzeptionelle Umsetzung am Beispiel der VSE AG. In: Energiewirtschaftliche Tagesfragen. Heft 5/1995. S. 300-306. [Zitiert als: Prozessorientierte Unternehmensentwicklung]

Löbbe, Sabine und Michael Braun: Kundenorientierte Versorgungsunternehmen. Marketing als Schlüssel zur Wettbewerbsfähigkeit und zu neuen Wertschöpfungspotentialen. In: Energiewirtschaftliche Tagesfragen. Heft 6/1995. S. 365-372. [Zitiert als: Kundenorientierte Versorgungsunternehmen]

Löwer, Wolfgang: Die Stellung der Kommunen im liberalisierten Strommarkt. In: Nordrhein-Westfälische Verwaltungsblätter. Heft 7/2000. S. 241-245.

Lowak, Michael: Mit Multi-Utility-Dienstleistungen zum Erfolg. In: E-nergiewirtschaftliche Tagesfragen. Heft 4/2002. S. 226-227.

Lührmann, Harald und **Ulrich Siegel**: Stadtwerke – die Zukunft liegt im Verteilungsgeschäft. In: Energiewirtschaftliche Tagesfragen. Heft 7/2001. S. 441-444.

Maatz, Svenja: Netznutzung und Netznutzungsentgelte für Strom nach dem EnWG sowie GWB/EGV. In: Becker, Peter, Christian Held u.a. (Hrsg.): Energiewirtschaft im Aufbruch. Analysen-Szenarien-Strategien. Köln 2001. S. 69-85.

Machura, Stefan: "Was begrenzt, begründet auch": Bedarfswirtschaft-lichkeit und Ziele kommunaler Unternehmen. In: Edeling, Thomas, Werner Jann u.a.(Hrsg.): Öffentliche Unternehmen. Entstaatlichung und Privatisierung ?. Opladen 2001. S. 95-112. (= Interdisziplinäre Beiträge zur Verwaltungsforschung. Bd. 6.) [Zitiert als: "Was begrenzt, begründet auch"]

Machura, Stefan: Besonderheiten des Managements öffentlicher Unter-nehmen. In: Zeitschrift für öffentliche und gemeinwirtschaftliche Unter-nehmen. Heft 2/1993. S. 169-180.

Markewitz, Peter und **Stefan Vögele**: Kraftwerksüberkapazitäten in Deutschland. In: Energiewirtschaftliche Tagesfragen. Heft 1-2/2002. S. 36-39.

Marquis, Günter: VDEW-Jahresbericht 1999. In: Kommunalwirtschaft. Heft 6/2000. S. 281-283.

Meller, Eberhard: Was hat die Liberalisierung bisher gebracht ? Wett-bewerbsintensität deutlich gesteigert. In: Elektrizitätswirtschaft. Heft 20-21/2001. S. 26-29. [Zitiert als: Was hat die Liberalisierung gebracht ?]

Mennicken, Claudia und **Marc Nicolai**: Kundenbindungsinstrumente für Stromversorger. In: Energiewirtschaftliche Tagesfragen. Heft 4/2001. S. 186-189.

Metz, Dieter, B. Mofaje, S. Caropeboka und **Eike Udluft**: Netzbetrieb und Training im liberalisierten Strommarkt. In: Elektrizitätswirtschaft. Heft 8/2000. S. 43-46.

Meyer-Renschhausen, Martin und **Manfred Sieling**: Liberalisierung des Strommarktes - Wirkungen und Anpassungsstrategien der kommu-nalen Energieversorgungsunternehmen. In: Zeitschrift für öffentliche und gemeinwirtschaftliche Unternehmen. Bd.22. Baden-Baden 1999. S. 115-133. [Zitiert als: Anpassungsstrategien der kommunalen EVU]

Meyer-Renschhausen, Martin und **Robert Freund:** Contracting-Alternativen für kommunale Gebäude. In: Energiewirtschaftliche Tagesfragen. Heft 4/1998. S. 210-215.

Moraing, Markus: Stadtwerke als Unternehmen im Wettbewerb. Reform des kommunalen Wirtschaftsrechts. In: Elektrizitätswirtschaft. Heft 3/2001. S. 44-48.

Moraing, Markus: Wettbewerb und kommunales Selbstverwaltungsrecht in einem liberalisierten Energiemarkt. In: Bohne, Eberhard (Hrsg.): Kommunen im wirtschaftlichen Wettbewerb. Wiesbaden 1999. S. 89-100. [Zitiert als: Wettbewerb und kommunales Selbstverwaltungsrecht]

Moraing, Markus: Neue Kooperationsstrategien der Stadtwerke. –Modelle, Erwartungen und Erfahrungen-. In: Burgi, Martin (Hrsg.): Energiepartnerschaften zwischen privaten Versorgungsunternehmen , Stadtwerken und Kommunen. Dokumentation einer Fachtagung des Instituts für Berg- und Energierecht am 21. Februar 2002. Stuttgart, München, Hannover, Berlin, Weimar, Dresden 2002. S. 121-129. (=Bochumer Beiträge zum Berg- und Energierecht. Bd. 38.) [Zitiert als: Neue Kooperationsstrategien der Stadtwerke]

Nagel, Bernhard: Die öffentlichen Unternehmen im Wettbewerb-Kommunalrecht und europäisches Gemeinschaftsrecht. In: Zeitschrift für öffentliche und gemeinwirtschaftliche Unternehmen. Bd.23. Heft 4/2000. S. 428-442.

Navratil, Karl, Rolf Schwarze u.a.: Effizienzsteigernde Dienstleistungen - innovative Kundenbindungskonzepte. In: Elektrizitätswirtschaft. Heft 1/2/2000. S. 25-28.

Newi, Gerald: Kostenreduzierung durch Überwachungs- und Monitoringstrategien. In: Elektrizitätswirtschaft. Heft 25/1998. S. 27-40.

Niedergesäß, Ulrike und **Rosa Hemmers:** Kommunale Energieversorger gelten als zuverlässig. In: Energiewirtschaftliche Tagesfragen. Heft 5/2001. S. 256-261.

Niedermeyer, Regina: Fusion sichert Wettbewerbsfähigkeit. In: Energiewirtschaftliche Tagesfragen. Heft 5/2000. S. 315-317.

Niemeier, Dirk und **Stephan Scholtissek**: Mehrwert durch professionelles Innovationsmanagement. In: Energiewirtschaftliche Tagesfragen. Heft 1-2/2001. S. 34-38.

Nill-Theobald, Christiane: Liberalisierung und kein bisschen weise?. In: Elektrizitätswirtschaft. Heft 8/2002. S. 94-96.

196

O.V.: Der Zeit möglichst immer voraus. Direktor Wolf: Würzburg lebt mit Erfolg den Wettbewerb – Schlüsselfaktor Personalentwicklung. In: Zeitung für Kommunale Wirtschaft. Heft 1/2002. S. 5. [Zitiert als: Würzburg lebt mit Erfolg der Wettbewerb]

O.V.: Wettbewerb wie unterm Brennglas. In.: Zeitung für Kommunale Wirtschaft. Heft 6/2001. S.11.

O.V.: GmbH mit noch mehr Schub. München zieht Erfolgsbilanz-Konsequent an Wettbewerbsanforderungen ausrichten. In: Zeitung für Kommunale Wirtschaft. Heft 6/1999. S. 8. [Zitiert als: München zieht Erfolgsbilanz]

O.V.: Allianz zur Stärkung der Wettbewerbsfähigkeit. In: Energiewirtschaftliche Tagesfragen. Heft 1-2/2002. S. 34.

O.V.: EVO lebt rentierliche Partnerschaft. Oberhausen: Viel Freude am Gasturbinen-Heizkraftwerk – Ohne Mut kein Geschäft. In: Zeitung für Kommunale Wirtschaft. Heft 9/1999. S. 5.

O.V.: Der Bräutigam ist auf Brautschau. Für die Stadtwerke Augsburg kommen mehrere Kooperationspartner in Frage. In: Zeitung für Kommunale Wirtschaft. Heft 7/2000. S. 9.

O.V.: Qualitätsmanagement im Back Office. ÜWG: Schlank bleiben und kommod in Nischen wachsen - Schwachpunkt Netzzugang. In: Zeitung für Kommunale Wirtschaft. Heft 7/2001. S. 5. [Zitiert als: Qualitätsmanagement im Back Office]

Obst, Alexander: Noch gesucht: E-Procurement-Pioniere. Was können speziell Stadtwerke tun. In: Elektrizitätswirtschaft. Heft 5/2002. S. 32-35.

Oebbecke, Janbernd: Kommunalverfassungsrechtliche Aspekte wirtschaftlicher Betätigung der öffentlichen Hand. In: Wallerath, Maximilian(Hrsg.): Kommunen im Wettbewerb. Wirtschaftliche Betätigung der Gemeinden. Baden-Baden 2001. S. 13-37.

Oesterwind, Dieter: Die Stadtwerke müssen neu erfunden werden. Neues Selbstverständnis durch neue Marktbedingungen. In: Elektrizitätswirtschaft. Heft 20-21/2001. S. 32-34. [Zitiert als: Die Stadtwerke müssen neu erfunden werden]

Pasture, Marc R.: Das Netzwerk Partner 2000. Mit neuer Struktur noch leistungsfähiger. In: Energiewirtschaftliche Tagesfragen. Heft 10/2002. S. 680-683.

Pfaffenberger, Wolfgang: Energiepolitische Rahmenbedingungen und Investitionen im Kraftwerksbereich bis 2020. In: Energiewirtschaftliche Tagesfragen. Heft 9/2002. S. 602-607.

Prangenberg, Wolfgang: Unternehmen Stadtwerke. Optionen für die Zukunft. In: Der Städtetag. Heft 2/1998. S. 123-125.

Püttner, Günther: Die Wahl der Rechtsform - Vom Eigenbetrieb zur Eigengesellschaft. In: Wallerath, Maximilian(Hrsg.): Kommunen im Wettbewerb. Wirtschaftliche Betätigung der Gemeinden. Baden-Baden 2001. S. 55-66. [Zitiert als: Die Wahl der Rechtsform].

Remus-Schroer, Patrick und **Axel Wietfeld:** Im Auge des Kunden. Wie werden Energiedienstleister heute wahrgenommen?. In: Energiewirtschaftliche Tagesfragen. Heft 5/2000. S. 296-298. [Zitiert als: Im Auge des Kunden]

Richter, Klaus: Privatisierung kommunaler Aufgaben und Leistungen- ein systematischer Überblick-. In: Walcha, Henning und Klaus Hermanns(Hrsg.): Partnerschaftliche Stadtentwicklung. Privatisierung kommunaler Aufgaben und Leistungen. Köln 1996. [Zitiert als: Privatisierung kommunaler Aufgaben und Leistungen]

Riechmann, Volkhard: Möglichkeiten erwerbswirtschaftlicher Betätigung der Stadtwerke unter Wettbewerbsbedingungen. In: Baur, Jürgen F.(Hrsg.): Praktische Auswirkungen der Liberalisierung der Energiemärkte - Konsequenzen für die Aufsicht über die Energieversorgung und für die Energiepolitik. Köln 1999. S. 77-98. (Kölner Miszellen zum Energierecht. Heft 8.) [Zitiert als: Möglichkeiten erwerbswirtschaftlicher Betätigung der Stadtwerke unter Wettbewerbsbedingungen]

Roos, Werner: Dienstleistungen hinter dem Stromzähler – Die neuen Geschäftsfelder der VSE. In: Energiewirtschaftliche Tagesfragen. Heft 17/1997. S. 886-888.

Roos, Werner: Kooperative Wettbewerbsstrategie. Beispiel Hospitec. In: Energiewirtschaftliche Tagesfragen. Heft 5/1998. S. 285-286.

Roth, Karl: Auf dem Weg zu einer neuen Struktur in der Versorgungswirtschaft. In: Energiewirtschaftliche Tagesfragen. Heft 5/2001. S. 244-247.

Ruhland, Frank: Anforderungen an Lieferantenpartnerschaften aus Sicht eines Energie-Einzelhändlers. In: Becker, Peter, Christian Held u.a. (Hrsg.): Energiewirtschaft im Aufbruch. Analysen-Szenarien-Strategien. Köln 2001. S. 347-363.

Sachse, Michael: Energiedienstleistungen im liberalisierten Strommarkt als Chance für kommunale Energieversorgungsunternehmen. Eine Untersuchung am Beispiel von zehn Schulen in Münster. In: Zeitschrift für Energiewirtschaft. Heft 4/2001. S. 253-262. [Künftig zitiert als: Energiedienstleistungen im liberalisierten Strommarkt]

Säcker, Franz Jürgen und **Jan Busche**: Umsetzung der Elektrizitätsbinnenmarkt-Richtlinie. Richtlinienkompetenz und EG-rechtliche Probleme des "single-buyer"-Konzepts. In: Energiewirtschaftliche Tagesfragen. Heft 1-2/1998. S. 18-24.

Salje, Peter: Kartellrechtliche Grenzen der Kooperation. In: Energiewirtschaftliche Tagesfragen. Heft 9/1999. S. 625-629.

Sasse, Michael: Regionaler Energieversorger startet Service-Offensive. In: Energiewirtschaftliche Tagesfragen. Heft 5/2002. S. 326-328.

Schädler, Hans-Peter: Wettbewerbsorientierte Vertriebsorganisation. In: Energiewirtschaftliche Tagesfragen. Heft 5/1998. S. 290-291.

Schäfer, Ralf: Deutsches und europäisches Energiewirtschaftsrecht. In: Energiewirtschaftliche Tagesfragen. Heft 8/1999. S 555-561.

Scheele, Ulrich: Privatisierung kommunaler Einrichtungen-Zielsetzungen, Stand und erste Ergebnisse. In: Blanke, Thomas und Ralf Trümmer (Hrsg.): Handbuch Privatisierung. Ein Rechtshandbuch für die Verwaltungspraxis, Personal- wie Betriebsräte und deren Berater. Baden-Baden 1998. S. 3-97.

Schmid, Hansdieter: Wirtschaftliche Betätigung der Kommunen. Rechtfertigung, Begriff, Schwerpunkt und Voraussetzungen. In: Kommunalwirtschaft. Heft 6/2000. S. 314-322. [Zitiert als: Wirtschaftliche Betätigung der Kommunen]

Schorsch, Christof: Neue Geschäftsfelder – Themen und Erfahrungen von Stadtwerken. In: Energiewirtschaftliche Tagesfragen. Heft 1-2/2002. S. 6-9.

Schreiber, Gerald: Outsourcing von Call Center-Dienstleistungen. In: Energiewirtschaftliche Tagesfragen. Heft 1-2/2002. S. 28-29.

Schulz, Eckhard: Bewegung in der Energiewirtschaft - Ein Markt im Umbruch. In: Kommunalwirtschaft. Heft 2/2001. S. 61-62.

Schulz, Walter: Wer gefährdet wen im Energiemarkt: der Wettbewerb die Kommunen oder kommunale Sonderregelungen den Wettbewerb ?. In: Bohne, Eberhard (Hrsg.): Kommunen im wirtschaftlichen Wettbe-

199

werb. Wiesbaden 1999. S. 115-124. [Zitiert als: Wer gefährdet wen im Energiemarkt]

Schumacher, Torsten: Wachstumschancen mit Shared Services. In: Energiewirtschaftliche Tagesfragen. Heft 1/2/2002. S. 18-20.

Seele, Rainer: Flexible Partnerschaften-Erfolgsstrategien für Stadtwerke. In: Energiewirtschaftliche Tagesfragen. Heft 9/2002. S. 566-567.

Seiferth, Hind: Das Konzept der Kundenorientierung. Anwendbarkeit und Nutzen für die Energiewirtschaft. In: Energiewirtschaftliche Tagesfragen. Heft 10/2002. S. 676-679.

Steckert, Uwe: Wohin treiben die Stadtwerke im Wettbewerb. In: Energiewirtschaftliche Tagesfragen. Heft 9/2000. S. 648-653.

Sterzel, Dieter: Verfassungs-, europa-, und kommunalrechtliche Rahmenbedingungen für eine Privatisierung kommunaler Aufgaben. In: Blanke, Thomas und Ralf Trümmer(Hrsg.): Handbuch Privatisierung. Ein Rechtshandbuch für die Verwaltungspraxis, Personal- wie Betriebsräte und deren Berater. Baden-Baden 1998. S. 99-294. [Zitiert als: Rahmenbedingungen für eine Privatisierung kommunaler Aufgaben]

Stölting, Ehrhard: Das Öffentliche an öffentlichen Unternehmen. In: Edeling, Thomas, Werner Jann u.a.(Hrsg.): Öffentliche Unternehmen. Entstaatlichung und Privatisierung ?. Opladen 2001. S. 17-33. (=Interdisziplinäre Organisations- und Verwaltungsforschung. Bd.6.)

Stüer, Bernhard und **Dietmar Hönig:** Energiepartnerschaften zwischen privaten Versorgungsunternehmen, Stadtwerken und Kommunen. Angaben des VKU. In: Deutsches Verwaltungsblatt. Heft 11/2002. S. 753-755. [Zitiert als: Energiepartnerschaften zwischen privaten Versorgungsunternehmen, Stadtwerken und Kommunen]

Tödtmann, Ulrich: Praxisbeispiele erfolgreicher kommunaler Betätigung. Service-Anbieter an der Börse: Die MVV Energie AG. In: Elektrizitätswirtschaft. Heft 11/2000. S. 7-17. [Zitiert als: Praxisbeispiele erfolgreicher kommunaler Betätigung]

Ungemach, Manfred, Martin Wißmann, Peter Cameron und Peter Styles: Mehr Mut zur Reform. Anmerkungen zum Stand der Diskussion über die Liberalisierung des deutschen Elektrizitäts und Gasmarktes. In: Energiewirtschaftliche Tagesfragen. Heft 6/1997. S. 364-370. [Zitiert als: Mehr Mut zur Reform]

Voshage, Jens: Stadtwerke-Kunden können neue IT-Dienstleistungen nutzen. In: Energiewirtschaftliche Tagesfragen. Heft 1-2/2002. S. 26-27.

200

Wannow, Klaus: Kostenanalyse in der Stromverteilung mit dem Ziel der Kostensenkung. In: Elektrizitätswirtschaft. Heft 26/1998. S. 18-20.

Westphal, J. und H. Bellino: Kundenorientierung durch Service Excellence. In: Energiewirtschaftliche Tagesfragen. Heft 8/2001. S. 488-490.

Wieland, Joachim: Die Stellung der nordrhein-westfälischen Kommunen im liberalisierten Strommarkt. In: Nordrhein-Westfälische Verwaltungsblätter. Heft 7/2000. S. 246-248.

Winkler, Rüdiger: Verbändevereinbarung II plus - der bessere Weg. Prinzipien des Netzzugangs. In: Elektrizitätswirtschaft. Heft 4/2002. S. 28-35. [Zitiert als: Verbändevereinbarung II plus-der bessere Weg]

Wolf, Hans Günther: Integration und Change Management bei Fusionen. In: Energiewirtschaftliche Tagesfragen. Heft 5/2000. S. 282-284.

Zühlke, Reiner: Der Ablauf einer erfolgreichen Privatisierung. In: Becker, Peter, Christian Held u.a. (Hrsg.): Energiewirtschaft im Aufbruch. Analysen - Szenarien – Strategien. Köln 2001. S. 364-368. [Zitiert als: Der Ablauf einer erfolgreichen Privatisierung]

Zeitungs- und Zeitschriftenartikel:

Bauchmüller, Michael: Netz mit doppeltem Boden. Mit den Strompreisen wächst der Ärger über die Marktordnung. In: Süddeutsche Zeitung vom 29.11.2002. S. 19.

Becker, Rolf H.: Strategische Handlungsalternativen für deutsche Stadtwerke. Langfristige Weichenstellungen sind notwendig. In: Handelsblatt. Nr. 13 vom 19.01.2000. S. b05.

Bücken, Lutz: Kooperation im liberalisierten Strommarkt. In: Handelsblatt. Nr.12 vom 17.01.01. S. b03.

Deppe, Erich: Angebot von Dienstleistungspaketen. Wettbewerbsfähigkeit durch strategische Allianzen. In: Handelsblatt. Nr. 183 vom 23.09.1997. S. b12. [Künftig zitiert als: Stadtwerke Hannover. Angebot von Dienstleistungspaketen]

Dohmen, Frank: Zurück zum Monopol. Wettbewerb auf dem Strommarkt? Das war einmal. Die Preise steigen, die Konkurrenten der Ex-Monopolisten resignieren-und die Bundesregierung schaut tatenlos zu. In: Der Spiegel. Heft 7/2003. S. 73-74. [Zitiert als: Zurück zum Monopol]

Jung, Volker: Ordnungsreform ist überfällig. SPD: Neuorientierung statt Strukturbruch. In: Handelsblatt. Nr. 183 vom 23.09.1997. S. b11.

Karbenn, Frank: Im Team stark. Privatisierung kommunaler Energieversorger. In: Handelsblatt. Nr. 99 vom 23.05.2001. S. b03.

Laker, Michael: Multi Utility: Vielfalt aus einer Hand. Bei der Themenbündelung kommt es auf den roten Faden an. In: Handelsblatt. Nr. 194 vom 09.01.01. S. b03.

Langhans, Lars: Von der Behörde zum modernen Dienstleister. Mit dem Customer Relationship Management CRM entdecken die Stadtwerke ihre Kunden neu. In: Handelsblatt. Nr. 194 vom 09.10.2001. S. b04.

Mühlhäuser, Kurt: Markterfolg durch Bündelung des Vertriebs. In: Handelsblatt. Nr. 131 vom 11.07.01. S. b09.

O.V.: Zu hohe Preise für Stromtransport. In: Süddeutsche Zeitung vom 11.12.02. S. 23.

O.V.: Strom und Gas sind zu teuer. Deutsche Verbraucher zahlen Zeche für mangelhaften Wettbewerb. In: Frankfurter Allgemeine Zeitung vom 24.12.02. S. 15.

Oesterwind, Dieter: Langfristige Weichenstellungen sind notwendig. In: Handelsblatt vom 13 vom 19.01.2000. S. b05.

Ristau, Oliver: Schneller Start. Es wird eng im liberalisierten Strommarkt. Mut und Kooperationen werden zur Überlebensfrage. In: WirtschaftsWoche. Heft 6/2000. S. 88-91

Schaudwet, Christian und **Julia Leendertse**: Mehr für Mehr. Die Tage des Festgehalts sind gezählt. In: WirtschaftsWoche. Heft 10/2003. S. 106-109.

Schneider, Erwin und **Heinz Jürgen Schürmann**: Deutschlands Energiekonzerne bauen vor allem ihre Erdgasaktivitäten aus. In: Die Zeit. Nr.12 vom 14. März 2002. S. 26.

Schneider, Erwin und **Heinz Jürgen Schürmann**: Kleine Versorger arbeiten an vielen Strategien zum Überleben. In: Handelsblatt vom 1.2.2001. S. b05.

Schneider, Erwin und **Heinz Jürgen Schürmann**: Stadtwerke suchen regionale und bundesweite Allianzen. Kommunale Versorger sind gut in den liberalen Markt gestartet. In: Handelsblatt. Nr. 028 vom 09.02.2000. S. 16.

Schürmann, Heinz Jürgen Turbulente Zeiten für die Energiewirtschaft: Unternehmen müssen sich im Wettbewerb neu positionieren.. In: Handelsblatt. Nr. 205 vom 24.10.2000. S. 72.

Schürmann, Heinz Jürgen: Stadtwerke fordern staatliche Quoten für die Kraft-Wärme-Kopplung. In: Handelsblatt. Nr. 63 vom 29.03.00. S. 7.

Spickenheuer, Werner: Stadtwerke Münster. Bessere Motivation der Mitarbeiter. Fitneßkur für den Wettbewerb. In: Handelsblatt. Nr. 183 vom 23.09.1997. S. b13. [Zitiert als: Bessere Motivation der Mitarbeiter]

Sturbeck, Werner: Energiemarkt im Wandel. Die Strompreise steigen weiter. In: Frankfurter Allgemeine Zeitung vom 22.08.2002. S. 13.

Thoma, Malte: Ein bundesweites Energiebündnis geschmiedet. Erfolgsstrategien für Stadtwerke: Einigkeit macht stark. In: Handelsblatt. Nr. 105 vom 31.05.2000. S. b08. [Zitiert als: Ein bundesweites Energiebündnis geschmiedet]

Internetbeiträge:

Barths, Stephan: Telekommunikation als zukünftiges Geschäftsfeld kommunaler Energieunternehmen - Teil 1. Abgerufen unter: Http://www.wupperinst.org. Abgerufen am: 29.05.2002. [Zitiert als: Telekommunikation als Geschäftsfeld]

Arthur Andersen(Hrsg.): Energiehandel. Aktueller Stand und Entwicklungstendenzen in Deutschland, Österreich und der Schweiz. Stuttgart, Eschborn 2000. Abgerufen unter: Http://www.arthurandersen.com. Abgerufen am: 05.06.2002.

Brinker, Werner: Wettbewerbserfolge im deutschen Strommarkt sichern. 10. Handelsblatt-Jahrestagung "Energiewirtschaft 2003". Berlin, 14. Januar 2003. Abgerufen unter: Http://www.strom.de. Abgerufen am: 06.06.2003.

Fingerhut, Rainer und **Thomas Scheuse**: Totgesagt leben länger. Über Kooperationsformen in der Kommunalwirtschaft. Die Dienstleistungsgesellschaft als Zukunft der Stadtwerke ?. Abgerufen unter: Http://www.Demo-online.de. Abgerufen am: 13.02.2002.

Grönebaum, Stefan: Wie überstehen Stadtwerke den neuen Markt. Abgerufen unter: Http://www.demo-online.de. Abgerufen am: 13.02.2002.

Grützmacher, Stefan und **Josef Bendel**: Unter der Decke kann man auch ersticken. Kommunales Energienetzwerk als Alternative zu vertikalen Kooperationen. Abgerufen unter: Http://www.enetko.de. Abgerufen am: 31.01.2002.

Haupt, Ulrike und **Wolfgang Pfaffenberger**: Preisentwicklung am Strommarkt-Auswirkungen auf Stadtwerke als Energieerzeuger und -lieferanten. Abgerufen unter: Http://www.uni-bremen.de. Abgerufen am: 04.04.2003. [Zitiert als: Preisentwicklung am Strommarkt]

Krüssel, Peter und **Wolfgang Specht**: Diversifikationsanstrengungen deutscher Energieversorgungsunternehmen am Beispiel der Telekommunikation. Abgerufen unter: Http://www.jtg-online.de. Abgerufen am: 29.05.2002.

O.V.: Der Partner 2000-Vertrag: Ein starker Partner bietet Sicherheit. Abgerufen unter: Https://rweprofi-partner.de. Abgerufen am: 02.06.2002.

O.V.: Privatisierung öffentlicher Unternehmen in Hamburg: Klare Mehrheit ist dagegen. Den Besitz der Bürger nicht verscherbeln. Abgerufen unter: Http://www.verdi-hamburg.de. Abgerufen am: 04.06.2002.

O.V.: PricewaterhouseCoopers - Vorab-Umfrage zu neuer Energiemarkt-Studie. Abgerufen unter: Http://www.strom-tabelle.de. Abgerufen am: 09.01.2001.

O.V.: Stadtwerke proben mit Erfolg den hausinternen Wettebewerb. Profit-Center im Unternehmen beflügeln die ökonomische Phantasie der Belegschaft. Presseinfo zum 5. November 1998. Abgerufen unter: Http://www.sw-unna.de. Abgerufen am: 18.05.2002.

O.V.: Unternehmen im Gespräch. Jena rechnet scharf – und pflegt Öko-Profil. Abgerufen unter: Http://www.zfk.de. Abgerufen am: 31.01.2002.

O.V.: Contracting. Abgerufen unter: Http://www.Energieagentur-lippe.de. Abgerufen am: 20.02.2003.

Ohlms, Norbert: Die Liberalisierung erfordert andere Strukturen bei der Stadtwerke Münster GmbH. Abgerufen unter: Http://www.cdu-muenster.de. Abgerufen am: 02.06.2002.

Prognos AG: Trendletter Versorgung & Entsorgung 03/01. Vom Netzmonopol zum Überlebenskampf. Abgerufen unter: Http://www.prognos.de. Abgerufen am: 30.04.2002.

Sendner, H. und **Jochem, E.**: Chancen durch Contracting. Abgerufen unter: Http://www.isi.fhg.de. Abgerufen am: 23.05.2002.

Sendner, Helmut: Was ist eigentlich Multi Utility ?. Abgerufen unter: Http://www.mvv-business.de. Abgerufen am: 24.02.2003.

Stadtwerke Essen AG(Hrsg.): Unternehmensgrundsätze. Abgerufen unter: Http://www.stadtwerke-essen.de. Abgerufen am: 22.05.2002.

VKU(Hrsg.): Stadtwerke im Wettbewerb. Strategische Bedeutung des Stromhandels für Stadtwerke. Erarbeitet vom AK Energiehandel/ Energiebörse im VKU. Abgerufen unter: Http://www.vku.de. Abgerufen am: 20.04.2002. [Zitiert als: Strategische Bedeutung des Stromhandels]

VKU(Hrsg.): Forum VKU: Vertikale versus horizontale Kooperation – welche Kooperationsstrategie ist erfolgreicher ?. Abgerufen unter: Http://www.vku.de. Abgerufen am: 31.01.2002.

VDEW(Hrsg.): VDEW-Jahresbericht 2001. Abgerufen unter: Http://www.strom.de. Abgerufen am: 06.06.2002.

VDEW(Hrsg.): Zahlen und Fakten. Strompreise für die Industrie. Abgerufen unter: Http://www.strom.de. Abgerufen am: 06.06.2002.

Wygoda, Hermann: Kommen Rhein-Main-Stadtwerke. Die Energieversorgung im Rhein-Main-Ballungsraum zwei Jahre nach der Liberalisierung. Abgerufen unter: Http://www.demo-online.de. Abgerufen am: 13.02.2002

Andere Beiträge:

Arthur Andersen(Hrsg.): Effektives Integrationsmanagement: Neue Perspektiven für die Versorgungswirtschaft durch erfolgreiche Kooperationen und Fusionen. Eschborn/Frankfurt a.M., Stuttgart 2000. [Zitiert als: Effektives Integrationsmanagement]

Deutsche Gesellschaft für Mittelstandsberatung mbH: Kooperation, Verkauf, "Allein auf weiter Flur" - Strategien für die Ver- und Entsorgungswirtschaft. Düsseldorf 1999.

Deutsche Post AG(Hrsg.): Sparstrom: Hier ist der Schalter!. Faltblatt der Deutschen Post AG, Vertrieb Neue Dienstleistungen. Bonn 2003. Stand: Januar 2003.

Stern (Hrsg.): Stern Trendprofile 09/2001. Der Strom-Markt. Marken, Wechselbereitschaft, alternative Energiequellen. Status und Entwicklung. Hamburg 2001. [Zitiert als: Trendprofile 09/2001]

www.ingramcontent.com/pod-product-compliance
Lightning Source LLC
Chambersburg PA
CBHW020834210326
41598CB00019B/1902